新領域安全保障

サイバー・宇宙・無人兵器をめぐる法的課題

NEW DOMAINS SECURITY
LEGAL ISSUES IN CYBER, SPACE, AND UNMANNED WEAPONS

笹川平和財団
新領域研究会［編］

ウェッジ

新領域安全保障

サイバー・宇宙・無人兵器をめぐる法的課題

発刊にあたって

我が国は、戦後最も厳しく複雑な安全保障環境に直面しています。戦後の平和と繁栄の基礎となってきた自由で開かれた国際秩序は権威主義国家により脅かされており、我が国周辺では権威主義国家による軍事活動が活発化しています。このため、我が国は、二〇二二年末、国家安全保障戦略など安保三文書を新たに策定し、防衛力の抜本的強化に踏み出したところです。

現在、国家の安全保障に関わる最前線では、日進月歩の新技術が大きな影響を与えています。宇宙・サイバー・電磁波といった領域の急速な拡大や人工知能化も含む無人アセットの多用化などは、国家の安全保障の在り方を根本から変えつつあります。ロシア・ウクライナ戦争では、宇宙・サイバー・電磁波や無人アセットの分野における攻防、情報戦を含むハイブリッド戦など、新技術を駆使する新たな戦い方が現実に示されるものとなりました。

我が国でも、安保三文書において、新たな戦い方が顕在化する中で、それに対応できるかどうかが今後の防衛力を構築する上での課題とし、宇宙・サイバー・電磁波といった領域や無人機・ドローンの活用に関する自衛隊の能力強化の方針が示されています。

このように、新たな戦い方に備えることが我が国安全保障にとって死活的に重要になっていますが、新たな戦い方に関わる新領域は在来分野と異なる多くの特徴を持っていることから、自衛隊の能力強化とあわせて、自衛隊が実際にその能力を発揮できるように法的基盤を確立しておくことが必要です。

たとえば、サイバー領域では、どこまでが平時で、どこまでがグレーゾーンか、どこから武力攻撃か不分明で、その間の移行も瞬時に起こり得ます。また、サイバー上重大な事象が発生した場合も、安全保障分野の事案か、民間分野の事故か判別がつきにくく、そもそも、攻撃を受けていること自体の把握も課題になり得ます。このようなことから、サイバー領域に関わる安全保障においては、サイバー領域における平素からの攻撃の監視、攻撃者の特定、攻撃への対抗措置からなる能動的サイバー防御に取り組むことが必要となります。我が国においても、安保三文書で「能動的サイバー防御を導入する」とされていますが、その実施には様々な法的課題を解決しておかなくてはなりません。

このような問題意識から、笹川平和財団「日本のサイバー安全保障の確保Ⅱ」事業において「サイバー等新領域安全保障の法的課題研究会」が設けられ、これら新領域の分野における自衛隊のオペレーションに関わる国内法および国際法上の課題について、専門の先生方にご議論頂くこととなった次第です。研究会の委員には、岩本誠吾京都産業大学世界問題研究所長、河野桂子コペンハーゲン大学軍事研究センター研究員、住田和明元陸将・元陸上総隊司令官、長島純元空将・元航空自衛隊幹部学校長、西川徹矢元内閣官房副長官補、橋本豪大江橋法律事務所パートナー弁護士、松浦一夫防衛大学校人文社会科学群公共政策学科教授、真山全大阪学院大学国際学部教授、渡邊剛次郎元海将・元横須賀地方総監にご参加頂き、研究会の運営には、中曽根康弘世界平和研究所主任研究員を兼ねる大澤淳笹川平和財団特別研究員に中心的役割を担って頂きました。なお、第五回研究会には片岡晴彦元空将・元航空幕僚長にもご参加頂きました。

本研究会は二〇二一年九月に発足し、その開催回数は二一回を数えました。近年急速に浮かび上がってきたこれら新領域の法的課題に関する初めての包括的検討で、論点も複雑多岐にわたり、毎回の研究会は活発な議論の場となりました。斯界の第一人者の方々による二年に及ぶ熱心なご議論を経て、この度、貴重な論点整理に至ることができたところです。

これらの新領域の安全保障様相を見ますと、ロシア・ウクライナ戦争でも見られますように、既存の法的枠組みでは整理の難しい領域にまで現実が先に広がってきています。ドイツの哲学者ヘーゲルは、「ミネルバのフクロウは迫りくる黄昏に飛び立つ」と『法の哲学』で述べていますが、今回の研究会での新領域の法的課題の検討は、「ミネルバのフクロウを昼間に飛び立たせる」難しさがあり、ご参加頂いた先生方には、大変ご苦労をおかけいたしました。先生方の長期にわたるご貢献に対し、心より感謝申し上げます。

また、我が国の安全保障にとって重要性を持ちつつも、議論の難しさから本格的検討がなされてこなかった本問題を財団のプロジェクトとして取り上げて頂いた笹川平和財団に敬意を表しますと共に、本研究会を支えて下さった茶野順子常務理事（研究会発足時担当常務理事）、兼原信克常務理事（本書刊行時担当常務理事）はじめ財団関係者の皆様に厚く御礼申し上げます。

このような皆様のご尽力を得てまとめられた本研究会の成果につきましては、我が国の安全保障の喫緊の課題に関するものであり、幅広い方々に対し情報提供する必要があると考えられることから、この度書籍化し、『新領域安全保障─サイバー・宇宙・無人兵器をめぐる法的課題─』として刊行することと致しました。

本書では、最初に新たな戦争の様相を説明し、その後各新領域について国内法および国際法上の論点整理と先生方の専門的論考を掲載し、最後に新領域の安全保障体制の在り方と法的課題を提言するという編集と致しました。書籍化にあたって、大城慶吾編集長はじめウェッジの皆様に様々なご協力を頂いたことに感謝申し上げます。

厳しさを増す国際情勢の中で、本書『新領域安全保障─サイバー・宇宙・無人兵器をめぐる法的課題─』が我が国の安全保障の強化に資することができれば幸いです。

サイバー等新領域安全保障の法的課題研究会座長
中曽根康弘世界平和研究所顧問（元防衛事務次官）
佐藤　謙

目　次

明記がない限り、本書の内容は二〇二三年六月時点のものです。

第一章　領域横断のあたらしい戦争の形

第一節　ロシア・ウクライナ戦争と領域横断の戦い

大澤　淳

はじめに

二〇二二年二月に始まったロシア・ウクライナ戦争は、短期にロシアの勝利で終わるとの当初の観測を覆し、ウクライナが善戦している。ロシアは、米中に次ぐ世界第三位の軍事大国であり[1]、二〇二一年の防衛予算はウクライナの一〇倍以上[2]であった。経済力という点でも、二〇二一年のロシアのGDPはウクライナの九倍近く[3]あり、ロシアとの戦争で、ウクライナはとても勝てないと考えられていた。

兵力についても、二〇二一年の時点で、ウクライナが現役兵員一九万六〇〇〇人を有するのに対して、ロシアが九〇万人、戦車は、ウクライナが九七七両に対してロシアは三四一七両、装甲戦闘車両はウクライナ二〇一一両に対して、ロシアが一万五五四二両、火砲は、ウクライナが一九六〇門に対してロシアは五八九九門、作戦航空機はウクライナ一二四機に対してロシアは一三九一機を有していた。(4)このように兵力でも三倍以上の差があり、国土防衛戦とはいえ、ウクライナがこれほど善戦するのは、専門家にも想定外であった。ロシアも、ウクライナの抵抗を見誤っており、陸上兵力一五万人のウクライナに対して、約二〇万人の陸上兵力で侵攻し、ウクライナにおける軍事作戦を一〇日程度で終えることを計画していた。(5)

二月二四日に戦争が始まると、ロシアは、ロシアのベルゴロド州からハルキウ方面への侵攻、ウクライナ東部のドネツク州・ルハンシク州と南部クリミア半島からの陸上侵攻に加えて、ベラルーシ国境とロシア国境から首都キーウを目指して侵攻し、さらに特殊作戦部隊（スペツナズ）をキーウに潜り込ませ、同時に空挺部隊をヘリコプターと輸送機で空輸し、キーウ近郊の飛行場を占拠する、という多方面からの同時攻勢作戦を実行した。(6)

しかし、実際に戦争が始まってみると、ロシアが予想外の苦戦を強いられている。開戦直後の首都キーウ攻防戦では、首都近郊のアントノフ国際空港を強襲したロシアの空挺部隊をウクライナ軍が退け、北部のベラルーシ側と東部から首都キーウに迫ったロシア軍も撃退し、首都の防衛に成功した。

二〇二二年五月以降には、第二の都市ハルキウに迫ったロシア軍の撃退にも成功している。同年九月に入るとハルキウ州全体で攻勢に転じ、さらに同年一〇月には南部ミコライウ州でも攻勢に転じて、一一月にヘルソン州都ヘルソンを奪還した。翌二〇二三年に入ると、ロシア軍は東部の要衝バフムトに対して全力を挙げて攻撃を行ったが、ウクライナ軍は郊外の陣地をなんとか守り切った。同年六月からは、バフムト方面、南部ザポリージャ州でウクライナ軍が反撃に出ている。(7)

陸以外の領域でも、劣勢であるはずのウクライナは善戦している。たとえば、海では、ウクライナ海軍は侵攻するロシア軍による鹵獲を避けるために自沈、あるいは撃沈されるなどで実質的な戦力を喪失し、黒海の制海権を失った。しかし、その後、長距離地対艦ミサイルや無人機（UAV）、無人水上艇（USV）を利用して、ロシアの黒海艦隊の艦船やセヴァストポリ海軍基地を攻撃し、二〇二二年三月には黒海艦隊の揚陸艦サラトフを破壊し、同年四月には黒海艦隊の旗艦モスクワを撃沈している。(8)

サイバー空間の戦いは、陸海空の戦闘と異なり、目に見えず、なかなか表に出てこないが、ウクライナは開戦直前直後のロシアによるサイバー攻撃から自国の政府機関、重要インフラ企業を守り抜いた。また、開戦直後の二〇二二年二月二六日、ウクライナのミハイロ・フェドロフ（Mykhailo Fedorov）副首相兼デジタル化担当大臣は、X（旧ツイッター）でIT軍の創設とボランティアによる世界中からの参加を呼びかけた。(9)このウクライナのIT軍は、ロシア国内の重要インフラをターゲットにして、断続的に攻撃を行っているとみられ、ロシア政府機関のウェブサイトのダウン、モスクワ証券取引所や銀行最大手ズベルバンクのシステム障害、ロシア鉄道の運行システムの障害を引き起こしたと分析されている。(10)

このように、国力でも軍事力でもウクライナはロシアに劣後していたが、なぜ一年以上にわたって互角以上の戦いを続けることができたのであろうか。もちろん、侵略戦争に対抗するウクライナ国民の士気の高さが、ウクライナの継戦能力の支柱となっていることは言うまでもなく、また、アメリカを中心とした西側諸国からの軍事支援が、ウクライナ軍の継戦能力を支えていることも事実である。

しかし、本節では、ロシア・ウクライナ戦争におけるサイバー・宇宙・電磁波を用いた領域横断的な戦いを概観することによって、ウクライナの強さの秘密の理由を探っていくこととしたい。

一　ハイブリッド戦――情報戦・サイバー戦の戦い

ハイブリッド戦は、二〇一四年のロシアによるクリミア併合で注目されるようになった。クリミア併合では戦闘らしい戦闘は行われず、グレーゾーン事態の中で、「リトル・グリーン・メン」と呼ばれる正体不明の武装集団がクリミア半島のシンフェロポリ国際空港や地方議会、軍事基地などの重要施設を占領していった。この「リトル・グリーン・メン」は親ロシア派武装集団を称していたが、実際には国籍徽章を外したスペツナズの覆面兵士であった。その装備から、ロシア空挺軍の第四五独立親衛特殊任務旅団と分析されており、この部隊は、今回のロシア・ウクライナ戦争の緒戦でも、首都キーウ近郊のアントノフ国際空港の奪取を試みている。

次の第二節で詳しく述べるが、ハイブリッド戦の詳細については、二〇〇〇年代からアメリカ軍で検討されており、「ハイブリッド脅威」という位置付けで概念化されていた[11]。ハイブリッド戦を最初に包括的に検討したフランク・ホフマン海兵隊退役中佐は、「国家紛争の殺傷能力と、狂信的かつ長期的な非正規戦を融合させたもの」と定義している[12]。

二〇一四年のクリミア併合では、クリミア半島の無血占領に成功したロシアは、このハイブリッド戦を用いて、物事を優位に進めた[13]。ロシアは、クリミア併合の前から、ロシア語メディアやSNS上での偽情報の拡散などの手段を用いて、ウクライナ国内のウクライナ系国民とロシア系国民の分断を広げる情報戦を行っていた。さらに、ロシアは、「リトル・グリーン・メン」が侵入する直前に、クリミア地域のインターネット、固定電話、モバイル通信の遮断や電磁波を用いたウクライナ軍の通信遮断、ウクライナ国内の要人の携帯電話の遮断、政府のウェブサイトのダウンなどのサイバー攻撃を行った。ウクライナ軍は、抵抗することなく「リトル・グリーン・メン」に軍事基地や街を明け渡した。

クリミア併合では、情報戦・サイバー攻撃の段階でほとんど勝負が付き、軍事侵攻は武力衝突に至ることなく、無血占領という形で行われた。占領後のクリミアでの住民投票では、ロシア系住民をウクライナ政府から離反させる情報戦が功を奏し、ロシアへの編入が九五パーセントの支持を得て、ロシアは戦うことなくクリミア半島の併合に成功した。ロシアによる完璧な勝利であった。

1　情報戦——認知領域の戦い

今回のロシア・ウクライナ戦争では、まず、第一段階の情報戦として、親欧米のウクライナ政府の信用を失墜させる目的で、ウクライナ政府がネオナチでありロシア系住民を弾圧している、という偽の言説が流布された。典型的な例が、ナチスのシンボルの鍵十字を用いて、ウクライナの政権や軍隊をナチズムと結び付けるような、ウクライナ政府の体制の正当性に疑義を呈させようとする偽情報である。

この他にも、ウクライナ国内で極右の武装集団が移民排斥を訴えるデモを行っている写真や、ベラルーシ国境でウクライナ軍が移民を銃撃したとする真偽不明の情報がSNS上で流布された。

実際の戦争が近付いてくると、アメリカは、「開示による抑止[14]」という考え方に基づいて、ロシアのウクライナ侵攻計画に関するインテリジェンス情報を積極的に開示し、徹頭徹尾「ウクライナへの侵攻がある」という情報を出し続けた。アメリカの主要紙は、この開示されたインテリジェンスに基づいて、ロシアの軍事侵攻に関するスクープを連発した。たとえば、ワシントンポスト紙は、「ロシア軍がウクライナ国境に集結している」(二〇二一年一〇月三〇日)との記事[15]や「ロシア軍が来年早々ウクライナに侵攻」(同年一二月三日)との記事[16]を掲載した。また、バイデン政権の高官も、ウクライナ戦争について直接言及を行った。二〇二二年一月七日には、アントニー・ブリンケン国務長官が「ウクライナ国境にロシア軍が一〇万人集結」と記者会見で発言し[17]、同年二月一八日にはジョー・バイデン大統領自身が、記者の質問に答える形で、「プーチン大統領はウクライナ侵攻を決断したと確信している」と発言した[18]。

これに対してロシアは、「ウクライナの国境から部隊が撤退した[19]」とか、ウラジーミル・プーチン大統領とセルゲイ・ラブロフ外相が会談し「外交努力を続ける」と表明する[20]といった形で、ウクライナに侵攻しないというメッセージを出し続けた。この結果、ウクライナ、特にキーウでは軍事侵攻はないと考える人が非常に多くなり、ウクライナ軍の陣地準備や予備役動員の遅れにつながった。

戦闘が始まると、戦況をめぐる虚偽のニュースがロシアから流されている。たとえば、戦闘開始直後の二〇二二年二月二五日には、ロシアが、ウォロディミル・ゼレンスキー大統領がキーウから逃亡したという偽のニュースを流した(21)。これに対してゼレンスキー大統領は、即座に自撮りビデオを投稿し、私はキーウにいる、と反論した(22)。同様の偽情報は、首都キーウの攻防戦の最中の同年三月五日にも流された(23)。

インターネット空間が発達した今日では、数時間単位で情報が世界を駆け抜ける。そのため、戦略コミュニケーションのサイクルは非常に短くなっており、偽情報などのディスインフォメーション（悪意のある情報(24)）も蔓延しやすくなってきている。デジタル時代の情報戦では、軍事的な欺瞞工作にも情報空間が使われ、戦争の有無のような重大な問題でも、敵側からの偽情報が流されることによって、国民の認知が歪められる危険性が高くなっている。デジタル時代の領域横断の戦いでは、情報空間における戦場の霧が濃くなってきていることは、新しい戦いの形と言えよう。

2　サイバー戦

①　攻撃主体

ロシア・ウクライナ戦争において、ハイブリッド戦の第二段階とも言えるロシアによるサイバー攻撃は、技術的な見地から見て、破壊的で容赦ないものであった。ロシアのサイバー攻撃を分析したマイクロソフト社のレポート(25)によれば、ロシアのサイバー攻撃準備は、戦争が始まる一年前の二〇二年三月頃に始まったとみられる。サイバー攻撃を実施している主体として、ロシア国内には、ロシア軍の情報機関である参謀本部情報総局（GRU）、ソ連時代のインテリジェンス機関・国家保安委員会（KGB）から派生したロシア連邦保安庁（FSB）とロシア対外情報庁（SVR）、の三つの組織が存在している。これらの組織が戦争の一年前から連携して、①情報窃取型サイバー攻撃、②機能妨害型サイバー攻撃、③機能破壊型サイバー攻撃、④情報操作型サイバー攻撃（情報戦）のフルスペクトラム（全範囲）のサイバー攻撃をウクライナに対して実施していた。

GRU傘下では、Unit 26165（別名APT28／STRONTIUM）が軍事目標に対する情報窃取型攻撃を、Unit74455（別名Sandworm／IRIDIUM）が機能破壊型のサイバー攻撃を、脅威アクターDEV－0586（別名Cadet Blizzard）が情報操作型サイバー攻撃を担当している。SVR傘下では、脅威アクターNOBELIUM（別名UNC2452／2652）が北大西洋条約機構（NATO）諸国などでの情報窃取型攻撃を担当している。FSB傘下では、脅威アクターACTINIUM（別名Gamaredon）とUnit71330（別名BROMINE／EnergeticBear）が情報窃取型攻撃を、脅威アクターKRYPTON（別名Turla）がサイバー偵察活動を担当している。(26)

②　サイバー攻撃の様相

サイバー攻撃は、標的組織への侵入口を探すサイバー偵察行為から始まるが、ロシアのサイバー攻撃アクターは、二〇二一年初頭からウクライナおよびNATO諸国の標的組織に対する大規模な標的型攻撃（フィッシング攻撃）作戦を開始し、二〇二一年夏頃には、ＧＲＵ傘下のUnit26165がウクライナの防衛組織への侵入を試み、その他のロシアの脅威アクターは、ウクライナの国・地方行政機関、司法機関、防衛産業などへの侵入を試みていたと分析されている。(27) さらに、ウクライナのネットワーク・プロバイダーやエネルギーインフラ企業にも、将来的な機能破壊型サイバー攻撃の前兆とみられる侵入行為が行われていた。

実際の戦闘が起こる前には、戦争の遂行を優位に進めるため、ウクライナの組織に対して機能妨害型・機能破壊型のサイバー攻撃が仕掛けられた。この攻撃に使われたのは、コンピューター内のデータを消去する機能を持つワイパー（wiper）型のマルウェアである。ロシアのサイバー攻撃主体は、少なくとも八種類のワイパー型マルウェアをロシア・ウクライナ戦争におけるサイバー攻撃作戦に投入した。(28)

実際のサイバー攻撃は、大きく三波にわたる波状的な攻撃であった。最初の第一波は、二〇二二年一月中旬にランサムウェア（身代金要求型のマルウェア）を装って行われた。コンピューターの記録領域のマスター・ブート・レコード（ＭＢＲ）を破壊するウィスパーゲート（WhisperGate）というマルウェアが、ウクライナの政府機関やＩＴシステムを標的として使用された。(29) マイクロソフト社は、開戦前からウクライナ政府のネットワーク防護に協力をしていたが、同年一月一三日に、マイクロソフト脅威インテリジェンス・センター（ＭＳＴＩＣ）が、監視しているウクライナ国内のシステム中にこのウィスパーゲートを発見した。(30) このマルウェアは、データを破壊する機能を持っていたが、その意図を隠

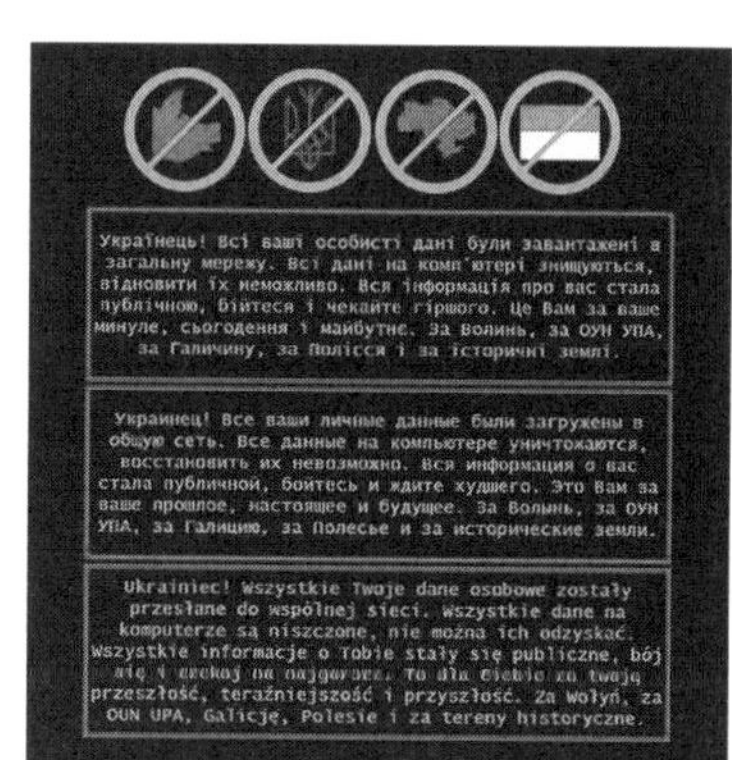

出所：CSIRT MON. "ANALYSIS OF THE CYBERATTACK ON UKRAINIAN GOVERNMENT RESOURCES." 22 January 2022, https://csirt-mon.wp.mil.pl/pl/articles/6-aktualnosci/analysis-cyberattack-ukrainian-government-resources/.

図1　ディフェイスにより書き換えられたウクライナ外務省のウェブサイト

蔽するためにランサムウェアを装い、感染したコンピューターに対して、データを消去すると同時に、一万ドルを要求する身代金の画面を表示していた。

　このウィスパーゲートを利用した攻撃を行ったのは、GRUの傘下にある脅威アクターDEV−0586と分析されている[31]。この攻撃グループは、同時に行われたウクライナ政府のウェブサイトの改ざんにも関与していた。一月一四日に発生したウェブサイトの改ざんでは、ウクライナ外務省のウェブサイトなどが標的となり、図1のような画面が表示され、「最悪の事態を恐れろ」というメッセージが映し出された[32]。このように改ざんされたメッセージを流して、相手国社会を不安に陥れる手法は、「ディフェイス(Deface)」と呼ばれており、ロシアが一般的に用いる攻撃手法である。

　サイバー攻撃の第二波は、二月中旬にかけて発生した。二月一五日から一六日にかけて、ウクライナの外務省、国防省や軍、国営商業銀行のプリヴァト銀行(Privat Bank)および国営貯蓄銀行のオシチャド銀行(Oschad Bank)に対して通信を妨害するDDoS攻撃が行われた[33]。これにより、モバイルバンキングが使えなくなり、ＡＴＭから現金の引き出しができなくなった。同時に、ウクライナの地方都市のいくつかの重要インフラにも侵入があったと分析されている。マイクロソフト社の分析によれば、この第二波の攻撃も、ＧＲＵの傘下にある脅威アクターDEV－0586による犯行であった(34)。

攻撃の第三波は、軍事侵攻の直前の二月二三日に行われた。この攻撃では、ウクライナ国内の官民のコンピューターを破壊するために、機能破壊型のマルウェアが送り込まれた。ウクライナ政府や金融、エネルギー、通信などの重要インフラ企業のネットワークに、マルウェア「ハーメティック・ワイパー（Hermetic Wiper）」（別名フォックスブレード〈FoxBlade〉）が送り込まれ、一〇以上の組織のおよそ三〇〇のシステムを破壊した。第三波の攻撃を行ったのは、ＧＲＵ傘下のUnit74455と分析されている(35)。

二月二四日に軍事侵攻が始まった後も、サイバー攻撃は断続的に行われている。軍事作戦と並行して行われているロシアのサイバー攻撃は、地上軍の進撃や空爆・ミサイル攻撃の直前に軍事目標に関連したネットワークに対して行われているのが特徴的である。それはあたかも、揚陸作戦の前の艦砲射撃や、陸上部隊が突撃する間の砲兵部隊による攻撃準備射撃による制圧攻撃に似ている。

たとえば、ウクライナの首都キーウ攻防戦の直前の三月一日には、ウクライナ政府の情報発信を妨害するために、大手放送企業に対してマルウェア「デザートブレード（DesertBlade）」を送り込んだ(36)。このマルウェアは、アクセス可能な全てのデータを消去するマルウェアであった。このサイバー攻撃と同日、首都キーウのテレビ塔がミサイル攻撃を受け破壊された。サイバーとキネティック（物理的）の両面の攻撃で、確実にウクライナ政府の情報発信手段を奪う意図があったと考えられる。

このような軍事作戦の前に行われるサイバー攻撃としては、ザポリージャ原発軍事占領の前日の三月二日や、ウクライナ中部のヴィーンヌィツャへの巡航ミサイル攻撃二日前の三月四日に行われた州政府ネットワークへの攻撃、二月一一日のウクライナ中部のドニプロ市へのサイバーとミサイルの同時攻撃などが観測されている[37]。

さらに、軍事目標だけでなく、ウクライナ社会の混乱や経済へのダメージを企図したサイバー攻撃も行われている。ウクライナの穀物企業に対する機能破壊型のサイバー攻撃、ウクライナの銀行を攻撃したマルウェア「キャディーワイパー（CaddyWiper）」（セキュリティ企業ESET社が二〇二二年三月一四日に発見）、ウクライナとポーランドの物流企業を標的としたランサムウェア「プレステージ（Prestige）」（マイクロソフト社が同年一〇月一一日に発見[38]）などが断続的に観測されている。

③　サイバー防護

マイクロソフト社は、二〇二二年一月一三日のウィスパーゲート発見の翌日には、同社のウィンドウズに実装されているセキュリティ機能「マイクロソフト・ディフェンダー（Microsoft Defender）」の防護機能に反映させた。その上で、一月一五日にマルウェアによる攻撃の検知を公表した[39]。このマイクロソフト社の対応は、これまでになく迅速であり、特に、いち早く新種のマルウェアにウィンドウズ（バージョン10以降）に実装されたセキュリティ機能を対応させたことは、ロシアの攻撃の効果を減殺するのに大きな効力を発揮したと考えられる。

このマイクロソフト・ディフェンダーは、クラウド上での機械学習機能を実装し、システム内のマルウェア検出の能力を格段に向上させている。また、マイクロソフト社のMSTICは、検知したマルウェアを検疫して無力化するシグネチャを数時間で開発し、インターネット経由で同社のウィンドウズが搭載されたデバイスに配布している。[40] このようなクラウド・コンピューティングによるリアルタイムのサイバー防護は、ロシア・ウクライナ戦争において、ロシアのサイバー攻撃の無力化に大きな貢献をしている。

また、ウクライナでは、データ・ローカライゼーション（国内でのデータ保管義務）により、データ保護法が制定され、クラウド上での政府機関のデータ保管が認められていなかった。しかし、軍事侵攻が目前に迫り、政府のネットワークもサイバー攻撃にさらされていることから、二〇二二年二月一七日、ウクライナ議会はデータ保護法を改正し、政府機関のデータを政府内のサーバーからクラウド上に移すことを可能とする措置を緊急にとった。[41] これにより、多くの政府機関のデータを、ヨーロッパ各地のデータセンターに退避させることが可能となった。この措置は、第三波の攻撃で使われたワイパー型マルウェアによる政府データの破壊を減殺することに多大な貢献をした。

二　宇宙領域の戦い

ロシア・ウクライナ戦争では、ウクライナは独自の通信衛星や偵察衛星などを保有していなかったため、いわゆる「宇宙戦争」と言われるような、宇宙空間での相手国の衛星を直接標的とした攻撃は観測されなかった。しかし、ウクライナ政府やウクライナ軍が通信に利用していたアメリカの商用衛星サービスに対して、戦闘が始まる直前にサイバー攻撃を用いた機能妨害・機能破壊工作が行われている。

1　緒戦における宇宙インフラへの攻撃・妨害

①　商用通信衛星への攻撃

開戦と同時の二〇二二年二月二四日、アメリカの通信会社ビアサット（Viasat）社のＫａバンドの衛星システムＫＡ-ＳＡＴに対して攻撃が行われた(42)。その手法は、あらかじめビアサット社のＶＰＮの脆弱性を利用して、地上の受信端末経由でネットワークに侵入し、ウクライナの顧客が利用していたネットワークセグメント内の地上モデムから、大量の通信を発出する機能妨害型のＤＤｏＳ攻撃であった。また攻撃者は、この攻撃に並行して、地上の受信端末にも機能破壊型のマルウェア「アシッドレイン（AcidRain）」を仕掛け、モデム内のフラッシュメモリデータを書き換え、モデムを通信衛星のネットワークにアクセスできなくさせる、という周到な攻撃を行った。

この攻撃の結果、ウクライナおよびヨーロッパ域内の数千のモデムが使用できなくなり、衛星通信サービスを利用できなくなった。ウクライナの政府や軍のみならず、ヨーロッパのビアサット社の顧客も影響を受け、ドイツでは、数千の風力発電所のリモート監視制御システムが利用できなくなった(43)。

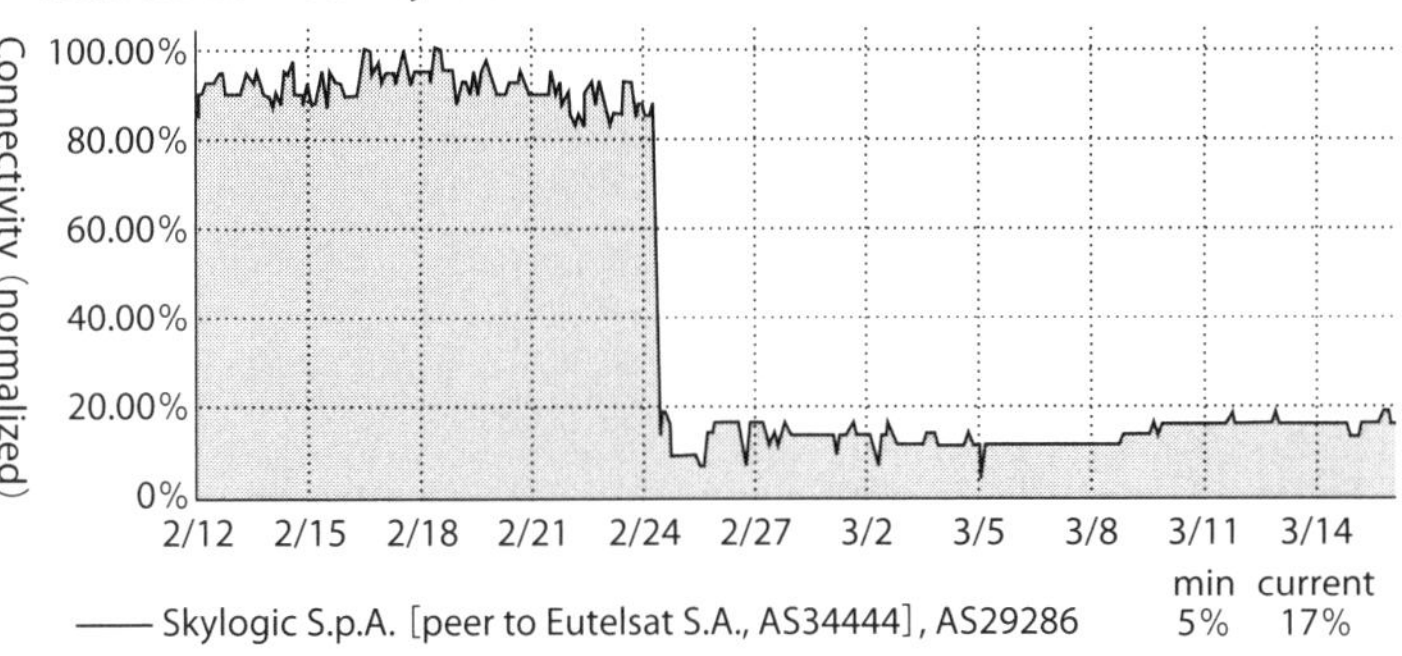

出所：ネットブロックスのX（旧ツイッター）投稿
（https://twitter.com/netblocks/status/1503791987161505801）

図２　攻撃により影響を受けた衛星通信帯域

世界の通信障害をモニタリングしている監視団体ネットブロックス（NetBlocks）によれば、二月二四日の早朝に、ビアサット社のヨーロッパの衛星通信網は、通信帯域の八〇パーセント以上が失われた[44]。

ビアサット社への攻撃を行った主体は、後の国際的な攻撃の帰属（アトリビューション）の特定で、ロシア軍のGRUであることが明らかになっている。後の法的検討の章で詳述するが、ロシア・ウクライナ戦争において、第三国の商用衛星が戦争の当事国から攻撃を受け、付随的被害が発生した今回の事例は、国際法上どのような法理で商用衛星や地上システムとのリンクを保護するのか、攻撃された商用衛星を所有する旗国がどのような国際法上の法理で対応措置をとり得るのか、大きな問題を我々に投げかけている。

②　GPSへの妨害

現代の戦争では、地理空間における位置情報の取得があらゆる作戦を遂行する上で重要になっており、位置情報を提供する測位衛星、なかんずく、世界にあまねく位置情報を提供しているアメリカのGPSは大きな役割を果たしている。そのため、ロシア・ウクライナ戦争でも、このGPSを妨害する電磁波による攻撃が行われている。(45)

ロシア軍は、車両に積まれた電子戦システム「クラスハ－4」をロシア・ウクライナ戦争で使用している。クラスハ－4は、妨害電波を出すことで、無線通信、レーダー、GPS信号を遮断する能力を持つとされている。(46)GPS信号の妨害方法には、GPS衛星が使用している周波数（L1〈一五七五・四二メガヘルツ〉、L5〈一一七六・四五メガヘルツ〉など五種類）と同じ周波数の強いノイズ電波を放射し、GPSからの信号を遮蔽する「ジャミング」、GPSの電波を装った偽の電波を出すことによって、GPS受信装置に誤認を引き起こす「スプーフィング（欺瞞）」がある。

ロシア軍は、戦争開始前の段階からGPSに対する妨害を行っている。ロシアのGPS妨害電波を観測したアメリカのホークアイ360（HawkEye360）社によれば、戦争開始前の二〇二一年一一月と開始直前の二〇二二年二月に、それぞれウクライナ東部のドンバス地域とウクライナ・ベラルーシ国境でGPSへの妨害電波を観測している。(47)

開戦後も戦場ではGPSへの妨害がロシアの電子戦部隊によって行われており、ドローンの飛行や精密誘導弾のGPS利用を妨げているとみられる。首都キーウ攻防戦の最中の二〇二二年三月には、ウクライナ国内に展開していたロシア軍のクラスハ－4がウクライナ軍によって鹵獲されている。また二〇二三年五月三日のモスクワ・クレムリンへのドローンによる攻撃後は、ロシア国内へのドローンによる攻撃を防ぐ目的で、モスクワ近郊など一五地域でGPS信号の遮断を行っているとみられ、ロシア国内でGPSを利用したカーナビやタクシーの配車アプリなどに障害が発生している[48]。

このようなGPSへの電磁波による妨害は、国内法で禁じている国が多いが、国際人道法上は適法であると考えられている。ただし、第三国の通信などに影響を与えた場合には、国際法上の問題が発生すると考えられる。これらについては、後の章で詳しく検討を行いたい。

2　ロシア・ウクライナ戦争における宇宙の利用

①　位置情報（測位）・精密誘導（航法）とGPS

今回のロシア・ウクライナ戦争は、陸海空の領域のみならず、宇宙や情報空間にも戦闘領域が拡大しており、無人航空機から送られるリアルタイムの映像・画像と測位衛星（GPSなど）からの位置情報を用いた砲撃や長距離打撃兵器などの利用も含め、新領域を用いた兵器が多数使われている。欧米各国は、ウクライナの支援要請に合わせ、ロシアを過度に刺激しない範囲で新領域の技術を利用した自国の最新兵器も徐々に供与している。

アメリカが供与した最新の兵器の中には、あらかじめGPSの位置情報を利用して測位を行い、精密誘導をするものが含まれている。たとえば、榴弾砲から発射するレイセオン社製GPS誘導砲弾「エクスカリバー」、装甲車両に用いる無人自爆型ドローン「フェニックスゴースト」や「スイッチブレード」である。

ウクライナ軍の反攻作戦でも活躍しているアメリカ製のハイマース（高機動ロケット砲システム）で使われているＧＭＬＲＳ（誘導多連装ロケットシステム）もＧＰＳ誘導で精密攻撃を行うタイプの兵器である。

②　敵状把握・偵察と商用画像衛星

また、ウクライナ軍は、敵軍への偵察や攻撃に小型ドローンを多用している。ウクライナ軍が緒戦で効果的にロシアの機械化部隊を迎撃できたのも、ドローンを用いた上空からの偵察が果たした役割が大きい。現場を取材したカメラマンの宮嶋茂樹氏によれば、ウクライナの偵察小隊はドローンを同時に三、四機飛ばして偵察を行い、友軍に情報をリアルタイムで提供している。(49)

ウクライナ軍の偵察部隊が使用しているドローンには、中国のＤＪＩ社製のドローンがあるが、このドローンは、ＧＰＳ以外に中国の測位衛星「北斗」、ロシアの測位衛星「グロナス」、ヨーロッパの測位衛星「ガリレオ」の位置情報を読み取って、正確な測位情報を提供している。ＤＪＩ社が提供する測位装置Ｄ－ＲＴＫは、ＧＰＳと他の国の測位衛星の情報を組み合わせて、センチ単位での三次元測位を可能にしている。(50)ただ、このＤＪＩ社のドローンの位置情報については、ロシア軍に筒抜けになっており、ウクライナ軍はＤＪＩ社のドローンの基板を交換して使用している。

また、敵の作戦動向を把握する上で、宇宙から撮像した画像による分析も、現代戦には欠かせない。ウクライナは、独自の偵察衛星を保有していないが、欧米諸国の商用画像衛星を利用して、ロシア軍に関する画像情報を入手しており、二〇二二年三月の段階で少なくとも五社がウクライナ政府に画像を提供していた[51]。たとえば、商用小型SAR（合成開口レーダー）衛星二一機を運用しているフィンランドのICEYE社は、ウクライナの慈善財団からの依頼を受け、ウクライナ政府に同社の衛星一基の提供と一年間の画像サービスの提供をしていると報じられている[52]。これ以外にも、高解像度画像サービスを提供するアメリカのマクサー・テクノロジーズ社やブラックスカイ・テクノロジーズ社などがウクライナ政府に協力している[53]。さらに、提供を受けた商用衛星情報は、AIによるビッグデータ分析を得意とするアメリカのパランティア・テクノロジーズ社が解析を行い、ウクライナ軍の攻撃目標の選定に利用されている[54]。

このような第三国の商用衛星サービスの利用は、その衛星システム自体が攻撃の目標となることが想定され、十分に国際法上の検討をする必要があろう。ウクライナの事例のように、民間企業が相手にデータを販売し、そのデータが攻撃目標の選定に利用されている場合、民間企業は紛争に巻き込まれる可能性が高いという識者もいる[55]。これについては、後の章で詳細に検討を行いたい。

③　軍隊内通信

先に述べたように、ウクライナが契約していた商用通信衛星は、ロシアのサイバー攻撃により使用できなくなり、また、ウクライナの地上のインターネット通信も、ロシア軍によるサイバー攻撃や通信基地局へのミサイル攻撃によって、不通となる地域が増えていった。このため、ウクライナのフェドロフ副首相兼デジタル化担当大臣は、二〇二二年二月二六日にX（旧ツイッター）上で、イーロン・マスク氏にスペースX社の衛星コンステレーションを利用した衛星通信「スターリンク（Starlink）」の提供を呼びかけた[56]。これに対してマスク氏は、すぐにスターリンクをウクライナで使用可能にし、モデムを送るとX（旧ツイッター）で返信し[57]、実際に提供された。当初約五〇〇〇基の地上端末を提供（うち一五〇〇基はアメリカ開発庁が調達）し、ウクライナ軍の通信だけでなく、サイバー攻撃や砲撃によってネットが断絶してしまった前線地域の住民にもインターネットアクセスを提供している。

このスターリンクの衛星通信をウクライナ軍は軍隊内通信にも利用し、偵察・攻撃に効果的に使用している。ウクライナのドローン偵察小隊に同行取材した宮嶋氏は、前線でも部隊の端末がスターリンクによるＷｉＦｉにつながり、偵察小隊の小隊長は「我々の偉大な友人、イーロン・マスク氏に感謝する」と唱えてからドローンを飛ばす様子を報告している[58]。

このようにウクライナ軍はマルチコプター型の小型ドローンを活用して、敵部隊の偵察、火砲の着弾観測に利用している。ドローンからもたらされる位置情報と映像は、偵察小隊の端末から、衛星通信のネットを経由して射撃管制システムに入力される。二〇一四年からウクライナ陸軍で使われている自動射撃管制システム「ＧＩＳＡｒｔａ」は、インターネット接続によって、部隊の端末で操作が可能で、入力された情報は、クラウドサーバー側でリアルタイム処理されている。

「戦場のウーバー」と呼ばれるこのシステムは、味方の位置情報も加味して誤射を避け、敵発見から射撃まで最短約一分で、砲兵部隊が火砲を発射することを可能にしている[59]。二〇二二年五月一二日に、ルハンシク州でドネツ川を渡河しようとしたロシア軍の戦闘大隊が、ウクライナ軍第一七戦車旅団の砲兵部隊の射撃により壊滅したのも、ドローン・衛星・情報処理と榴弾砲による射撃という新領域のシステムと旧来型の火砲が融合した新しい戦争の形の成果と言える。[60]

その後この「GISArta」は、「DELTA」と呼ばれる統合全ドメイン指揮統制システム（JADC2）に改良され、ドローンからの情報だけでなく、商用衛星、センサー、文民からの情報もリアルタイムでデジタル地図上に統合し、砲撃や攻撃などウクライナ軍の作戦遂行全般に使用されている。[61]

「DELTA」はクラウド上で稼働しており、部隊ではパソコン、タブレット、スマートフォン上で作動する。そのため、戦場の末端までインターネットの通信が届かないと、使用できない。その点で、ウクライナの戦争遂行を支えているのは、宇宙のスターリンクによる衛星コンステレーションとも言える。このような領域横断の戦い方については、後ほど詳述する。

三　領域横断のあたらしい戦い方――サイバー・宇宙・電磁波・無人航空機[62]

装備面で質量とも勝るロシア軍に対して、ウクライナ軍は今回の戦争で互角以上の戦いを行っている。国土防衛戦で国民や将兵の士気が高いこと、西側が対戦車ミサイル「ジャベリン」や誘導砲弾「エクスカリバー」などの最新鋭の装備品をウクライナに提供していることもあるが、先ほど述べた

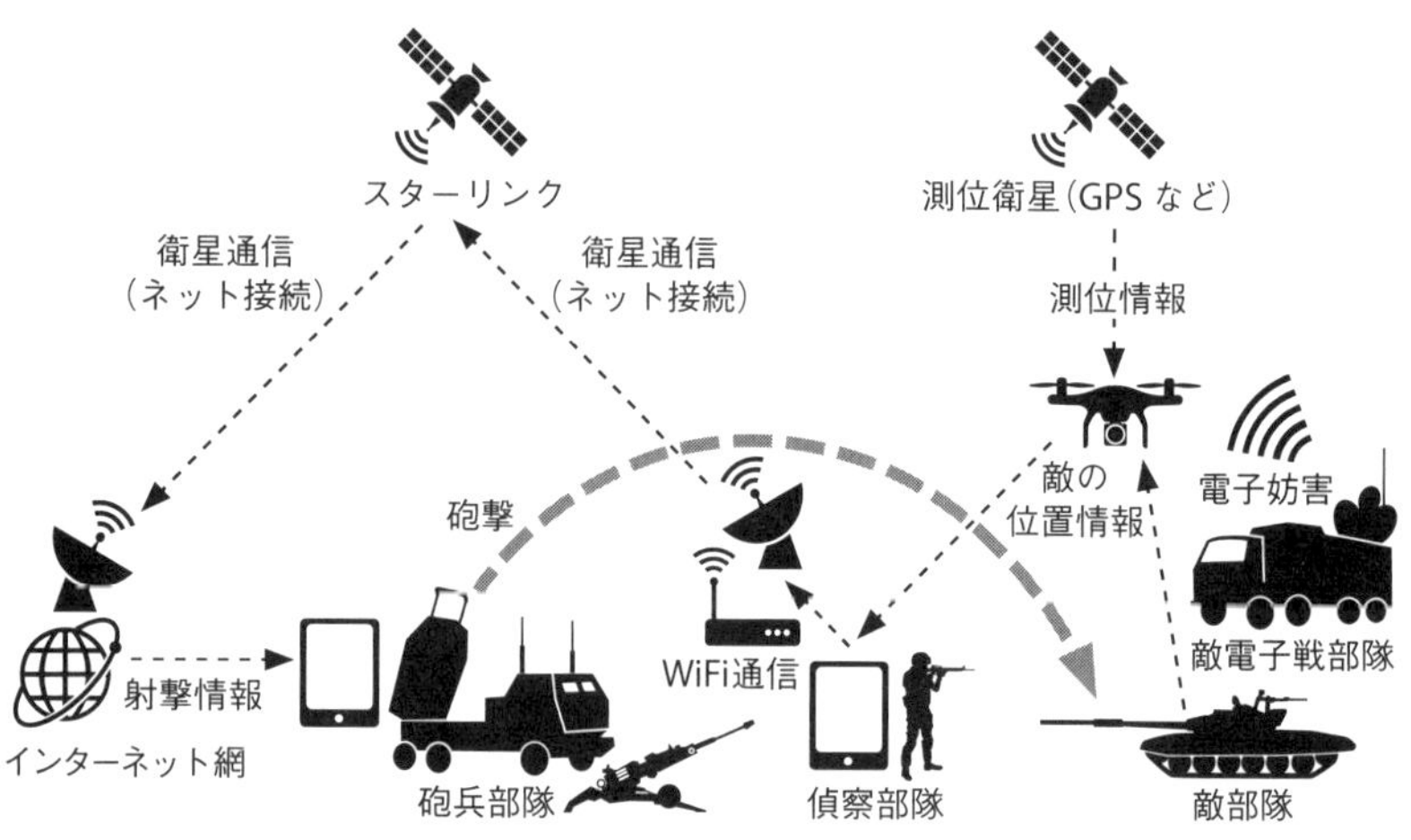

図３　ウクライナにおける領域横断の戦い

「ＧＩＳＡｒｔａ」や「ＤＥＬＴＡ」のように、ウクライナが独自にサイバー・宇宙・電磁波・無人航空機を用いた領域横断の戦い方を工夫している側面が大きい。

たとえば、ウクライナ軍は先に述べたように、戦場でドローンを偵察任務に活用しているが、戦場でのドローンの活用は偵察や着弾観測のみならず、小型爆弾や火炎瓶を吊して装甲車両や塹壕陣地を攻撃するのにも使われている。このような小型のドローンの活用を支えているのは、戦場の前線におけるインターネットへの接続であり、ウクライナでは、かつて戦場で使われていた軍用機材による有線通信やマイクロ波通信ではなく、民間のＷｉＦｉモデムやＷｉＦｉルーターが使われている。

図３は、このような領域横断の新しい戦い方における情報の流れを図式化したものである。偵察部隊のドローンは、測位衛星の位置情報を用いて敵部隊の位置

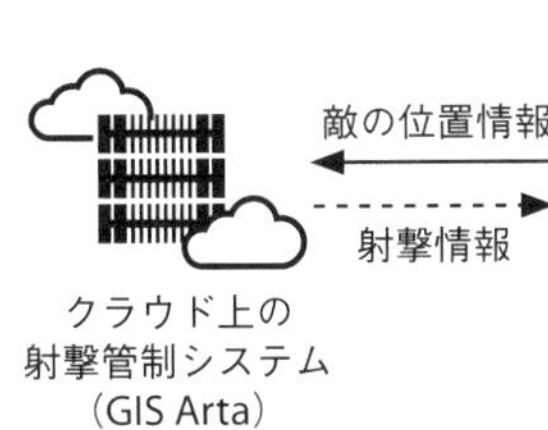

出所：各種資料を基に筆者作成

（正確な緯度と経度）を測定し、偵察部隊はＷｉＦｉに接続されたＩＴ機器経由で、衛星通信を通じて、敵位置情報をクラウド上の射撃管制システムに入力する。その情報に基づいて、射撃情報が自動計算され、砲兵部隊に対して射撃命令が出され、敵部隊に対して砲撃が行われる。敵側も、このようなドローンによる偵察を妨害するために、ドローンの通信を妨害する電子妨害で対抗することがある。このように、現代の領域横断の戦い方では、宇宙から無人航空機までを全て利用して、戦闘が行われる。

　また、ウクライナ軍はトルコ製の武装ＵＡＶバイラクタルＴＢ２を戦場で活用しているが、このＵＡＶも宇宙を利用した領域横断の新しい戦い方をしている。バイラクタルＴＢ２は、ＬＯＳ通信（見通し線無線通信）とＳＡＴＣＯＭ（衛星通信）の両方で地上管制ステーションと通信可能であり、飛行もＧＰＳを利用した全自動航法が可能（ＧＰＳ電波が途絶えた場合には内蔵センサーで基地まで帰還可能）となっている。作戦半径は一五〇キロメートルと推定され、最大二七時間の滞空が可能である。レーザー誘導弾を四発搭載可能で、黒海では、ロシア黒海艦隊のラプター級小型パトロール艇を五隻撃沈している。また、陸上では、前線の後方奥深くに侵入し、装甲車両への攻撃、通信・司令車両への攻撃、対空ミサイル車両への攻撃、後方の補給路への攻撃を行い、戦果を上げている。

　今回のロシア・ウクライナ戦争では、ウクライナ参謀本部の発表で、開戦から三カ月でロシア側は航空機二〇五機、ヘリコプター一七〇機を失っており、二〇二二年四月六日にキーウ州から撤退して以後、ロシア側はウクライナ上空で、有人航空兵力を積極的に使用できなくなった。有人航空機に代わって、ウクライナの上空を縦横無尽に飛んでいるのは、UAVや小型ドローンといった無人航空機である。しかし、無人航空機を無力化するために、陸上・艦艇の高価な防空システムを用いるのは釣り合いがとれない。そのため、両軍とも無人航空機に対しては、電子戦システムによる電波妨害や対空機関砲、携行式対空ミサイルなどでの対処を強いられている。

このように、将来戦の戦闘様相では、サイバー、宇宙、電磁波などの新領域を基盤とした装備の運用が戦場での優劣を決する。新領域に係る先進の軍民両用（デュアルユース）技術の導入なくして、有人戦闘機、艦船、戦車・火砲などの従来装備は、有効に機能することができず、また簡単に無力化されてしまうことが、ロシア・ウクライナ戦争の戦訓から明らかになっている。

（1）*Lowy Institute Asia Power Index 2023 Edition*. https://power.lowyinstitute.org/data/military-capability/.

（2）二〇二一年のウクライナの防衛予算は四二・七億ドル、ロシアの防衛予算は四五八億ドルであった。IISS. *The Military Balance 2022*. Routledge, 2022.

（3）二〇二一年のウクライナのGDPは一八一〇億ドル、ロシアのGDPは一兆六五〇〇億ドルであった。IISS, Ibid.

（4）いずれも数字は、IISS, Ibid. より著者集計。

（5）Zabrodskyi, Mykhaylo, et al. "Preliminary Lessons in Conventional Warfighting from Russia's Invasion of

Ukraine: February–July 2022." *RUSI Special Report*, Royal United Services Institute, 30 November 2022, https://static.rusi.org/359-SR-Ukraine-Preliminary-Lessons-Feb-July-2022-web-final.pdf.

（6）Zabrodskyi, et al., Ibid.

（7）ウクライナにおける陸上戦闘の推移については、Institute for the Study of War. *UKRAINE CONFLICT UPDATES*. https://www.understandingwar.org/backgrounder/ukraine-conflict-updates. を参照。

（8）海上における戦闘については、Pedrozo, Raul. "Russia-Ukraine Conflict: The War at Sea." *International Law Studies*, vol. 100, 2023, https://digital-commons.usnwc.edu/cgi/viewcontent.cgi?article=3038&context=ils. を参照。

（9）フェドロフ副首相兼デジタル化担当大臣X（旧ツイッター）投稿 https://twitter.com/FedorovMykhailo/status/1497642156076511233

（10）Fendorf, Kyle. "The Dynamics of the Ukrainian IT Army's Campaign in Russia." *LAWFARE*, Lawfare Institute, 15 June 2023, https://www.lawfareblog.com/dynamics-ukrainian-it-armys-campaign-russia.

（11）小泉悠「ウクライナ危機にみるロシアの介入戦略」『国際問題』六五八号、二〇一七年一月、三八頁、https://www2.jiia.or.jp/kokusaimondai_archive/2010/2017-01_005.pdf?noprint。

（12）Hoffman, Frank G. *Conflict in the 21st Century: The Rise of Hybrid Wars*. Potomac Institute for Policy Studies, 2007, p. 28, https://www.potomacinstitute.org/images/stories/publications/potomac_hybridwar_0108.pdf.

（13）稲垣芳朗「２０１４年クリミア併合過程におけるハイブリッド戦の考察」『海幹校戦略研究』一二巻一号、二〇二二年六月、https://www.mod.go.jp/msdf/navcol/assets/pdf/ssg2022_06_03.pdf。

（14）Edelman, Eric S. "The Pros and Cons of 'Deterrence by Disclosure'." *The Dispatch*, 21 February 2022, https://thedispatch.com/article/the-pros-and-cons-of-deterrence-by/.

（15）Sonne, Paul, et al. "Russian troop movements near Ukraine border prompt concern in U.S., Europe." *The Washington Post*, 30 October 2021, https://www.washingtonpost.com/world/russian-troop-movements-near-ukraineborder-prompt-concern-in-us-europe/2021/10/30/c122e57c-3983-11ec-9662-399cfa75efee_story.html.

(16) Harris, Shane, and Paul Sonne. "Russia planning massive military offensive against Ukraine involving 175,000 troops, U.S. intelligence warns." *The Washington Post*, 3 December 2021, https://www.washingtonpost.com/national-security/russia-ukraine-invasion/2021/12/03/98a3760e-546b-11ec-8769-2f4ecdf7a2ad_story.html.

(17) US Department of State. *Secretary Antony J. Blinken at a Press Availability*. 7 January 2022, https://www.state.gov/secretary-antony-j-blinken-at-a-press-availability-11/.

(18) The White House. *Remarks by President Biden Providing an Update on Russia and Ukraine*. 18 February 2022, https://www.whitehouse.gov/briefing-room/speeches-remarks/2022/02/18/remarks-by-president-biden-providing-an-update-on-russia-and-ukraine-2/.

(19) Soldatkin, Vladimir. "More than 10,000 Russian troops returning to bases after drills near Ukraine -Interfax." *Reuters*, 25 December 2021, https://www.reuters.com/markets/europe/more-than-10000-russian-troops-returning-bases-after-drills-near-ukraine-2021-12-25/.

(20) The Ministry of Foreign Affairs of the Russian Federation. "Foreign Minister Sergey Lavrov's working meeting with President of the Russian Federation Vladimir Putin, Moscow, February 14, 2022." 14 February 2022,https://mid.ru/en/foreign_policy/news/1798349/.

(21) "Zelensky hastily fled Kiev, Russian State Duma Speaker claims." *TASS*, 26 February 2022, https://tass.com/politics/1411855.

(22) ゼレンスキー大統領によるフェイスブック投稿 https://www.facebook.com/watch/?v=624877852076446

(23) ゼレンスキー大統領国外脱出との偽情報を発信したイラン国営英語ニューステレビチャンネル「Press TV」のX(旧ツイッター)投稿 https://twitter.com/PressTV/status/149910982935715843

(24) ディスインフォメーションについては、筆者が提言作成を担った、笹川平和財団　政策提言「〝外国からのディスインフォメーションに備えを！〜サイバー空間の情報操作の脅威〜〟」二〇二二年二月、https://www.spf.org/security/publications/20220207_cyber.html を参照。

（25）Microsoft. "An overview of Russia's cyberattack activity in Ukraine." *Special Report: Ukraine*, 27 April 2022, https://query.prod.cms.rt.microsoft.com/cms/api/am/binary/RE4Vwwd.

（26）Ibid. Microsoft, *Special Report: Ukraine*, p. 5.

（27）Ibid. Microsoft, *Special Report: Ukraine*, p. 6.

（28）Microsoft. *Defending Ukraine: Early Lessons from the Cyber War.* 22 June 2022, https://query.prod.cms.rt.microsoft.com/cms/api/am/binary/RE50KOK.

（29）Ibid. Microsoft, *Special Report: Ukraine*, p. 7.

（30）Microsoft Digital Security Unit, et al. "Destructive malware targeting Ukrainian organizations." *Microsoft Security Blog*, Microsoft, 15 January 2022, https://www.microsoft.com/en-us/security/blog/2022/01/15/destructive-malware-targeting-ukrainian-organizations/.

（31）Microsoft Threat Intelligence. "Cadet Blizzard emerges as a novel and distinct Russian threat actor." *Microsoft Security Blog*, Microsoft, 24 June 2023, https://www.microsoft.com/en-us/security/blog/2023/06/14/cadet-blizzard-emerges-as-a-novel-and-distinct-russian-threat-actor/.

（32）CSIRT MON（ポーランド国防省コンピューター事案対応チーム）. "ANALYSIS OF THE CYBERATTACK ON UKRAINIAN GOVERNMENT RESOURCES." 22 January 2022, https://csirt-mon.wp.mil.pl/pl/articles/6-aktualnosci/analysis-cyberattack-ukrainian-government-resources/.

（33）Hopkins, Valerie. " A hack of the Defense Ministry, army and state banks was the largest of its kind in Ukraine's history." *The New York Times*, 15 February 2022, https://www.nytimes.com/2022/02/15/world/europe/ukraine-cyberattack.html.

（34）Ibid. Microsoft, *Special Report: Ukraine*, p. 7.
（35）Ibid. Microsoft, *Special Report: Ukraine*, p. 7.
（36）Ibid. Microsoft, *Special Report: Ukraine*, p. 12.
（37）Ibid. Microsoft, *Defending Ukraine*, pp. 7-9.
（38）Microsoft Threat Intelligence. "New "Prestigeransomware" impacts organizations in Ukraine and Poland." *Microsoft Security Blog*, Microsoft, 14 October 2022, https://www.microsoft.com/en-us/security/blog/2022/10/14/new-prestige-ransomware-impacts-organizations-in-ukraine-and-poland/.
（39）Burt, Tom. "Malware attacks targeting Ukraine government." *Microsoft On the Issues*, Microsoft, 15 January 2022, https://blogs.microsoft.com/on-the-issues/2022/01/15/mstic-malware-cyberattacks-ukraine-government/.
（40）Ibid. Microsoft, *Defending Ukraine*, p. 9.
（41）OneTrust DataGuidance. *Ukraine: Parliament passes draft law on cloud services*. 18 February 2022, https://www.dataguidance.com/news/ukraine-parliament-passes-draft-law-cloud-services.
（42）Viasat. *KA-SAT Network cyber attack overview*. 30 March 2022, https://news.viasat.com/blog/corporate/ka-sat-network-cyber-attack-overview.
（43）Willuhn, Marian. "Satellite cyber attack paralyzes 11GW of German wind turbines." *pv magazine*, pv magazine group, 1 March 2022, https://www.pv-magazine.com/2022/03/01/satellite-cyber-attack-paralyzes-11gw-of-german-wind-turbines/.
（44）NETBLOCKS. *Internet disruptions registered as Russia moves in on Ukraine*. 24 February 2022, https://netblocks.org/reports/internet-disruptions-registered-as-russia-moves-in-on-ukraine-W80p4k8K.
（45）福島康仁「宇宙領域からみたロシア・ウクライナ戦争」高橋杉雄編著『ウクライナ戦争はなぜ終わらないのか――デジタル時代の総力戦――』文春新書、二〇二三年、一〇七～一四三頁参照。

（46）小泉悠「ロシアのGPSスプーフィング能力」日本国際問題研究所『ポスト・プーチンのロシアの展望』二〇二〇年、七九〜八九頁。

（47）HawkEye360. *HawkEye 360 Signal Detection Reveals GPS Interference in Ukraine.* Cision, 4 March 2022, https://www.prnewswire.com/news-releases/hawkeye-360-signal-detection-reveals-gps-interference-in-ukraine-301495696.html.

（48）"Russia Expands GPS Signal Jamming to 15 Regions." *The Moscow Times*, 5 May 2023, https://www.themoscowtimes.com/2023/05/05/russia-expands-gps-signal-jamming-to-15-regions-a81049.

（49）宮嶋茂樹『ウクライナ戦記—不肖・宮嶋 最後の戦場—』文藝春秋、二〇二三年、二〇三〜二二〇頁。

（50）ＤＪＩ社ウェブサイト https://www.dji.com/jp/d-rtk/info

（51）Davenport, Christian. "Commercial satellites test the rules of war in Russia-Ukraine conflict." *The Washington Post*, 10 March 2022, https://www.washingtonpost.com/technology/2022/03/10/commercial-satellites-ukraine-russia-intelligence/.

（52）Antoniuk, Daryna. "Ukrainian charity buys satellite for the army. How will it help fight against Russia?" *The Kyiv Independent*, 27 August 2022, https://kyivindependent.com/ukrainian-charity-buys-satellite-for-the-army-how-will-it-help-fight-against-russia/.

（53）Ibid. 福島。

（54）Dastin, Jeffrey. "Ukraine is using Palantir's software for 'targeting,' CEO says." *Reuters*, 2 February 2023, https://jp.reuters.com/article/ukraine-crisis-palantir-idCAKBN2UC01O.

（55）Ibid. Davenport.

（56）フェドロフ副首相兼デジタル化担当大臣X（旧ツイッター）投稿 https://twitter.com/FedorovMykhailo/status/1497543633293266944

（57）マスク氏X（旧ツイッター）投稿 https://twitter.com/elonmusk/status/1497701484003213317

（58）Ibid. 宮嶋。

（59）Parker, Charlie. "Uber-style technology helped Ukraine to destroy Russian battalion." *The Times*, 14 May 2022, https://www.thetimes.co.uk/article/uk-assisted-uber-style-technology-helped-ukraine-to-destroy-russian-battalion-5pxnh6m9p.

（60）ウクライナ国防省X（旧ツイッター）投稿 https://twitter.com/DefenceU/status/1524438980191731717

（61）Hammes, T.X. "Game-changers: Implications of the Russo-Ukraine war for the future of ground warfare." *Issue Brief*, Atlantic Council, 3 April 2023, https://www.atlanticcouncil.org/in-depth-research-reports/issue-brief/game-changers-implications-of-the-russo-ukraine-war-for-the-future-of-ground-warfare/.

（62）詳しくは、大澤淳「新領域における戦い方の将来像─ロシア・ウクライナ戦争から見るハイブリッド戦争の新局面─」高橋杉雄編著『ウクライナ戦争はなぜ終わらないのか─デジタル時代の総力戦─』文春新書、二〇二三年、一四五〜一八〇頁参照。

第二節　ハイブリッド戦争の概念

大澤　淳

はじめに

ロシア・ウクライナ戦争では、現代戦争の特徴である「ハイブリッド戦争」[1]といわれる戦いが進行している。ハイブリッド戦争では、非軍事的手段と軍事的手段が並行して使用されるのが特徴である。また、平時と戦争の境目が曖昧であり、武力攻撃開始のはるか前の平時の段階から、情報戦、サイバー戦が始まり、危機の進行に伴って、行使される手段の烈度が上がっていく傾向がある。

一　ハイブリッド戦争の議論の経緯

ロシアとの関係で注目されている「ハイブリッド戦争」であるが、その起源は意外と古く、アメリカにコンセプトの源流がある。アメリカでは、対テロ戦争の中で、テロリストなどの非国家行為主体が、テロ攻撃などの非正規手段を用いて正規軍を攻撃してくることを、「ハイブリッド脅威」というコンセプトで整理していた。

ハイブリッド戦争を研究している東京大学先端科学技術研究センターの小泉悠講師によれば、ハイブリッド戦争のアメリカでの議論は、二〇〇五年に遡れるという(2)。アメリカで海の安全保障を長年研究している「アメリカ海軍協会(USNI)」の二〇〇五年一一月号の機関誌に、当時のジェームズ・マティス海兵隊中将(後にトランプ政権で国防長官)とフランク・ホフマン海兵隊退役中佐が共著で寄稿し、その論文の中で、「ハイブリッド戦争」という言葉を用いた。テロリストなどの非正規の主体が、軍事手段のみならず、情報戦や経済戦、重要インフラへの攻撃、コンピューター・ネットワークの破壊など複合的な手段を用いて、時と場所を選ばず攻撃してくる様相を「ハイブリッド戦争」と定義したのである(3)。

その後、アメリカ軍内では、対テロ戦争の中で、このハイブリッド戦争の概念が「ハイブリッド脅威」として、形作られていった。二〇〇八年のアメリカ陸軍野戦教範の作戦編(4)では、対テロ戦争を念頭に、脅威の変化として、伝統的な軍事力(通常兵器・核)に加えて、非正規かつ非対称な手段がアメリカの軍事力に対抗する手段として台頭している、として警鐘を鳴らしている。

さらに、ハイブリッド戦争の概念は、中国との関係でも言及されるようになった。アメリカ議会の諮問機関である「米中経済安全保障検討委員会」は、二〇〇九年一〇月に「中国のサイバー戦能力」に関する報告書を公表した(5)。同報告書は、「台湾有事などの際には、中国軍が、アメリカ軍の作戦および来援を遅延させる手段として、サイバー攻撃を行う可能性が高い」と結論付けている。このような認識を受けて、二〇一〇年の四年ごとの国防政策見直し（QDR2010）では、「戦争がハイブリッドになってきている」という認識が示され、将来的なアメリカの敵対者は、サイバー・宇宙などの領域で主導権を取るべく、洗練された能力を身に付けるであろうと予見している。(6)

その後、この作戦レベルの「ハイブリッド脅威」という概念は、二〇一四年のクリミア併合を境に、戦略レベルの概念へと変化した、とスウェーデン国防大学のイルマリ・カーイコ准教授は分析している。(7) 同准教授は、二〇一四年九月に開かれた北大西洋条約機構（NATO）のウェールズ首脳会合で、ロシアの武力侵略と共にその手法として「ハイブリッド戦争」が戦略レベルの概念として議論されたと指摘している。同会合の宣言では、「首脳らは、NATOがハイブリッド戦争の脅威がもたらす特有の課題に効果的に対処できるよう確約にする」との文言が決議された。(8)

二〇一四年にロシアとの関係で「ハイブリッド戦争」が注目されたのは、その前年に、ロシア軍の参謀総長であったワレリー・ゲラシモフ上級大将が発表した論文が、西側関係者の間で話題となったからであった。

二　ロシアの現代戦コンセプトとハイブリッド戦争

ロシアは、西側の国々が使う「ハイブリッド戦争」という用語をそのまま使用しているわけではないが、彼らの現代戦に対するコンセプト自体が、西側の国々が言うところの「ハイブリッド戦争」と同義になっている。ロシアは、戦略目標を達成するために、軍事的手段と非軍事的手段の間に連続性を持たせ、統一的な作戦（ハイブリッド戦争）を展開している。さらに、平時と有事という区別がロシアにはなく、グレーゾーンそのものも現代戦を構成する一領域と見ている。そのため、非軍事的手段と軍事的手段が並行して使用され、平時と戦争の境目が曖昧であるという認識が、ロシアの現代戦に対する考え方の特徴となっている[9]。

ロシアの「現代戦コンセプト＝ハイブリッド戦」は、特に情報戦といわれる敵国民の認知領域への攻撃と、サイバー戦といわれる敵の情報空間への攻撃とを特徴としている[10]。このコンセプトは、二〇一三年二月の『軍需産業クーリエ』紙に、先に述べたロシア軍のゲラシモフ参謀総長のスピーチが掲載されたことで注目された。スピーチの中で、ゲラシモフ参謀総長は次のように将来戦を描いている[11]。

① 戦争状態と平和状態の区別が曖昧になった。

② 「戦争のルール」が大きく変わった。政治的・戦略的目標を達成するための非軍事的手段の役割は増大し、場合によってはその有効性が武器の威力を大きく上回ることもある。

③ 武力紛争において、非対称的な手段が広く使われ、敵の優位性を相殺することが可能になった。

④ 飛行禁止空域、海上封鎖、民間軍事会社など純粋的に軍事的と言えない、新しい戦争形態が

出現し、ドローン、ロボット、航空宇宙防衛システムなど、新しい技術も戦闘の形態を変えている。

⑤　情報戦は、敵の戦闘能力を低下させるための幅広い非対称的機会を提供する。

このゲラシモフ参謀総長の将来戦のコンセプト(12)を図式化したものが、図1である。ゲラシモフ参謀総長は、現代戦をいかに戦うかについて、サイバーを含む非軍事的手段と軍事的手段を四対一で使用すると明言している。その非軍事的手段の中核を占めるものが情報戦とサイバー戦である。図1は、ゲラシモフ参謀総長が想定している軍事紛争の強度(縦軸)と紛争のエスカレーション(横軸)に、紛争が始まる前の平時から紛争の終戦に至るまでの間に、非軍事的手段と軍事的手段がどのように使われるかを描いている。この中で、本当に武器を持って戦う軍事紛争となるのは、第四段階の危機以降であり、全体の一部分を占めるにすぎない。紛争の段階のほとんどで非軍事的手段が使われ、その手段としては、同盟の形成や政治的圧力などの外交的手段、経済制裁や禁輸などの経済的手段などが含まれる。その中でも、情報操作などにより敵国民の認知領域に直接働きかけ、敵の政府に対する信用を失墜させ、反体制派の形成や政変による政権の交代のように、戦わずして勝つ「情報戦」を、危機の初期段階から紛争の終結段階まで一貫して重視しているのが特徴である。

ロシアが得意とする情報戦は、我々が一般的に考えているようなやり方とは異なる。通常、我々が情報工作として思い浮かべるのは、ディスインフォメーション(偽情報)を用いて相手を撹乱すること

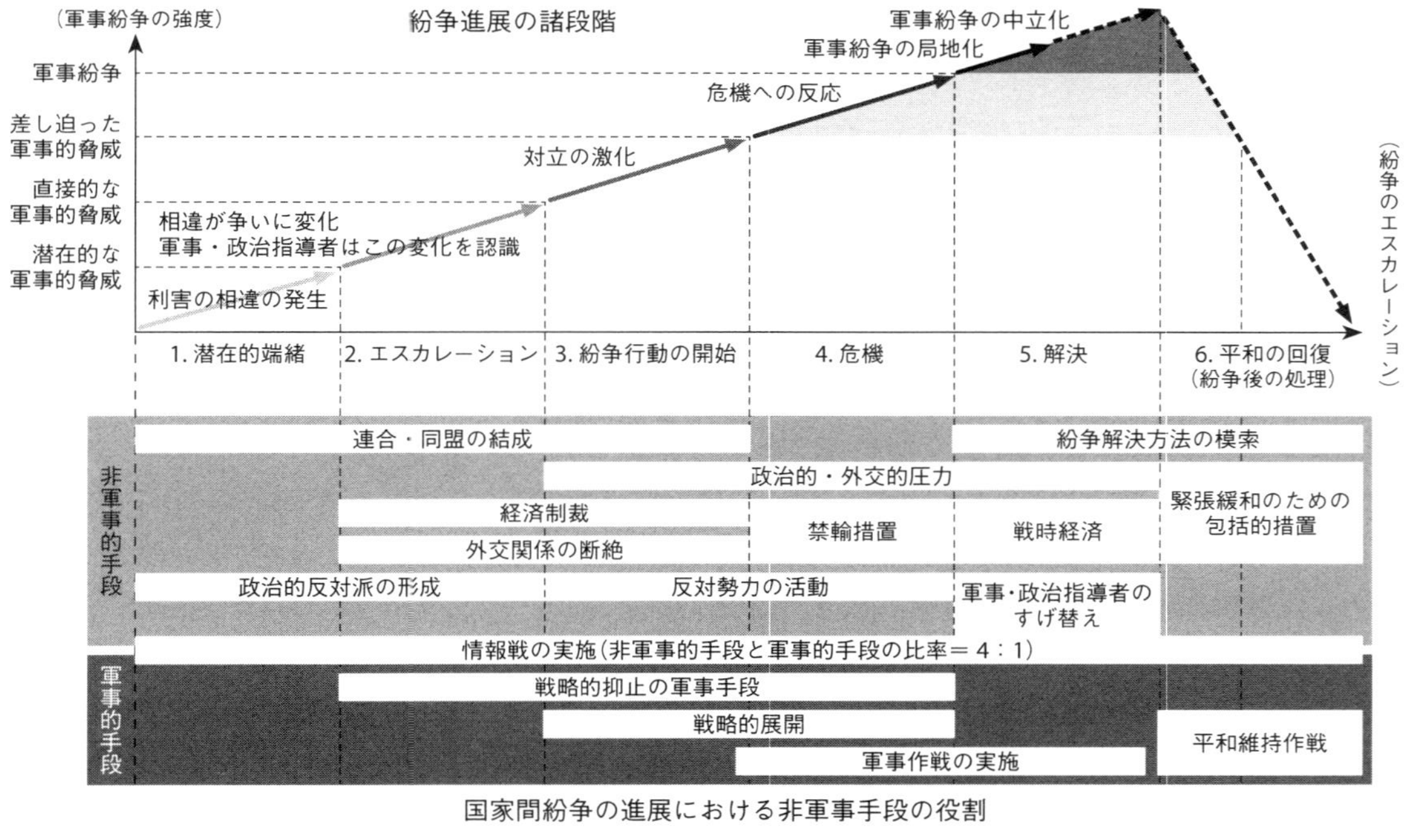

出所：US Army Special Operations Command. *"Little Green Men": A Primer on Modern Russian Unconventional Warfare, Ukraine 2013-2014*. June 2015, p. 18.

図1　ゲラシモフによる現代戦争のフェーズ

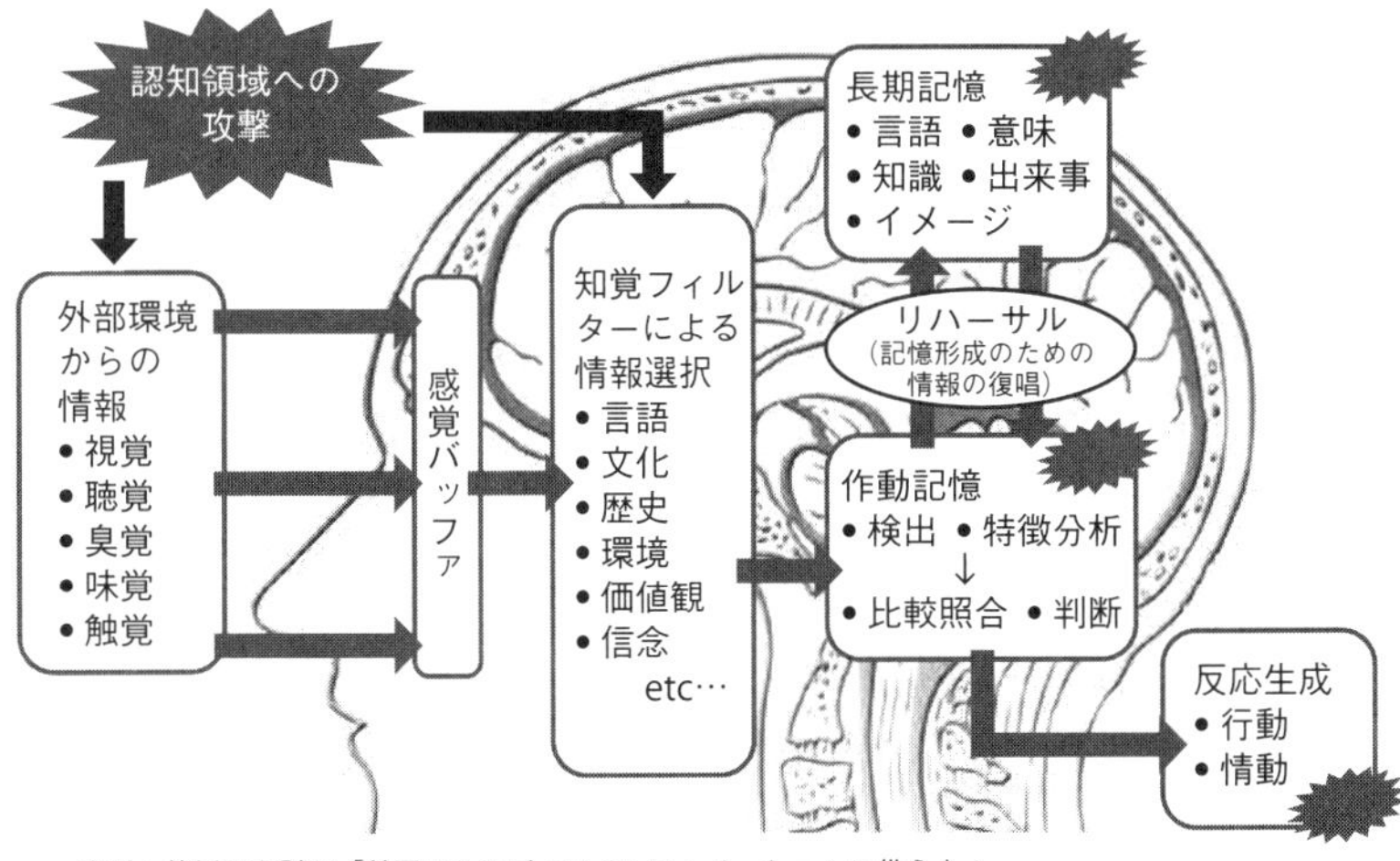

出所：笹川平和財団「外国からのディスインフォメーションに備えを！～サイバー空間の情報操作の脅威～」2022 年 2 月、5 頁、https://www.spf.org/global-data/user172/cyber_security_2021_web1.pdf。

図２　ロシアのディスインフォメーションを用いた認知領域への攻撃モデル

であるが、ロシアのそれは一枚上手を行く。ロシアは、敵国の社会に存在する歴史的な亀裂に注目し、その亀裂に対して、相手の国民の認知反応を引き出すようにディスインフォメーションを用いて攻撃を行う。

図2は、ロシアの認知領域への攻撃を図式化したモデルである。ロシアの攻撃は、「反射コントロール」というロシア独特の概念に基づいて行われている。(13)「反射コントロール」は、視覚や聴覚といった直接的な感覚のみに偽情報をインプットするのではなく、ナラティブ（物語）を通じて相手の社会に根付いている過去の記憶に注目し、この記憶に基づくワーキングメモリ（作動記憶）に働きかけ、現実の解釈（内部表象）に影響を与える。その結果として、個人の感情や行動に強い影響（反応生成）を与え、攻撃の所与の目的である、相手社会の分裂という結果を

引き出そうとする[14]。

この「ナラティブ（物語）」に基づくロシアの情報戦の例としては、二〇一六年のアメリカ大統領選挙へのロシアの介入がある。この際にロシアが利用したのは、アメリカ社会に内在する白人対黒人の人種問題や貧富の格差という亀裂であり、その際に使われたナラティブは「白人のヒラリー・クリントン候補は黒人のために働くわけがない」「民主党のエリートは貧しい労働者階級のことをないがしろにしている」というものであった。情報戦の攻撃の結果、もともと民主党の支持層であった黒人層で投票に行かない人が増え、黒人の投票率が約六パーセント低下した。こうしたロシアの情報戦の結果、共和党のドナルド・トランプ候補は事前予想を覆す勝利に近付くことになった。ロシアの目論見は、ワシントンの政治家が信用ならないということを植え付け、アメリカの民主主義の信用を失墜させることであったが、これも見事に成功した。

三　デジタル時代のハイブリッド戦争

二〇二二年二月に始まったロシア・ウクライナ戦争は、情報空間での戦いが実際の軍事侵攻のはるか前から始まり、デジタル時代のハイブリッド戦争とも言える現代戦の特徴を有している[15]。ロシア側から仕掛けられたこのハイブリッド戦争は、二〇一四年のクリミア併合と同じく、先に述べたゲラシモフ参謀総長の現代戦コンセプトに沿って実施されている。今回のロシア・ウクライナ戦争では、対

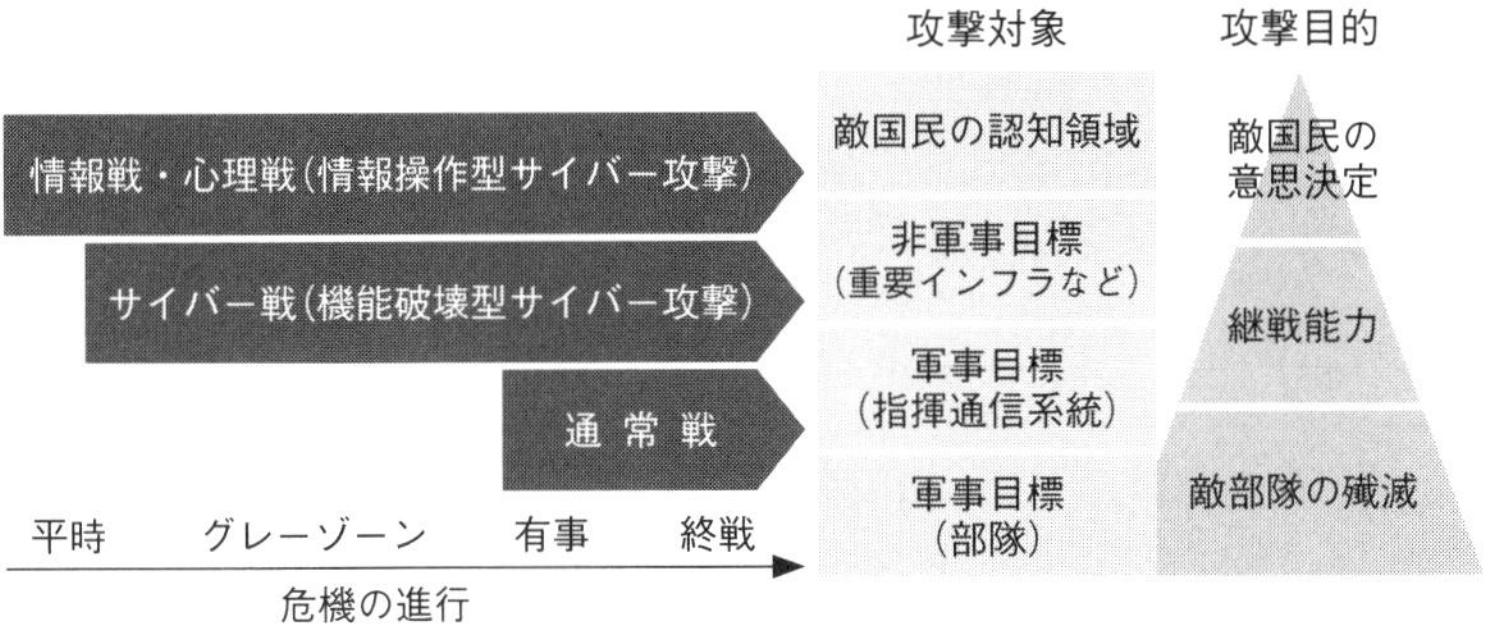

	攻撃対象	攻撃目的
情報戦・心理戦（情報操作型サイバー攻撃）	敵国民の認知領域	敵国民の意思決定
サイバー戦（機能破壊型サイバー攻撃）	非軍事目標（重要インフラなど）	継戦能力
通常戦	軍事目標（指揮通信系統）	
	軍事目標（部隊）	敵部隊の殲滅

平時　グレーゾーン　有事　終戦
危機の進行

出所：筆者作成

図３　ハイブリッド戦の構図

軍（カウンター・フォース）の戦いだけでなく、相手の最も弱いところを狙う対価値（カウンター・バリュー）の情報戦・サイバー攻撃が、平時・グレーゾーンの段階から多数観測された。

デジタル時代のハイブリッド戦争は図３に示したように、三段階から成り、平時の情報戦・心理戦から始まる。これが第一段階である。平時から行われる情報戦は、敵国民の認知領域に直接働きかけ、社会の分断、政府機関の信用失墜など、情報操作によって社会をかく乱して弱体化させることを目的としており、「情報操作型サイバー攻撃」とでも言うべきものである。ロシア・ウクライナ戦争では、二〇一四年に親ロシアのヤヌコビッチ政権が崩壊して以降、親ヨーロッパのウクライナ政府の信用を失墜させる目的で、ウクライナ政府がネオナチでありロシア系住民を弾圧している、という偽の言説がロシア側から流布されていた。

情報戦の次に来るのが、第二段階のサイバー戦である。このサイバー戦は、敵国の重要インフラや政府機関などを標的として、敵の継戦能力の無力化を目的としている。ＤＤｏＳ攻撃やワイパー型（情報消去型）のマルウェアを用いて、相手国のネットワークを機能不全に陥れる機能破壊型のサイバー攻撃である。特に初期段階で標的となるのが、継戦能力を左右する重要インフラなどの非軍事目標と軍の指揮通信基盤となる通信インフラである。

ロシア・ウクライナ戦争でも、実際の戦闘が起こる前に三波にわたるサイバー攻撃が仕掛けられた。最初の第一波では、ウクライナの政府機関にランサムウェアを装った機能破壊型のマルウェアが送り込まれ、さらにウェブサイトが改ざんされた。第二波では、ウクライナ政府機関・軍、金融機関に対して通信を妨害するＤＤｏＳ攻撃が行われた。さらに第三波では、ウクライナ国内の官民のコンピューターを破壊するために、機能破壊型のマルウェアが送り込まれ、同時に軍の指揮通信系統を支える衛星通信にもサイバー攻撃が行われた。

このように、現代のハイブリッド戦争は、平時、グレーゾーン、有事にかけてシームレスに、非軍事的手段と軍事的手段が並行して使用されるのが特徴である。危機の進行は、経済活動、社会活動のデジタル空間への依存の高まりと共に、かつてないほどサイクルが早くなっており、数時間で状況が変化する。

また、キネティック（物理的）領域からサイバー空間などのノンキネティック（非物理的）領域、認知領域に至るまで、平時からグレーゾーン、有事へと危機が進行するのが特徴であり、有事になる前の段階の情報戦への対応やサイバー攻撃への対応が、死活的に重要となる。この段階で攻撃を防がなければ、クリミア併合のように、実際の戦闘が始まる前に戦争の帰趨が決してしまう。

デジタル時代のハイブリッド戦争に備えるためには、平時、グレーゾーンの段階から、それぞれの領域の状況をリアルタイムで把握することが必要となる。情報戦の一環である情報操作型のサイバー攻撃では、SNS空間で一瞬にして偽情報が流布されることがあり、数時間単位での対応がなければ、自国社会や国際社会の世論が一変しかねないリスクが常に存在している。情報空間のモニタリングや、サイバー攻撃のモニタリングは、二四時間三六五日の常続監視体制が必要となってきている。

また、新たな戦いの優劣を左右する領域横断プラットフォームの利用には、サイバー、宇宙、物理空間にまたがる、情報通信の確保が課題となる。戦場において、いつでも、どこでも、誰でも(全ての部隊)がつながっていなければ、領域横断の効力を発揮できない。当然ながら敵側も、サイバー、宇宙、電磁波、キネティックの全ての攻撃ツールを動員して領域横断のプラットフォームを攻撃してくる。

平時から、情報空間・サイバー空間の安全保障を確保した上で、有事には領域横断的なプラットフォームを用いた効率的な軍事作戦を行うと共に、領域横断的なプラットフォームを常に守ることが、デジタル時代のハイブリッド戦争に勝つ上で重要となってきている。

(1)　ロシアとハイブリッド戦争に検討した議論として、廣瀬陽子『ハイブリッド戦争―ロシアの新しい国家戦略―』講談社現代新書、二〇二一年や、小泉悠『現代ロシアの軍事戦略』ちくま新書、二〇二一年、および、大澤淳「主戦場となるサイバー空間〝専守防衛〟では日本を守れない」『Wedge』三三巻一二号、二〇二一年一二月、二四～二七頁参照。

（2） Ibid. 小泉、六〇頁。

（3） Mattis, James N., and Frank G. Hoffman. "Future Warfare: The Rise of Hybrid Wars." *Proceedings*, USNI, November 2005, https://www.usni.org/magazines/proceedings/2005/november/future-warfare-rise-hybrid-wars.

（4） Headquarters Department of the Army. *FM 3-0, Operations*. February 2008, https://army.rotc.umich.edu/public/resources/FM3-0Operations(FEB08).pdf.

（5） Krekel, Bryan, et al. *Capability of the People's Republic of China to Conduct Cyber Warfare and Computer Network Exploitation: Prepared for The US-China Economic and Security Review Commission*. 9 October 2009, https://nsarchive2.gwu.edu/NSAEBB/NSAEBB424/docs/Cyber-030.pdf.

（6） US Department of Defense. *Quadrennial Defense Review Report*. February 2010, https://dod.defense.gov/Portals/1/features/defenseReviews/QDR/QDR_as_of_29JAN10_1600.pdf.

（7） Käihkö, Ilmari. "The Evolution of Hybrid Warfare: Implications for Strategy and the Military Profession." *The US Army War College Quarterly: Parameters*, US Army War College, vol. 51, no. 3, 25 August 2021, https://press.armywarcollege.edu/cgi/viewcontent.cgi?article=3084&context=parameters.

（8） NATO. *Wales Summit Declaration*. 5 September 2014, https://www.europarl.europa.eu/meetdocs/2014_2019/documents/sede/dv/sede240914walessummit_/sede240914walessummit_en.pdf.

（9） ロシアの現代戦コンセプトとハイブリッド戦概念については、Clark, Mason. "Russian Hybrid Warfare." *Military Learning and The Future of War Series*, ISW, September 2020, https://www.understandingwar.org/sites/default/files/Russian%20Hybrid%20Warfare%20ISW%20Report%202020.pdf.

（10） ロシア軍の現代戦コンセプトについては、佐々木孝博『近未来戦の核心サイバー戦—情報大国ロシアの全貌—』育鵬社、二〇二一年参照。

（11） *Герасимов В.В.* Ценность науки в предвидении.Новые вызовы требуют ереосмыслить формы и способы ведения боевых действий //Военно-промышленный курьер, 2013, No.8 (476).

(12) これをゲラシモフ・ドクトリンと呼ぶか否かについては議論があるため、本稿ではコンセプトとした。

(13) ロシアの反射コントロールについては、Vasara, Antti. "Theory of Reflexive Control: Origins, Evolution and Application in the Framework of Contemporary Russian Military Strategy." *Finnish Defence Studies*, no. 22, 2020, https://www.doria.fi/bitstream/handle/10024/176978/Vasara_FDS22_Theory%20of%20Reflexive%20Control%20%28web1%29-1.pdf?sequence=3&isAllowed=y.

(14) 笹川平和財団「外国からのディスインフォメーションに備えを！～サイバー空間の情報操作の脅威～」二〇二一年二月、五頁参照。https://www.spf.org/global-data/user172/cyber_security_2021_web1.pdf

(15) 大澤淳「主戦場となるサイバー空間〝専守防衛〟では日本を守れない」『Wedge』三三巻一二号、二〇二一年一二月、二四～二七頁参照。

第三節　先端技術の進化と領域統合の戦い

長島　純

はじめに

現在、あらゆるものがインターネットにつながるＩｏＴの急速な進化によって、サイバー空間（仮想空間）とフィジカル空間（現実空間）が高度に融合された社会システムが現実のものとなりつつある[1]。その背景には、５Ｇに代表される情報通信技術（ＩＣＴ）に加えて、ＡＩを中核とした量子コンピューター、ロボット、自動運転、ナノテクノロジーなどの新興・破壊的技術（ＥＤＴｓ）の出現がある。

その流れは、軍事面にも大きな影響を及ぼし、仮想空間と現実空間の接続性と融合性が高まる結果として、宇宙・サイバー・電磁波領域（以下、新領域）が、陸海空の既存領域と重ね合う形で、作戦上の重要性を増すこととなっている。それは、サイバー攻撃、宇宙システムへの妨害や欺瞞、偽情報の拡散などのハイブリッド脅威の作戦上の危機感が高まることを意味する。さらに、そのハイブリッド脅威は、急速な技術の進歩とグローバルな相互依存の進化によって、攻撃の速度、規模、強度を増すこととなり[2]、今後とも、対象国の社会全体を不安定化させ、脆弱化させることに多用されるであろう[3]。

その一方で、これらの新領域は、インターネット、ＧＰＳ、情報通信などの重要機能を提供するための民生インフラ基盤としての役割を果たし、国際公共財として、自由なアクセスや利用がグローバルに保障されるべき重要空間でもある。事実、宇宙空間は、現代社会の宇宙システムへの依存度の高まりから、科学技術のフロンティアとして、また経済成長の推進基盤としての期待が高く、二〇一〇年以降の急激なインターネットの利用増加やＩｏＴの普及も相まって、産業の活性化や市民生活の質的向上をもたらしている。たとえば、民間のスペースＸ社が展開する宇宙通信スターリンク（Starlink）システムは、人工衛星経由のインターネットサービスであり、宇宙空間低軌道に展開する人工衛星コンステレーション（Satellite constellation）[4]と地上におけるシステム端末によって構成される。この通信システムは、通信インフラが提供されない地域における情報の共有や送受信を可能にし、人々の生活の利便性向上に直接貢献している。このような環境変化の中で、サイバー攻撃、欺瞞、妨害行為、偽情報の流布などの非軍事的攻撃と物理的な軍事攻撃を組み合わせつつ[5]、新領域を攻撃の直接的な標的、もしくは第三者への物理的攻撃の踏み台として利用するハイブリッド戦争への注目が高まっている[6]。

一　領域統合の戦い

二〇二一年一二月、アメリカのロイド・オースティン国防長官は、新たな国防戦略について言及する中で、重大なサイバー攻撃などの非対称脅威が戦端を開く事例を挙げ、新領域から予期し得ない危機事態が発生する可能性を指摘した。[7]さらに、オースティン国防長官は、新たな国防戦略の核となる「統合抑止（Integrated Deterrence）」に関して、アメリカ軍は、戦闘領域を区分することなく、相互融合を強める全ての空間領域における優位性を獲得することで、敵の非対称な戦い方を抑止するという領域統合の戦い方を強調した。

また北大西洋条約機構（NATO）も、二〇一六年のワルシャワ首脳会合において、サイバー空間を、陸海空と並ぶ第四の作戦領域（日本では第五とすることもある）として位置付け、その防衛が集団安全保障の一部となることを確認している。二〇一九年のロンドン首脳会合では、新たな第五の作戦領域（日本では第四とすることもある）として宇宙を追認し、サイバー空間や宇宙空間における同盟間の相互運用性を確保する努力を明確にした。さらに、サイバー攻撃の手法が進化しつつある中で、匿名性、利便性、即時性という特徴を有するSNS上で繰り返される偽情報も、ハイブリッド脅威の一つと認識されつつある。[8]その背景には、アメリカの大統領選挙や新型コロナウイルスの世界的流行の際に、国家規模の意図的な偽情報の流布によって、自由や民主主義という国家の基本理念が損なわれかねないという西側諸国の強い危機感がある。

一九世紀、軍事戦略家であるクラウゼヴィッツは、『戦争論』の中で「戦争とは他の手段をもってする政治の継続である」[9]として、政治的目的を達成する上での軍事的手段の意義を説いた。また、クラウゼヴィッツは、時代の流れの中で、戦いそのものが変わることはないが、戦争において無力化すべき敵の「重心」は変わり得ると指摘し[10]、戦争が変容と進化を繰り返すものであることを示唆している。確かに、第二次世界大戦以降、核兵器という文明をも破壊しかねない大量破壊兵器の登場もあって、大国間の軍事力による戦争は国家間の問題を解決する手段としては回避され、その代わりに非対称戦が多用されるなど、戦争の形態は、時代の流れの中で、様々な進化を遂げている。特に、近現代社会の特徴として、グローバルな相互依存に加え、「犠牲者なき戦争（Post Heroic Warfare）」といわれる軍事的犠牲を許さない非寛容な政治・社会環境の中で、直接的な軍事作戦に踏み切ることの政治的リスクが強く意識されていることは大きな意味を持つ。なぜなら、ハイブリッド脅威によって、対象国の情勢を不安定化し、社会全体を脆弱化させた上で、可能な限り、軍事作戦を、短期的かつ低コストで収束させるという戦い方がより合理性を持ち始めたからである。

国連などで、中国と協力と協調をしつつ、力によって既存の国際秩序の変更を企むロシアは、ハイブリッド脅威を巧みに用いて、費用対効果に優れる戦争を試みてきた。事実、二〇〇八年にロシアがジョージアに侵攻した際には、ロシアはジョージア国防省などを含む政府機関への大規模なサイバー攻撃などを用いて国内治安を脆弱化し、その混乱の中で戦車や軍用機による軍事侵攻を開始することで、わずか五日という短期間で直接的な戦闘を終結させている。また、二〇一四年、核兵器による威嚇を含む[11]、より高度化されたハイブリッド攻撃を展開したクリミア併合においても、ロシア軍は四日間で関連する作戦行動を終えることに成功している[12]。それは、世界に、ハイブリッド戦争への抑止と対処の難しさを印象付けるのみならず[13]、急速な技術の進歩とグローバルな相互依存の進化に伴って、その防衛手段としての領域統合な戦い方の重要性を再認識させることになった[14]。

二　新領域における抑止と対処

一般的に、サイバーセキュリティが国家の安全保障上の重要課題として認識されたのは、二〇〇七年、エストニアにおいて、大規模なサイバー攻撃がネットワーク化された国家機能を激しく麻痺させ、仮想空間の攻撃が直接的な被害を及ぼし得る事実が明らかになってからである[15]。そして、アメリカでは、二〇一〇年代頃から、サイバー攻撃が激甚化する中で、サイバー空間における攻撃者を消耗させるために機動的に敵のサイバー攻撃に反撃するという能動的サイバー防御（ACD）の考え方を契機として、国家全体のサイバーレジリエンス（抗堪性）を高めることによって敵のサイバー攻撃を無力化する「レジリエンスによる抑止力[16]」、そして、さらに積極的な防衛策として前方防衛（Defend Forward）という戦術概念へと進化していくことになった。その変化は、重大なサイバー攻撃に対する抑止が失敗したとしても、懲罰的抑止として、より烈度の高い強力なサイバー攻撃で敵システムに対して反撃を行うことで相手にコストを課す、もしくは拒否的抑止として攻撃者の利益を否定し、直接的かつ物理的な打撃をも厭わないという作戦上の選択肢を増やすことにも結びついた。

一方、宇宙空間においても、軍事利用の強化を図る中国やロシアによって、その作戦・戦闘領域化が進むことになっている。二一世紀初めから、中国とロシアは、物理的な人工衛星破壊実験を強行し、スペースデブリと呼ばれる宇宙のゴミを大量に発生させ、国際社会から、宇宙の国際秩序を力によって変更する試みを続けているとして批難を浴びてきた。それら数万といわれる衛星軌道上のスペースデブリは、宇宙空間の物理的な混雑を加速させ、超高速で地球を周回することにより、他の無害な人工衛星にとって最大の脅威となっている。しかし、現時点において、宇宙の安全保障を担保するグローバルな枠組みが存在せず、宇宙の安全に関する国際的な取り極めや法律の整備の遅れが問題視されている。今後も、指揮通信、画像情報、ナビゲーション、早期警戒の面での宇宙システムの活用がより重要性を帯びる中で、二〇一九年九月にフランスでは宇宙司令部が、同年一二月にはアメリカで陸海空軍と並ぶ独立軍として宇宙軍が創設されるなど、宇宙の戦闘領域化に備える体制整備が本格的に進むであろう。

では、新領域における軍事的な緊張や競合が一層強まる中で、今後、その抑止と対処において、どのような領域統合の戦いを進めていくべきであろうか。ここでは、攻撃者の企図と行為を識別する状況監視（SA）を前提として、多国間のパートナーシップの整備、国家的な一元的対応体制の準備、攻撃の帰属（アトリビューション）の確認と実証に基づく戦い方を提唱する。

まず、新領域に係る攻撃被害が、一国だけの問題にとどまらないという現実に着目すべきである。たとえば、ロシア・ウクライナ戦争の際に発生した人工衛星に対するサイバー攻撃は、ウクライナ国内にとどまらず、ドイツをはじめとする他のヨーロッパ諸国にも様々な影響を及ぼし、予想外の被害を生じさせることになった。また、台湾有事を想定した場合、中国は、接近阻止・領域拒否（A２／AD）の実効性を高めるため、駐留アメリカ軍が所在する周辺国や関係国にもノンキネティック（非物理的）な事前攻撃を行うとみられている。そのため、中国を起点とする各種事態においては、日本を含む周辺国もその新領域からの攻撃の影響を受けることを前提として、被害の共有に基づく、関係国との積極的かつ実効的な協調行動を重んじるべきである。そのような協調的な行動が続けられれば、それは政治・外交面での牽制行動につながり、国際的な政治・外交圧力に囲まれるという閉塞感を、相手側に与えることになる。アメリカの統合抑止に関して、オースティン国防長官は、その重要な実現要素としてパートナーシップの重要性を挙げ、シームレスに統合された戦闘領域における同盟国やパートナー国との緊密な協力の必要性を強調している。さらに、同盟、友好国の間で、新領域からの攻撃を武力攻撃と判断し認定する基準（レッドライン）を早期に具体化、明文化し、さらに共有しておくことが重要である。それは、複数国にまたがる新領域攻撃の帰属の特定に際しても、多面的かつ包括的な分析や判断を行う上で欠かせない要件になるとみられるからである。

次に、もし攻撃者による新領域攻撃を受けても、それを国家や社会として吸収、緩和し、結果的に攻撃結果を無力化するのであれば、軍民レベルの一元的なレジリエンス態勢の構築は欠かせない前提要件となろう。そのためには、国家機能が依存を強めるサイバー空間の脆弱性（vulnerability）を掌握し、速やかな被害復旧、原状復帰を実現し得る、大規模災害や不測事態に強い社会を作り上げることが求められる。それは、早い段階から軍官民が一体となってサイバーセキュリティに関する協力・連携する枠組みを準備し、国家として一元的かつ横断的な対処態勢を早期に確立しておくことを意味する。

最後に、新領域における脅威への対応の困難さは、攻撃者が誰で、何のために、どのような攻撃を加えているのかを特定しにくいことにある。目に見えない仮想環境や無重力空間の中で、突然生起した異常事象が事故や自然現象によって発生したのか、それとも悪意のある不法活動の結果なのかと、その現状を確認することさえも、多くの時間と労力が要求される。その一方で、その原因や行為者を早期に特定して有効な対策の手を打つ、すなわち攻撃者を可及的速やかに理解し、その意図と能力を掌握することは、展開の早い現代戦において必須である。

そして、そのような戦い方を展開する前提として、平時から、宇宙状況監視（SSA）を通じた宇宙環境の変化の探知、サイバー空間における攻撃の帰属（アトリビューション）の特定、また、電磁戦における戦場の電磁スペクトラム評価・分析などを常続的に実現し得る体制を準備すべきである。そのような先行的で、予防的な対処は、攻撃者が期待する攻撃のダメージを低くすると共に、攻撃者に新たな攻撃の費用対効果の計算を強いることにも寄与し、最終的には拒否的な抑止につながっていくことが期待される。

三　領域統合の戦いの時代

東アジアに目を向ければ、ロシアと包括的戦略パートナーシップを結び、作戦面でも連携を強める中国は、新領域を作戦領域として重視する姿勢を明確に打ち出している。[17]二〇〇七年一月、中国は、宇宙の軍事利用を目的とした対衛星兵器（ＡＳＡＴ）による人工衛星の破壊実験を強行し、[18]二〇一五年には、宇宙、サイバー空間、電磁スペクトラムにおいて、陸海空の作戦を支援するための戦略支援部隊（Strategic Support Force）を創設するなど宇宙やサイバー空間における非対称な攻撃能力の構築を進めている。特に中国は、網電一体戦と呼ばれる、サイバー攻撃によって国家の主要なネットワークを攻撃し、相手が作戦を継続するのに必要な情報へのアクセスを拒否するための、ネットワーク戦と電子戦を併用したハイブリッドな戦い方を多用するとみられる。近年、急速な軍備拡大を進める中国が、ハイブリッド戦争をインド太平洋地域で開始する場合、今回のロシアによるウクライナ戦争の教訓に鑑みれば、その攻撃の烈度と頻度をより甚大なものとすることは間違いなく、日本としては、ハイブリッド攻撃に対するレジリエンスを一層高め、有事におけるアメリカやパートナー諸国からの継続的な支援を得られるよう多国間の相互協力の枠組みを整備しておくことが喫緊の課題となる。

すでに、二〇一八年一二月に策定された防衛計画の大綱において、日本は、陸・海・空という従来の領域における伝統的な戦力とこれらの新領域の能力を有機的に結合させ、敵の攻撃を阻止・排除するという領域統合の戦いへの取り組みに着手している[19]。それは、非核保有国としての日本が、新領域の作戦における優位性を確保し、領域統合の作戦能力を高めることを通じて、急速に戦力の増大と近代化を図る周辺国との不均衡を是正し、武力攻撃事態においては、新領域作戦の相乗効果をもって、その脅威を排除することが期待されるからである。日本とアメリカは、東アジアの安全保障環境に係る認識を共有しつつ、二〇一九年、二〇二一年には、宇宙やサイバー空間における協力を共通の戦略目標として定めた[20]。そして、二〇一九年、日米両国は、新領域を含む領域横断作戦における協力の重要性を確認すると共に、サイバー攻撃が日米安全保障条約第五条にいう武力攻撃に該当することを明らかにするなど、統合抑止および領域横断作戦における日米協力の礎石を着実に築きつつある[21]。

さらに、二〇二一年三月三日、バイデン政権が公表した国家安全保障戦略に関する暫定指針において、アメリカは、同盟国などと協調、連携することで様々な安全保障上の課題を解決する姿勢を示し[22]、その後、同月一六日に行われた日米安全保障協議委員会（2＋2）でも、全ての領域を横断する防衛協力の深化を再確認するなど[23]、今後とも、新領域での作戦に関する日米間のパートナーシップはより強化の方向に向かうであろう。そして、アメリカが、統合抑止戦略において、同一ネットワークに加入する戦力の柔軟運用を通じて、戦力の分散と集中を想定しているのであれば、自衛隊の装備体系も同盟間、多国間協力が前提となり、相互補完・代替的な装備品を軸とする国際共同研究開発や取得改革の流れは不可逆的なものとなろう。現在、防衛省・自衛隊においては、能力向上型迎撃ミサイル（SM－3ブロックⅡA）のアメリカとの共同開発のみならず、新型次期戦闘機のイギリス、イタリアとの共同開発に着手している。これらが高度なネットワークを通じた防空システムの中で装備化されることを通じて、結果的に抑止戦略面での一体性はより高まるであろう。

ここで課題となるのが、領域統合作戦における同盟国およびパートナー国との相互運用性と相互補完性の問題である。特に、日米共同および多国間協力を円滑に実現するためには、平時から関連装備品の相互運用性が維持されている状態が望ましいが、日米間の国益、国力が異なることから、地域として必要な防衛装備体系を日米双方が重複して整備し、保有することが合理的とは言えない。そこでは、個々の新領域作戦における相互運用性の確保を図りつつも、能力や地域による役割分担や機能の代替による相互補完の態勢を準備し、重複性を排除する視点が求められよう。それは、安全保障上のパートナーシップの基礎となる相互運用性について、複数の異なる軍事アセットを他国間で連結させ、全体として有機的に、一つのシステムのように機能させるという考え方の他に、同一ネットワークへの同時接続を実現するための「接続性」、置き換えにより代替機能を構築させるという「互換性」を発展させる選択肢もあり得ることを示唆している。

おわりに

ここまで見てきたような多角的な防衛態勢を地域全域において実効的なものとするには、多国間にまたがる共通のコミュニケーションの基盤整備が不可欠であり、日本として、より積極的に、そのための戦略的なメッセージを対外に発信し続けることが求められる。今後、二〇二二年末に改訂された安保三文書（国家安全保障戦略、国家防衛戦略、防衛力整備計画）の下で、各種個別の戦略体系が構築されるのであれば、当然、今後の安全保障の核となる領域統合に関わる戦略の整備が求められよう。そして、領域統合による抑止と防衛の戦略文書は、日本のグローバルなコミュニケーションの道具として、同盟・パートナー国との関係強化と相互運用性の確保に際して、一層重要な役割を果たすことが期待されるはずである。

（1）　内閣府総合科学技術・イノベーション会議「第5期科学技術基本計画」二〇一六年一月二二日閣議決定。

（2）　NATO. "Topics: NATO's response to hybrid threats." 8 August 2019, https://www.nato.int/cps/en/natohq/topics_156338.htm?selectedLocale=en.

（3）　NATO. "The Secretary General's Annual Report 2019." 19 March 2020, p. 29, https://www.nato.int/nato_static_fl2014/assets/pdf/2020/3/pdf_publications/sgar19-en.pdf.

（4）　コンステレーションとは、「もともと『星座』を意味する言葉であるが、人工衛星の分野では全地球規模で人工衛星を多数機配置したシステムを指す。」齋藤宏文「宇宙研発、小型レーダ衛星の多数機コンステレーション」ＪＡＸＡ宇宙科学研究所、二〇一九年二月二六日、http://www.isas.jaxa.jp/feature/forefront/190226.html。

（5）　Amies, Nick. "NATO includes threat of cyber attack in new strategic concept document." *Deutsche Welle*, 14 October 2010, https://www.dw.com/en/nato-includes-threat-of-cyber-attack-in-new-strategic-concept-document/a-6072197.

（6） NATO. "The Secretary General's Annual Report 2019." 19 March 2020, p. 31, https://www.nato.int/nato_static_fl2014/assets/pdf/2020/3/pdf_publications/sgar19-en.pdf.

（7） U.S. Department of Defense. "Transcript: Secretary of Defense Lloyd J. Austin III Interview With Bret Baier, Fox News, at 2021 Reagan National Defense Forum." 4 December 2021, https://www.defense.gov/News/Transcripts/Transcript/Article/2862114/secretary-of-defense-lloyd-j-austin-iii-interview-with-bret-baier-fox-news-at-2/.

（8） NATO. "News: NATO Secretary General discusses COVID-19 and disinformation with Lithuanian President." 6 May 2020, https://www.nato.int/cps/en/natohq/news_175595.htm.

（9） Von Clausewitz, Carl. *On War*, ed. and trans. by Michael Howard and Peter Paret, Princeton University Press, 1984, P. 87.

（10） Singer, P. W., and Emerson T. Brooking. "What Clausewitz Can Teach Us About War on Social Media." *Foreign Affairs*, 4 October 2018, https://www.foreignaffairs.com/articles/2018-10-04/what-clausewitz-can-teach-us-about-war-social-media.

（11） "Ukraine conflict: Putin 'was ready for nuclear alert'." *BBC News*, BBC, 15 March 2015, https://www.bbc.com/news/world-europe-31899680.

（12） ジョージア侵攻は二〇〇八年八月八日から開始され、八月一二日に停戦が成立した。また、クリミア併合では二〇一四年二月二七日から三月一一日の軍事作戦でクリミア半島占領が達成された。Herbst, John E., and Alina Polyakova. *Remembering the Day Russia Invaded Ukraine*. Atlantic Council, 24 February 2016, https://www.atlanticcouncil.org/blogs/ukrainealert/remembering-the-day-russia-invaded-ukraine/.

（13） Rühle, Michael. "Deterrence: what it can（and cannot）do." *NATO Review*, NATO, 20 April 2015, https://www.nato.int/docu/review/articles/2015/04/20/deterrence-what-it-can-and-cannot-do/index.html.

(14) NATO. "Topics: Countering hybrid threats." 8 August 2019, https://www.nato.int/cps/en/natohq/topics_156338.htm?selectedLocale=en.

(15) Rid, Thomas. "Cyberwar and Peace: Hacking Can Reduce Real-World Violence." *Foreign Affairs*, 1 November 2013, https://www.foreignaffairs.com/articles/2013-11-01/cyberwar-and-peace.

(16) 川口貴久「米国におけるサイバー抑止政策の刷新――アトリビューションとレジリエンス」『Keio SFC Journal』一五巻二号、二〇一五年、https://gakkai.sfc.keio.ac.jp/journal/.assets/SFCJ15-2-04.pdf。

(17) Gill, Bates, and Martin Kleiber. "China's Space Odyssey: What the Antisatellite Test Reveals About Decision-Making in Beijing." *Foreign Affairs*, 1 May 2007, https://www.foreignaffairs.com/articles/china/2007-05-01/chinas-space-odyssey-what-antisatellite-test-reveals-about-decision.

(18) Colby, Elbridge. *FROM SANCTUARY TO BATTLEFIELD: A Framework for a U.S. Defense and Deterrence Strategy for Space*. Center for a New American Security, January 2016, p. 7, https://www.files.ethz.ch/isn/195913/CNAS%20Space%20Report_16107.pdf.

(19) 防衛省『令和2年版防衛白書』二〇二〇年、一一二頁。

(20) 外務省「日米安全保障協議委員会(「2＋2」閣僚会合)の開催」二〇一一年六月、https://www.mofa.go.jp/mofaj/area/usa/hosho/2plus2_gai1106.html。

(21) 外務省「日米安全保障協議委員会(日米「2＋2」)」二〇一九年四月一九日、https://www.mofa.go.jp/mofaj/na/st/page4_004913.html。

(22) The White House. *Interim National Security Strategic Guidance*. 3 March 2021, pp. 9-10, https://www.whitehouse.gov/wp-content/uploads/2021/03/NSC-1v2.pdf.

(23) 防衛省「日米安全保障協議委員会(2＋2)共同発表(仮訳)」https://www.mod.go.jp/j/approach/anpo/kyougi/2021/0316b_usa-j.html。

第二章　国際法の適用枠組みと国内法

第一節　サイバー活動・電磁波・宇宙に関する技術的展開の国際人道法への影響

――新作戦ドメインは国際人道法の新法的ドメインにもなるのか――

真山　全

はじめに

サイバー活動、電磁波や宇宙に関する急速な技術的展開により、これらは新作戦ドメイン（領域）（operational domain）といわれるに至った。新作戦ドメインにおける優勢の確保が国家の安全保障上の重要課題であることはいうまでもない。国際法からすれば、新作戦ドメイン形成に伴い、国際法の既存分野とは異なる新分野が形成され、そこでの適用規則を新たに特定していく必要があるのか、あるいは、新作戦ドメインから生じる問題も既存分野の問題として処理すれば足りるのかが問われる。本稿では、安全保障に関わる国際法分野を概観した後、そのうちの国際人道法の観点から新作戦ドメインを評価する。

新作戦ドメインに関して国際法の諸分野からすでにかなりの検討が加えられている。その多くは新作戦ドメインでの活動がそれ自体で干渉や領域（territory）に関する主権の侵害を構成するかとか、あるいは、それらを超えて武力行使、武力攻撃と認識されるかという後出の *jus ad bellum*（ユス・アド・ベルム）に関するものである。こうした検討は関係の国際法分野の全体構造との関連でもなされている。翻って、同じく後出の *jus in bello*（ユス・イン・ベロ）（国際人道法）からする検討の対象は個別的な問題が主であるように感じられる。ユス・イン・ベロの分野で欠落しているのは、新作戦ドメインにおける活動がこの法分野の全体構造のどこに位置付けられているかに関する分析であろう。この位置付けのためにまず見るべきは、新作戦ドメインが国際人道法上の新法的ドメイン[1]（legal/ *de jure* domain）にもなるのかという論点である。それらが陸海空戦法規と並ぶ国際人道法における新法的ドメイン形成を導くなら、そこでの適用規則をどのように発見するかを続いて検討しなければならなくなる。

新法的ドメイン形成とそこにおける適用規則の特定については、次のような二つの考え方があり得るであろう。まず、サイバー活動などの新作戦ドメインの独自性を強調してそれが新法的ドメインをも形成するとし、適用規則特定はいわば白紙的状況から出発すべきとの考え方があり得る。つまり、既存法的ドメイン規則の新作戦ドメインへの適用の妥当性をいう方がそれを説得的に主張できない限り、原則的規則以外の適用規則が国際人道法に見出せなくなり、マルテンス条項[2]があるにしても実質的には「禁止されないものは許される」という状況になるというものである[3]。これと反対に、国際人道法を含む国際法の基本原則の適用を肯定した上で、個別的規則については、既存陸海空戦法規のいずれかをいわば拡張的に適用せざるを得ず、それでは不都合であるという側、つまり新法的ドメイン形成を指向する側がそのような適用方法が妥当ではないことを説得的に述べねばならないという考え方もあろう。

一般的にいえば、現行法秩序に不満な諸国は、新法的ドメイン形成をいい、さらにそこにおける既存法的ドメイン規則の適用を原則的に否定し、新たな規則の形成プロセスを通じ当該新分野における優勢の確保を狙うため、これらの二つの考え方のうち前者をとると思われる。現行法秩序維持が利益であると考える国は、新法的ドメイン形成を否定しようとするであろうし、新法的ドメインが生じるとしても、そこで既存法的ドメインの規則の類推的な適用で処理するという後者の消極的な立場を支持しよう。こうしたことを念頭に、新作戦ドメインが新法的ドメインにもなるかを見ていきたい。

一　安全保障に関わる国際法規則

1　ユス・アド・ベルム

安全保障とは、国家が外部からの脅威にさらされないようにすることをいう。そこでの脅威は軍事的脅威であるが、近時、それ以外の脅威も含めて安全保障が議論されるようになった。たとえば、経済的あるいは文化的な事項に対する脅威がそれである。さらに、環境破壊のように、個々の国への脅威というよりは、地球的規模での対応が求められるものが生じ、安全保障の枠組み内でも論じられている。

こうして広義の安全保障概念が用いられることが多くなったものの、講学上のその概念は国際法ではなお限定的なものである。国際法は主に軍事的な側面に着目し、国に対する外部からの軍事的脅威を除去しようとして戦争や武力行使の違法化を確保し、違法な武力行使が生じた場合のその抑圧のための集団的安全保障制度の整備を進めてきた。

国際法では、武力をいかなる理由でいつ行使できるかに関するその規則群をユス・アド・ベルムと呼ぶ。ユス・アド・ベルムは、「戦争に関する法（law relating to war）」ないし「戦争に向けての法」とでも訳せようが、法分野名として適当なものがなく、武力行使規制法ということもあったがこれは広まらなかった。なお、ユス・アド・ベルムは武力行使の合法性評価の規則群であって、武力行使の開始の時点のみではなく、その終了までを規律するから、単に開戦法規というにとどまらない。

条約規則でいえば、武力行使の禁止を確立した国連憲章第二条第四項や自衛権に関する同第五一条はユス・アド・ベルムに属する。武力行使禁止原則を破って違法な武力行使に訴える国に制裁を加えるため集団的安全保障制度が構築され、国連憲章ではそれは第七章に定められる。そこでは軍事的強制措置の規定があり、それもユス・アド・ベルムを構成する。すでに触れたように、安全保障に関する国際法からする新作戦ドメインの評価は、このユス・アド・ベルムに照らしてなされることが多く、たとえば、いかなるサイバー活動であれば武力攻撃となって自衛権で対抗できるかの議論が長くなされてきたのである。

国際法のいう安全保障は、平和的紛争処理の制度と密接に関わる。国家間に紛争が生じた場合に、武力行使に訴えることなくそれを解決する義務が今日存在する。武力行使違法化と平和的紛争処理義務とは近代国際法と現代国際法を分かつ重要なメルクマールである。しかし、平和的紛争処理制度には致命的欠陥があり、それは、交渉から国際裁判までの各種平和的紛争処理手段は紛争当事国双方の同意がないと用いることができない点である。平和的紛争処理義務が存在しても、処理手段選定に紛争当事国の同意を要するのであるから、同意がなければ平和的処理はそれ以上は進まない。

平和的紛争処理が手詰まりになると、平和的紛争処理を前提とした武力行使禁止原則が妥当しなくなり、戦争の自由が回復されるともいわれる。そうなれば、紛争の強力的解決手段たる戦争の復活を肯定するのに同じである。しかし、今日ではそうした主張をどの国も公然とはせず、平和的紛争処理制度の不完全さにもかかわらず武力行使禁止原則の妥当性を支持している。そして、この制度上の欠陥の皺寄せは、国連憲章の認める自衛権その他の武力行使違法性阻却事由の拡張的解釈として現れ、諸国はそうした解釈により自国の武力行使を正当化しようとする。

2　ユス・イン・ベロ――国際人道法

武力行使や武力紛争に関わる国際法規則群にはユス・アド・ベルムの他にもう一群あり、それはユス・イン・ベロである。これを訳せば「戦争における法(law in war)」で、武力紛争が生じた際にその当事国(者)の相手方当事国に対する制圧の方法と手段や犠牲者保護に関する規則群をいう。武力行使禁止原則確立前にあっては平時と戦時の区別があり、ユス・イン・ベロは戦時の法として戦時国際法といわれた。しかし、国連憲章により武力行使禁止原則が確立されると、戦時を観念できず平時で一元化されるから「戦時」国際法とは呼べなくなり、かわって戦争法、武力紛争法とか国際人道法というようになった。

この規則群を戦争法と称することが今日でもあるのは、法上禁止された戦争が事実においてなお発生することを捉えてのことである。しかし、戦争の語は、やはり平時戦時の二元論的構成を連想させるため、戦争を武力紛争に置き換えた武力紛争法とか、この規則群を人道的観点から再構成することを企図して国際人道法という呼称が一般化している。ユス・イン・ベロをいずれで言い換えても現時点では構わないとはいえ、どの呼称を用いているかでどのような視点からこの規則群を眺めているのかが知れる。本稿では、人道的観点からユス・イン・ベロを全面的に再構成するには困難があるものの、関係国内法でも国際人道法の語が使われていることもあり、武力紛争法ではなく国際人道法の語を使用する。

一九〇七年のハーグ陸戦条約付属規則(ハーグ陸戦規則)、一九四九年のジュネーヴ諸条約、ならびに一九七七年採択のジュネーヴ諸条約第一追加議定書および同第二追加議定書は現代のユス・イン・ベロの中核を構成する条約である。ここで国際人道法の適用に関する基本的な論点を確認する。

3　国際人道法適用に関する基本問題その一——差別適用と平等適用

国連憲章第二条第四項が武力行使を禁止しているのであるから、諸国が皆この禁止に従えば国家間武力紛争は発生しないはずである。したがって、もしこれが発生したなら、その当事国の少なくとも一方は国連憲章に反した侵略その他の違法な武力行使に訴えたことになる。

侵略側は侵略ゆえに戦闘行動を含むその全ての敵対行為がユス・アド・ベルムから違法とされる。そこで、ユス・アド・ベルムからするこの評価をユス・イン・ベロの適用の場面でも用い、侵略国軍将兵のユス・イン・ベロすなわち国際人道法上の権利の全部または一部を否定すべきとの考えが生じる。これを国際人道法の差別適用論という。差別適用をすると、たとえば、侵略国軍将兵の捕虜として保護される権利を否定することも可能になる。

差別適用論は、不法から権利が生じることを否定するものであるからそれ自体は妥当な理論というべきである。しかし、武力紛争当事国はどちらも相手方を侵略国と非難するのが普通で、国連機関による侵略行為の存在認定は稀にしかなされず、武力紛争非当事国にもいずれかユス・アド・ベルム違反国かは分からないことが多い。この状況で差別適用をすると、相互に相手の国際人道法上の権利を否定することになるから無法状態に陥る。無法状態となることを避けるという実際上の必要から平等適用が要求され、今日の慣習法も武力行使禁止の前と同じく平等適用を基本的原則として掲げている。朝鮮戦争では国連軍側のユス・アド・ベルム上の正当性から差別適用が示唆され、二〇二二年勃発のロシア・ウクライナ戦争でも国連総会決議によってロシアの行為が侵略とされたため、差別適用的な主張が見られたが、従来通り平等適用がなされている。仮にロシア、中国や北朝鮮が日本に対して違法に武力を行使しても、あるいはこの逆であれ、どの武力紛争当事国も国際人道法の平等適用を確保しなければならない。

4　国際人道法適用に関する基本問題その二――事実主義的適用

国際的または非国際的の武力紛争が発生すると国際人道法の適用が始まる。武力紛争という特別の現象が発生しないとその適用が始まらない点で、国際人道法は海洋法や人権法といった他の国際法分野とは相違する。

平時戦時の二元的な構成をとっていた時代にあっては、国家の戦争意思の明示または黙示の表示により平時が戦時に転換したが、今日ではそれはもはやない。平時一元化の下で事実状態として武力紛争が生じれば、平時法との適用関係の問題はあるものの、そこで国際人道法適用が始まる。日本についていうなら、自衛隊法のいう防衛出動が下令されても、武力紛争の発生がなければ自衛隊に国際人道法上の権利は生じない。これと反対に、自衛隊が自衛隊法上のたとえば後方支援活動や外国軍等武器防護のみを行っているとしても、そうした活動または他の国の行為によって日本を当事国とする武力紛争が発生してしまえば、国内法がどう定めていようとも、国際人道法を適用する義務が自衛隊に課される(4)。

武力紛争の存在を事実主義的に認識するならば、どの程度の烈度、規模や継続期間を持つ行為であれば武力紛争となるかが問われる。ユス・アド・ベルムからして自衛権行使で対抗可能になる武力攻撃と認識される行為の烈度などと、国際人道法のいう武力紛争となるに必要なそれは必ずしも同一ではない。武力攻撃があればそれのみで武力紛争が生じたと多くの場合でいえるとしても、この逆は必ずしもいえないと考えられる。武力紛争であるための行為の烈度などは、国際的と非国際的の武力紛争で相違するというのが多数説であるが、そのそれぞれに必要な程度についても様々にいわれる。特に、サイバー活動のように直接的には物理的効果が生じない場合が争われる。ただし、以前から他国の防空システムへの電子妨害がなされることは少なからずあり、それだけでは国際人道法上の武力紛争とはされてこなかったことは想起されるべきであろう。

事実において武力紛争が始まると国際人道法の適用が開始されるから、そうした事実がなくなれば国際人道法適用も終了する。平時戦時二元論の時代には戦時状態を終了させるには原則として平和(講和)条約を要したが、現在ではそれは法的には必須ではない。このため、朝鮮戦争は平和条約が締結されていないため終わっていないというのは国際人道法適用の観点からすれば間違いで、この戦争は一九五三年に終了した。(5) ロシア・ウクライナ戦争でも国際人道法の適用の終期を定めるものとしてであれば平和条約は不要である。

5　国際人道法適用に関する基本問題その三 ――「有事」と「グレーゾーン」の法的不存在

日本ではしばしば有事という語が使用されるが、それと武力行使、武力攻撃、武力紛争、あるいは平時戦時二元的構成の時代にいわれた戦時との異同ははっきりしない。いずれにしても、日本でいわれる有事概念は国際法上のものではないから、それを特定の国際法規則の適用に結びつけて考えてはならない。

グレーゾーンも国際法の用語ではない。武力行使、武力攻撃や武力紛争は、それがあるかないかしかなく、どちらでもないという中間的状態は国際法では観念できない。したがって、国際法上のグレーゾーンはない。特定の事実状況が生じているか否かを直ちには判断できないことはあろうが、それは事実の法的評価について迷っているにすぎない。たとえばサイバー活動が日本に外国から指向されても物理的損害が認められないような場合や、少数の外国軍特殊部隊の浸透の事態では武力紛争の有無について迷うことはあり、そうした状況で特別の考慮を要することはあるかもしれず、それをグレーゾーンと呼ぶのは妨げられない。しかし、特別の意味を国際法上与えられてはいないグレーゾーンを、国際人道法を含む国際法の適用と関連付けて議論するのは禁物である(6)。

6　国際人道法適用に関する基本問題その四――国際的と非国際的の武力紛争

国家間の武力紛争のような国際的武力紛争と、一国内の政府と反徒の間の闘争といった非国際的武力紛争にそれぞれ適用される国際人道法の規則の範囲は依然として大きく異なる。[7]

国際的武力紛争では、ジュネーヴ法（Law of Geneva）といわれる武力紛争犠牲者（傷病兵、難船者、捕虜および文民）保護の規則と、ハーグ法（Law of The Hague）と総称される害敵（戦闘）方法（戦闘員および兵器プラットフォームの外見に関する規則ならびに目標選定規則）および害敵手段（使用兵器）の規制規則が適用される。しかし、非国際的武力紛争ではジュネーヴ法に含まれる捕虜の保護規則、およびハーグ法の適用は義務的ではなく、条約規則としてはジュネーヴ諸条約共通第三条や同諸条約第二追加議定書といった限定的規則の適用があるにとどまる。[8]

適用される国際人道法の範囲が国際的と非国際的の武力紛争で大きく相違しているのは、国際的武力紛争は法的に対等とされるもの同士の戦いとされる一方、非国際的武力紛争はそうではないことによる。前者では、決闘のように相互に撃ち合うことが許され、そこに参加する資格の保持者である戦闘員を観念でき、戦闘員は犯罪者ではないからそれが捕まった際に捕虜として保護される。また、撃ち合いを許容するがゆえにその方法と手段を定めるハーグ法の適用もある。しかし、後者の非国際的武力紛争は、その典型が国内法秩序を維持しようとする一国の政府とその打倒を目指す反徒の間の武力紛争で、要するにそれは警察と犯罪者の間の闘争となり、国内法上対等なもの同士の争いではない。国際法は一国内で反乱を起こすことを禁止しないが、同時に、この国内法的非対称状況をそのまま受け容れ、政府が反徒を国内法執行として制圧して処罰することも認める。国内刑法上の反逆罪や殺人罪を犯した反徒に捕虜資格を与える義務は政府側にはなく、その制圧にハーグ法を全面的に適用する義務もない(9)。国家とその領域外にある非国家的主体の間の武力紛争も非国際的武力紛争とされるため、非国家的主体による国家に対するその領域外からのサイバー活動が武力紛争の段階に達しても、国家は当該非国家的主体との関係ではハーグ法を適用する義務はないことになる。なお、いわゆる台湾有事の発生が日本で特に近時懸念されるようになった。中国と台湾の間に武力紛争が生じたなら、これが国際的と非国際的のどちらとされるかは興味深い問題である(10)。

武力行使や武力紛争についての国際法の二つの規則群を概観し、国際人道法適用に関する基本問題も見たので、新作戦ドメインが新法的ドメインにもなるかの検討に移りたい。

二　国際人道法のドメイン区分

1　法的ドメインの区分基準

陸海空戦という国際人道法のドメイン区分は、攻撃目標や保護対象の所在場所による区分とするのが最も合理的である。たとえば、地上目標への攻撃は陸海空のいずれから行っても同じ規則で評価し、その規則を目標が地上にあるという理由で陸戦法規の内から発見するのである。

攻撃者の位置ではなく目標位置を基準とするのは、ハーグ陸戦規則第二五条からしてそうであったと解される。(11) このことを端的に示すのは第一追加議定書第四九条第三項で、「敵対行為の影響からの一般的保護」を定める同議定書第四編第一部の諸規定は「陸上の文民たる住民、個々の文民又は民用物に影響を及ぼす陸戦、空戦又は海戦」に適用すると定め、陸海空戦の用語法は攻撃者位置に依っているように見えるが、地上に影響する場合はいずれからの攻撃でも同一規則に従うと規定する。なお、未発効の一九二二年ハーグ空戦規則案もその名称でいう空は攻撃者位置をいうものの、実体的な規定内容はやはり攻撃目標や保護対象の所在場所を基準としている。

別の区分法の使用ももちろん構わず、たとえば航空機の対地攻撃を攻撃者位置から空戦法規が規律するといってもよい。しかし、空対地攻撃も地対地攻撃と同一規則が適用されるのであるから、あえて空対地攻撃を空戦法規が規律するとして空戦法規を広く捉える意味はなく、分析に際し混乱を招くだけである。呼称は法的分析からして最も合理的なもの、すなわち、同じ法的基準で評価されるべき行為をとりまとめることができるものを採るべきである。

2　二つの基本的法的ドメイン——陸戦法規と海戦法規

国際人道法が一般法で、陸海空戦法規はその特別法であるという見方があるかもしれないが、それは適当ではなかろう。国際人道法を一般法といえば、たとえば陸戦法規に定めがなければ国際人道法の規則を探すということになる。しかし、目標位置、つまり結果発生場所が適用規則を定めるのであるから、陸海空戦法規といった法的ドメインのいずれにも属さない国際人道法規則はないというべきで、各法的ドメインの諸規則の総体が国際人道法であるという方がその構造からして整合的である。三つの法的ドメイン全てに適用される規則があったら、それは特別法である陸海空戦法規を包含する一般法である国際人道法から導出された規則というより、各法的ドメインが同じ規則を採用したことの結果とであると説明した方がよい。

ここで陸戦法規と海戦法規の関係を見るに、これらの歴史的生成過程および国家実行からして一方が他方の特別法になっているようには思えない。海戦法規に個別的な規則が見出せない場合に陸戦法規を一般法として適用するのではなく、海戦法規の一般法、それは結果として陸戦法規と同一かもしれないとしても、それを適用してきた。つまり、国際人道法は空戦法規形成前には陸海の二つの独立の法的ドメインに区分されていたのである。この陸戦法規と海戦法規の間には、特に攻撃目標の定め方と私有財産の扱いについて大きな相違があった。

陸戦法規では、軍民いずれに属する物でも軍事的重要性を持つとされたり、あるいはその性質から軍事活動に貢献すると認識される物を軍事目標として攻撃目標とする機能的目標選定基準が早くからとられていた。海戦法規の場合には、攻撃目標は軍艦と軍の補助艦に限られ、それ以外の商船はその機能とは無関係に原則として攻撃からは保護されるという艦船カテゴリー別目標選定基準が伝統的に用いられてきた。海戦法規の目標選定基準が陸戦法規と同様の機能的目標選定基準に転換するのは一九八〇年代に入ってからである。もっとも、害敵方法規制について陸戦法規と海戦法規の違いはまだ多く残る。

私有財産の扱いに関しては、陸戦法規は軍事目標以外の民用物を攻撃、破壊や没収から原則として保護する。他方、海戦法規は、商船やそれに積載される物について、私有財産であっても捕獲や封鎖といった海上経済戦手段によって一定の条件下で没収を認めてきた。この私有財産の扱いにおける相違は現在でも維持される。

3　最初の新法的ドメイン形成――空戦法規

国際人道法における最初の新法的ドメイン形成問題は、空戦という新作戦ドメインをめぐって生じた。しかし、航空機の行動の法的規制は、ハーグ陸戦規則から第一追加議定書に至るまで主に対地攻撃との関連でなされている(12)。その理由は、航空機が前線からはるか後方の交通線、通信施設、産業施設、あるいは都市という地上目標を極めて効果的に破壊できる最初の兵器プラットフォームであったからである。他方、法的ドメイン区分基準からして本来の空戦法規の適用範囲というべき空中にあるものの扱いに関する規則の検討には二次的な重要性しか与えられず、しかもそれがどのように形成されてきたのかもはっきりしない。

しかし、ハーグ空戦規則案などに含まれる本来的意味における空戦法規に関する部分は、海戦法規を参考にしていることに疑いない。それは海と空という空間の類似性からであると考えられる。つまり、海空では艦船や航空機を用いることでしか人や物は移動できず、攻撃や捕獲の対象も主にそうした「乗り物(vehicle)」になること、そして海と空は共に通商路であって、いわば国際公路である点で共通する。そして、この類似性から海戦法規と同様の規則を空戦にも用いることの妥当性は国家実行からも支持されてきた。

海戦法規と空戦法規の関係の説明の仕方には二つありそうである。一つは、本稿冒頭で述べたような新作戦ドメインにおける法的新秩序形成を誘導し、法的優位性を確保しようとしてなされる説明である。こうした説明をする立場からは、空戦法規が海戦法規を参考にしたとはいえ、それは陸海戦法規と並ぶ独立法的ドメインであることが強調される。これは、海空が国際公路であって海戦と空戦の法規はそうした場所を規律する点で同じであることを認めながら、海空では目標の速度に格段の相違があり、また、航空機に対する経済戦手段実施は船舶の場合より困難であることに着目する。この立場であれば、空戦法規上、明示の規則が見出せない場合に、直ちに海戦法規を参照して判断することは適当ではないということになる。

もう一つの説明は、やはり冒頭で言及の現状維持派によるそれで、海戦法規と空戦法規の関係を一般法と特別法の関係とするものである。そのような関係にあるとすれば、空戦法規としての具体的規則を見つけられないなら、一般法である海戦法規の規則を用いることになる。空戦法規が特別法であるということは、自ら明示的な規則を示せなければ海戦法規に依存することになるのであるから、海戦法規に従属的というように同じである。

この二つの立場の相違は小さいように感じられようが、そうともいえないように思われる。なぜなら、空戦について特別の規則の有無が争われる場合には、空戦法規は独立法的ドメインとする前者からすると、海戦法規と同じ規則の適用の妥当性を説得的に証明できなければ、各ドメインが認める基本的な原則以外には適用規則が直ちには発見できないことになる。なお、この立場からは、かかる状況では空戦の規則を海戦法規から類推で導くといったことがいわれることがある。[13]国際法に類推に関する精密な議論があるわけではないが、類推という以上、類推される方の海戦法規と類推先の空戦法規は別の法的ドメインであることを前提とし、海戦法規と同様の規則を空戦法規が用いることの合理性をこの類推という用語で証明しようとしているのであろう。空戦法規が海戦法規の特別法という後者の立場なら、空戦法規に特別の規則があると主張する側がそれを説得的に示さなければならず、そうできなければ一般法である海戦法規が浮上してきて適用される。

空戦法規が独立性の強い法的ドメインか、あるいは海戦法規に従属的かという両者の関係についての検討は、同じく一定の物理的空間における適用を想定する宇宙戦法規が空戦法規から独立した法的ドメインとなるかを考えるに際して参考になろう。

三　新作戦ドメインの国際人道法新法的ドメイン形成可能性

1　サイバー活動および電磁波

二〇世紀末にサイバー活動が新作戦ドメインとなったといわれた際に、サイバー活動が既存の法制度の適用を受けるとは直ちにはいえないとの見解も生じた。[14] しかし、サイバー活動を作戦ドメインとして非法的文脈で扱うことは可能としても、それが国際人道法の新法的ドメインとなるかは疑わしい。

法的ドメイン区分基準は敵対行為の結果の発現場所である。サイバー活動はサイバー空間を通じて目標に効果を及ぼすが、その効果は陸海空といった物理的空間に現れる。サイバー空間でのデータ毀損も物理的空間にある機器の機能上の障害やデータの物理的な世界への抽出と利用の際の障害となって現れると考えることもできる。[15] サイバー活動と類似の電子戦から生じる損害もそう捉えられていた。サイバー活動の効果が物理的空間のいずれかに発現するなら、その場所を支配する陸海空戦法規のいずれかで規律すればよく、国際人道法上のドメイン区分としてサイバー戦法規を構想しなければならない場合があるとしてもかなり例外的であろう。サイバー活動をその技術的新奇性にもかかわらず、既存の法的ドメインの規律下に置くことができるのであれば、法の欠缺や不明確さを利用した行動の自由の確保の主張も封じることができる。

それでは、陸海空戦法規の下でサイバー活動をどのように扱うべきかといえば、サイバー空間を経由する害敵手段として扱うのが適当である。サイバー活動による戦いをサイバー戦というとしても、それはちょうど戦車や電子妨害装備といった特定の害敵手段による行動を戦車戦や電子戦といっているのに同じ用語法ということになる。したがって、サイバー活動がその性質上、無差別的効果を与えるかまたは戦闘員に過度の傷害もしくは無用の苦痛を与える害敵手段でないなら、あとは全ての害敵手段が服する害敵方法の規制規則に従うだけということになる。[16] サイバー活動のみで武力攻撃を構成するかといったユス・アド・ベルムからする評価にはかなりの困難が伴うが、武力紛争中の活動のユス・イン・ベロ上の位置付けは理論的には整理しやすい。国際人道法からする個々のサイバー活動の検討は、国際人道法におけるこうした位置付けを念頭になされるべきである。

電磁波を武力紛争遂行の目的で用いる際も、サイバー活動の場合と法的に同じ説明をすることができる。電磁波に関して国際人道法からは特記すべきことはないであろうし、それを新法的ドメインとして扱う必要もない。

2　宇宙戦

宇宙戦法規が空戦法規とは別の新法的ドメインかを検討するに際しては、敵対行為の発現場所となる空と宇宙の物理的空間として持つ意味が相違するか否かから論じなければならない(17)。

第一に指摘できるのは、海空の民生利用が海底ケーブル利用を除けば輸送を主とするのに対し、宇宙空間を経由して地上の二地点間の輸送を行うことは極めて稀であったことである。また、艦船航空機で民生通信中継のために用いられるものはほとんどなく、そのようなものがあるとしてその中継機能を妨げても局地的な通信にしか影響は生じない。一方、宇宙利用は通信を主としており、通信衛星に対する妨害は、武力紛争当事国のみならず世界的通信障害をもたらす。第二に、海空での敵対行為の空間への影響は、艦船航空機破壊から大規模な油濁や放射能汚染が生じる場合を除けば短期的なものである。しかし、衛星破壊の結果としての宇宙ゴミ(デブリ)発生は特定の地球周回軌道の利用を長期にわたり妨げる。第三には、海空にあっては捕獲および封鎖という経済戦手段が存在し、破壊せずとも空間の使用を阻止でき、これにより相手方武力紛争当事国に対する通商妨害の必要と武力紛争非当事国の通商の確保の必要を調整し、あるいは非中立的役務の抑圧を行っていたが、宇宙では空間利用を阻止しにくい。軍事目標ではない衛星の通過阻止や機能停止のために捕獲や封鎖を行うのは技術的に困難で、相手方武力紛争当事国や非当事国の衛星を妨害しようとすれば物理的破壊または非物理的手段による無力化しかないのである(18)。

海空については空間としての性格や利用方法に相当の類似性があるため、空戦法規は海戦法規の諸規則をほとんど無自覚的に適用しても実際上はさしたる問題はなかった。しかし、前述のように、空と宇宙の間にそれほどの類似性がないというのであれば、宇宙戦法規は独立性の強い法的ドメインとなる可能性がある。

たとえば、通信を主とする今日の宇宙空間利用からして、空に比べ宇宙は空間として保護すべき必要が大きいかもしれず、その利用妨害を最小化する必要から宇宙における敵対行為の制限が求められるかもしれない。空戦法規の類推の方式でも宇宙戦について妥当な規則を導けるとは直ちにはいえないということになれば、国家実行蓄積までは法的に不安定な状態になる。他の国際法分野における法の形成期に見られた様々な議論が宇宙戦の文脈で再び生じるであろう(19)。そのような不安定な状況で規則生成を誘導しようとしているのが各種の宇宙法や宇宙戦法規に関するマニュアル(教範)やガイドラインである(20)。

四　作戦ドメイン超越型行動の法的評価

1　法的ドメイン区分基準と不明確性の排除

国際人道法上の法的ドメイン区分は、攻撃目標や保護対象の所在場所による区分である。この区分法からして、新作戦ドメインのうちで新法的ドメインになる可能性があるのは宇宙のみであろう。宇宙戦法規の存在を仮定した場合のその適用対象は、陸海空または宇宙から宇宙にあるものに対する行為であるということになる。このように宇宙戦法規が成立する場合にそれが適用対象とする範囲を確認しておくことは重要である。

宇宙戦の国家実行は乏しく、それに関する慣習法の発見が困難であるだけに、確立した規則の存在する陸海空戦法規で処理できるものをそこに混入させずに、本来的な宇宙戦法規の支配の対象を特定しておく意味は小さくない。このため、宇宙に存在するものによる行為はその効果発生場所を問わず宇宙戦法規で説明するという広義の宇宙戦法規の概念の使用は妥当ではない。宇宙から陸海空へ指向された法的ドメイン超越型の敵対行為は既存の陸海空戦法規のいずれかの規律対象となることが改めて確認されるべきである。

2　宇宙空間核爆発による電磁波攻撃――地上に生じた影響の法的評価

武力紛争中にその遂行のためになされる宇宙空間での核爆発（高々度核爆発）から生じた電磁波による地上の損害を例にして、法的ドメイン超越型の敵対行為の評価をここで試みる。

核爆発という敵対行為の実施場所は宇宙であるがその効果が地上に及べば、それは陸戦法規で評価されることになる。法的ドメインの区分基準の考え方からして超越先の法的ドメインが支配する。核爆発に伴う電磁波の効果で相手方武力紛争当事国の軍事目標の機能が停止したとしても、それ自体は国際人道法上何ら問題とするにあたらない。しかし、地上の民用物の機能を停止させたのであれば、そもそもそれが付随的損害として考慮されるべき損害か、そうであるとすれば、過度な付随的損害にならないかをやはり陸戦法規から判断していくことになる。[21] これは武力紛争に際しなされたサイバー活動から地上の民用物に生じた非物理的損害の評価手順とまったく同じである。

宇宙空間核爆発に伴い法的ドメイン超越的に地上で生じた損害の評価に適用されそうな条約規則を探すとすれば、すぐに第一追加議定書が思い浮かぶ。しかし、同議定書の適用には二つの問題がある。第一は、この議定書が核兵器使用に適用があるかで、これに関してはその起草過程初期から議論があり、北大西洋条約機構（NATO）諸国の多くはそれを否定していることである。[22] ロシアや東アジアにおける他の核兵器保有国である中国と北朝鮮が第一追加議定書の核兵器への適用問題についていかなる見解をとっているかは不明であるが、NATO諸国と同じ見解なら、これらの国による日本上空の宇宙空間核爆発から日本に生じた損害は物理的、非物理的のどちらの損害でもこの議定書の適用から外れ、したがって、慣習法のみから民用物に生じた影響を評価せざるを得なくなるかもしれない。なお、議定書の核兵器適用問題についての日本政府の見解は明らかではない(23)。

第一追加議定書の適用に関する二つ目の問題は、その第四九条第三項からして、海空で行われた敵対行為から法的ドメイン超越的に地上の文民に生じる損害に対する同議定書第四編第一部の適用はあるが、宇宙で生じた敵対行為に伴う地上の文民損害について議定書は明文規定を持たないことである(24)。仮に宇宙からの超越的損害にも適用されるという解釈をとるとしても(それは多分可能であるが)、議定書が軍事目標の場合には第五二条第二項で「破壊」の他に「無効化」に言及し、軍事目標の非物理的手段による機能停止をも想定するのに対し、付随的民用物損害については第五一条第五項(b)に見られるように「損傷」にしか触れていないので、機能停止のみでもそこに含まれるかが問題となる。

宇宙空間核爆発から地上に生じた法的ドメイン超越型損害の評価を陸戦法規で評価するとしたら、陸戦法規での論点は出尽くしているので、このように何が残された問題かを詰めていくことが可能になる。

おわりに
——法の不明確さを利用して行動の自由を確保しようとすることにどう対応するか

陸海空戦法規という法的ドメイン区分がいかなる基準で設定され、それがどのような意味を持つかについてこれまで詳細には検討されてこなかった。サイバー活動、電磁波や宇宙という新作戦ドメインの出現は、法的ドメイン区分の意味を改めて確認するよい機会である。

法的ドメイン区分基準の確認により、新作戦ドメインでの新現象を国際人道法のどの法的ドメインに落ち着かせて評価すべきかの判断が容易になる。新法的ドメインから既存法的ドメインに超越してくる影響をどちらのドメインで規律するかも重要な問題で、法的ドメイン区分基準さえ理解すればその処理ができるのである。こうして、具体的な適用規則同定がなお困難な新法的ドメインの支配がどこまで及び、どこから既存法的ドメインで規律されるかをはっきりさせれば法的に不明確な範囲を限定できる。

技術的展開による新作戦ドメインの急速な形成に対して国際人道法がまず何をすればよいかといえば、新作戦ドメインは新法的ドメインでもあるかを判断することである。新作戦ドメインが軍事的にいかに重要であっても、それに伴い法的ドメインが生まれるのでなければ国際人道法からは既存法的ドメインのいずれかにおける害敵手段の問題として扱えば済む。

（1）　operational domain と legal domain をそれぞれ作戦領域と法的領域と表記しても構わないのであるが、法的領域というと法と非法の内の一方を指すかなり大きな区分にも聞こえることから、本稿では領域とせず、両者ともにそのままドメインと記す。

（2）　ハーグ陸戦条約前文に置かれ、第一追加議定書第一条第二項で再確認されたもので、条約の明文規定がなくとも文民および戦闘員は文明国間に存立する慣習、人道の法則および公共良心の要求より生じる国際法の諸原則の保護と支配の下にあることをいう。核兵器の合法性に関する国際司法裁判所の勧告的意見では、条約が軍事技術の急速な発展に追随できずに生じる空隙を埋めて基本的保護を確保する機能をマルテンス条項が持つとされた。*Legality of the Threat or Use of Nuclear Weapons, Advisory Opinion, ICJ Reports 1996*, para. 78.

（3）国際人道法は禁止規範の集合体であるとし、「禁止されないことは許される」の原則が今日も妥当して国際人道法からは行動の自由が確保されるとしても、平時一元化の現代では平時法からする禁止が重畳的にあり得る。国際人道法が禁止規範集合体か否かについてはさしあたり以下を見よ。Quintin, Anne. *The Nature of International Humanitarian Law: A Permissive or Restrictive Regime?* Edward Elgar Pub., 2020.

（4）真山全「憲法的要請による集団的自衛権限定的行使の発現形態―外国領水掃海および外国軍後方支援―」『国際問題』六四八号、二〇一六年、二三～二四頁。

（5）したがって、一九五三年七月以降の南北朝鮮の軍事衝突は、平和条約締結前の朝鮮戦争休戦期間におけるそれであるからといって朝鮮戦争の一部となると認識することはできない。二〇一〇年の韓国海軍コルベット天安の北朝鮮軍による撃沈も朝鮮戦争とは別個の武力紛争とされ、国際刑事裁判所（ICC）検察局もそのように扱った。ICC Office of the Prosecutor. *Situation in the Republic of Korea: Article 5 Report.* Sec.54ff., 2014; 黒﨑将広他『防衛実務国際法』弘文堂、二〇二一年、二九八頁。

（6）国際法関係文献で珍しくグレーゾーンに言及するものとしてアメリカ海軍大学校教官らによるNewport Manual on the Law of Naval Warfare（*International Law Studies*, Vol. 101（2023）, para. 2.1.2.1, p. 22）があるが、これとて法的状態としてグレーゾーンを扱ってはいない。

（7）他にも一国の政府とそれが交戦団体承認を与えた反徒との闘争、および政府と自決権行使団体の間の闘争は国際的武力紛争である。

（8）反徒同士の武力紛争や、国外にある非国家的主体と国家の間の武力紛争も非国際的武力紛争とされる。

(9) もっとも、いくらかのハーグ法規則の非国際的武力紛争への適用を認める規定を設ける条約もある。特定通常兵器使用禁止制限条約(CCW)はその一例である(第一条第二項)。また、旧ユーゴスラヴィア国際刑事裁判所のいくつかの判決を機に、国際的と非国際的の武力紛争の規則を同一化する動きが目立つようになった。ICC規程にもハーグ法の非国際的武力紛争適用を前提とする規定が交じる(第八条第二項(e)(ix)、(x)、(xii)~(xviii))。

(10) 台湾は住民、領域および政府の存在という国家三要件を満たしているものの、中国一国論から完全には脱しておらず、台北の政府はそれが中華民国という国号で呼んできた中国国家を代表する政府ではなく台湾という別国家の政府とは公然と言い切ってはいない。別国家であることを明言すれば中国の侵攻を招くからであるとはいえ、自ら国家であることを明確にしない実体の国家性は疑わしく、この状況を前提とすれば中台武力紛争を国際人道法からして直ちに国際的武力紛争であるというには躊躇する。台湾住民を自決権行使団体とすれば中台武力紛争を国際化できるともされるが、自決権行使団体たることが肯定されても、台湾が中国に制圧され第一追加議定書第一条第四項の本来的適用事態が生じるまでは武力紛争は国際的のそれにはならないと反論されるかもしれない。侵攻を受けてしまえば、国家に至らない自決権行使団体としての地位を主張するよりは国家性を主張した方が得策である。

　台湾が覚悟を決めて国家性を明言すれば、台湾からして中台武力紛争は国際的のそれに転換される。他方、中国は台湾の国家性を引き続き否定しようから、中国から見れば中台紛争は非国際的武力紛争であることを変えず、中国が台湾軍構成員に捕虜資格を付与し、それとの戦闘にハーグ法を適用するとしてもそれは任意的にそうするのであって義務的であるからではないということになる。

　ユス・アド・ベルムからしても国家性の公然たる表明のない限り問題は残り、非国家的主体を集団的自衛権で助けることはコソボの場合と同じくできない。台湾が中国国家の一部を構成するという北京政府の主張を日米などが理解し尊重し、あるいはそれを認識(acknowledge)するというのは台湾問題平和的解決が前提であるというのではあるが、台湾による国家性の表明を欠いたままでは、中国が台湾に侵攻してこの前提が崩壊すれば台湾の国家性が自動的に認められるというわけにはいかないと思われる。いわゆる分裂国家の場合のそのそれぞれの側による自衛権行使を認めるという特殊な見解をとらない限りは、アメリカが台湾を集団的自衛権で支援するには、台湾の国家性が独立の宣明などで確認されなければならない。日本がそれ以前に台湾支援のアメリカ軍を日本が日米安保条約に従い支援することはできず、また台湾のために集団的自衛権を行使することも難しい。

（11）　同条の「如何ナル手段ニ依ルモ」は空対地攻撃でも地対地攻撃と同じ規則が適用されることを確認するために挿入されたとされる。*See*, Hanke, Heinz Marcus. "The 1923 Hague Rules of Air Warfare: A Contribution to the Development of International Law Protecting Civilians from Air Attack." *International Review of the Red Cross*, no. 292, 1993, pp. 12-13.

（12）　*Ibid.*, pp. 12-44; Veuthey, Michel. "Histoire du droit international humanitaire dans la guerre aérienne." Millet-Devalle, Anne-Sophie, ed. *Guerre aérienne et droit international humanitaire.* A. Pedone, 2015, pp. 37-68.

（13）　国際法における類推の分析については以下を見よ。Vöneky, Silja. "Analogy in International Law." *Max Planck Encyclopedias of International Law*, 2008, https://opil.ouplaw.com/display/10.1093/law:epil/9780199231690/law-9780199231690-e1375?print=pdf.

（14）　"A Declaration of the Independence of Cyberspace"（by John Perry Barlow, 1996, reproduced in *Duke Law and Technology Review*, vol. 18, 2019, pp. 5-7）なるものを含む独自性の主張に関する国際人道法からの分析として、Mačák, Kubo. "Silent War: Applicability of the *Jus in Bello* to Military Space Operations."（*International Law Studies*, vol. 94, 2018, pp. 13-15）がある。

（15）　Dinniss, Heather Harrison. *Cyber Warfare and the Laws of War.* Cambridge University Press, 2012, p. 28.

（16）　本稿では、武力紛争中のサイバー活動従事者が戦闘員資格保持を要求されるかの問題は扱わない。それは、電子戦を含む他の全ての敵対行為従事者の場合と基本的に変わらないからである。サイバー活動従事者の地位に関する最近の論稿として以下がある。茂木隆宏「サイバー空間における防御行為の武力紛争法上の評価」『同志社法学』七四巻六号、二〇二二年、三三三〜四二四頁。この問題を検討するに際しては、敵対行為に参加した文民の捕虜資格が原則的には否定され、場合によっては背信行為として刑事責任を追及されることがあるとしても、文民の敵対行為参加それ自体を明示に禁止する規則は見当たらないことに留意を要す。禁止されない行為であっても、その従事者が後に法的責任を追及される場合が国際人道法にはある。

(17) 宇宙戦法規が新法的ドメインとなるかの検討の前に、宇宙条約などの平時の宇宙法により国際人道法適用が排除されないことの確認が必要であるが、ここでは国際人道法の適用はあるものとして議論を行う。

(18) 軍はこれまで少数の軍民の通信衛星や警戒衛星に依存していたため、これらの破壊や機能麻痺によって作戦行動に深刻な影響が生じることが懸念されていた。しかし、多数の衛星を低軌道で運用するようになったため、衛星の脆弱性は低下したともいわれる。衛星攻撃に関して法的検討を行う邦語論文として以下がある。青木節子「宇宙資産に対するサイバー攻撃に適用可能な国際法の検討」『国際法外交雑誌』一一五巻四号、二〇一七年、三五七〜三八〇頁、石井由梨佳「国際的武力紛争における軌道上人工衛星の保護」同、一二二巻一号、二〇二三年、四八〜七五頁。

(19) *E.g.*, Steer, Cassandra "Avoiding Legal Black Holes: International Humanitarian Law Applied to Conflicts in Outer Space." *Proceedings of the 58th (2015) Colloquium on the Law of Outer Space*, October 2015.

(20) Jakhu, Ram S., and Steven Freeland, eds. *McGill Manual on International Law Applicable to Military Uses of Outer Space*. McGill University, 2022; University of Adelaide. *The Woomera Manual on the International Law of Military Space Operations*. 2018, https://law.adelaide.edu.au/woomera/system/files/docs/Woomera%20Manual.pdf. マニュアル方式はサイバー活動についても用いられた。Schmitt, Michael, ed. *Tallinn Manual 2.0 on the International Law Applicable to Cyber Operations*. Oxford University Press, 2nd ed., 2017.『タリン・マニュアル』の邦語解説につい

ては以下を見よ。中谷和弘、河野桂子、黒﨑将広『サイバー攻撃の国際法―タリン・マニュアル2．0の解説―』信山社、二〇一八年。マニュアルやガイドラインは現行法を取り込んでいる部分も少なくなく、新作戦ドメインに対する既存法的ドメインの支配を確認している箇所もある。また、法形成を誘導しようとする部分も認められる。マニュアルそれ自体は形式的法源ではないが、国家の作成するそれであれば当該国家の法意識の表明として一定の意味を持つ。

(21)　核爆発の場合には放射能汚染の評価が必要になり、民用物と区別される自然環境の損害はどう考えたらよいかの問題が生じる。ここでは議論を単純化するため、宇宙空間核爆発による放射能汚染は地上には及んでいないこととする。

(22)　第一追加議定書締約国ではないアメリカも、同議定書起草過程において核兵器使用への適用を否定する了解が成立していたと認識している。US Department of Defense. *Law of War Manual*. Lieber and Sons, 3rd ed., 2017, para. 19.20, n. 201.

(23)　真山全「武力紛争法における『核の忘却』の終焉―対ウクライナ核攻撃を武力紛争法からどのように・どこまで非難できるか―」『有斐閣オンライン・ロージャーナル』(二〇二三年)(YOLJ-L2306008)、三三～三五項、https://yuhikaku.com/articles/-/12925。

(24)　第一追加議定書第四九条第三項からして軍事目標の定義や予防措置などに関する規定を含む同議定書第四編第一部の宇宙空間への適用はない。石井、前掲注(18)、五一～五二頁。しかし、この第四九条第三項は地上の文民に影響を与える海空戦への同部適用は認めるので、同項のいう「空戦」に宇宙での戦いが解釈上含まれ得るかが問題になる。

第二節　民間企業活動と新領域における安全保障問題
――アメリカの例を参考に――

橋本　豪

はじめに

ここに、『コンピュータ犯罪との戦い』[1]と題された一冊の古書がある。原著はアメリカで一九七八年に出版されたもので、管見の限り、経済犯罪（いわゆるホワイト・カラー犯罪）を専門としていた弁護士である著者のオーガスト・ベクエイ氏は、かなり早い段階からコンピューターを利用した犯罪に関して論文や書籍を発表していたようである。驚くべきことは、企業情報の窃取、個人情報の漏洩、コンピューターを利用した経済犯罪、（原始的な手法であるものの）コンピューターシステムのハッキング[2]など、現在問題となっているサイバー空間における犯罪や攻撃の類型が、その萌芽形態であるにせよ、同書においてすでに相当数列挙されているということである。また、同氏は将来の見通しとして、キャッシュレス社会やネットワーク化についても言及をしており、その慧眼には驚かされる。

しかし一方で、今を去ること四〇余年のその時代に、現在のサイバー空間で繰り広げられている規模やレベルでのサイバー攻撃[3]について予見をした者が、どれほどあったであろうか。一九七八年から現在までの間に、米ソの冷戦が終了し中国が台頭するといった国際関係上の変化と共に、科学技術なかんずく情報通信技術の爆発的な発展があり、それはネットワーク化、ＡＩ化の急激な深化と共に、人間の生活を根底から変化させる力となりつつある。そして、そのような急激な変化の影響と、人間の経済活動も軍事活動も無関係ではあり得ないのである。

そのような技術の発展は、仮想（または疑似）空間であるサイバー空間[4]を造り出し、そこにおいては軍事と非軍事、有事と平時、現実と仮想現実、国家と（民間企業や個人までを含む）非国家主体などが、文字通り入り乱れてせめぎ合うような状況が現出している。それはとりもなおさず、サイバー空間においては、軍事行動、特に戦闘が行われる「前線」と、非戦闘地域である「銃後」の区別が曖昧となる[5]と共に、どの時点で国際人道法が適用されることになるのか、といった境界が不明確になってきていることも意味しよう。

そして、サイバー空間における前述の状況は、いわゆるグレーゾーンにおける害意のある行動を行おうとする主体にとっては、非常に好都合な舞台を提供することとなっている。すなわち、サイバー空間の特徴とされる、損害の特定または発生の認識そのものの困難さと、アトリビューション（攻撃の帰属）の特定の難しさは、これまで一般的であった方法・手段とは異なる（unconventional）やり方で、継続的に低烈度の害意のある行動をとる、というグレーゾーンにおける作戦行動に好適な環境を用意するのである。

そこで本稿においては、サイバー空間のグレーゾーンにおける現状が経済活動にどのような影響を与えているのか、そしてそれに対して国内法はどのような対応を行おうとしているのかについて見てみたい。そのためにまず、いわゆるグレーゾーンにおける害意のある行動の特徴を見てみると共に、関連する概念であるハイブリッド戦(6)についてもグレーゾーンとの関わりを検討する。そうすることにより、グレーゾーンにおける害意のある行動を法律的に規律することの困難さが見て取れるであろうと共に、それを踏まえ、グレーゾーンにおける害意のある行動とサイバー空間との親和性も理解されるであろう。さらに、サイバー空間におけるグレーゾーン事態が、軍民の垣根を極度に低くする、または除去してしまう効果を持ってしまう場合、民間の経済活動に多岐にわたる影響を与え得ることを確認したいと思う。そしてそれを踏まえ、このような状況に対してアメリカ政府がどのような対応を取りつつあるのか、また、アメリカの民間企業サイドではどのような動きが見られるのかについても、瞥見することとしたい。

一　グレーゾーンとは、ハイブリッド戦とは

まず、グレーゾーンとは何か、ハイブリッド戦とは何かについて見てみよう。『令和4年度防衛白書』によれば、「いわゆる「グレーゾーンの事態」とは、純然たる平時でも有事でもない幅広い状況

を端的に表現したもの」とする。また、「ハイブリッド戦」については、「いわゆる「ハイブリッド戦」は、軍事と非軍事の境界を意図的に曖昧にした手法であり、このような手法は、相手方に軍事面にとどまらない複雑な対応を強いる」ことになるとする。そして、ハイブリッド戦の例としては、「国籍を隠した不明部隊を用いた作戦、サイバー攻撃による通信・重要インフラの妨害、インターネットやメディアを通じた偽情報の流布などによる影響工作を複合的に用いた手法」が、「ハイブリッド戦」に該当するものとする。これは、「外形上、「武力の行使」と明確には認定しがたい手段をとることにより、軍の初動対応を遅らせるなど相手方の対応を困難なものにするとともに、自国の関与を否定するねらいがある」と述べる。(7)

これに対し、英語圏の論考を見てみると、前述の防衛白書と同様に、グレーゾーンにおける事態については、「平和的な関係でも武力紛争でもない状態」(8)、「国家レベルでの侵略の閾値を超えない、これまで一般的ではなかった方法によって」造り出されるもの(9)、などとするものが多く見られる。一方、ハイブリッド戦については、たとえば「通常兵力、非正規の戦術と編成、無差別暴力や脅迫・抑圧を含むテロ行為や犯罪行為による無秩序の醸成」(10)という定義が、フランク・ホフマン海兵隊退役中佐の古典的な論文に見える。前述の防衛白書にあるグレーゾーンにおける事態とハイブリッド戦に関する記述と比較すると、若干のニュアンスの違いが見て取れると共に、グレーゾーンにおける事態とハイブリッド戦が概念的に近接したものであることがよく理解できる。

なお、グレーゾーンにおける事態やハイブリッド戦という用語が広く用いられるかどうかは別として、類似の概念が中国やロシア(11)にも存在することは、本書第一章第二節に詳説されている通りである。たとえば、中国におけるそれは「超限戦」であり、ロシアにおいてはワレリー・ゲラシモフ参謀総長による現代戦コンセプト（本書第一章第二節参照）であろうが、これについてカナダのカールトン大学ノーマン・パターソン国際関係大学院のデイビッド・カーメント教授と同大学院のダニ・ベロ氏は、前者は「グレーゾーン戦略」マイナス「ハイブリッド戦」であり、後者はグレーゾーンでの作戦行動とハイブリッド戦をバランスする戦略、いわば「ハイブリッド・バランシング」である、と指摘しているのは興味深い(12)。

さらにカーメント教授とベロ氏は、グレーゾーンにおける事態における戦略的目標とハイブリッド戦の戦術的行動とは峻別されるべきであると説き、ハイブリッド戦はグレーゾーンにおける作戦行動の下位概念をなすこともあり得る、と述べる(13)。他方、グレーゾーンにおける戦術的行動とハイブリッド戦における戦略的目標という概念も存在し得るものとすれば、同様の考え方を敷衍すると、グレーゾーンにおける作戦行動がハイブリッド戦における作戦行動の下位概念をなすこともあり得る、という逆の可能性も示唆し得るもののように思われる。そう考えると、これは、グレーゾーンにおける事態とハイブリッド戦の一方が他方を包摂する上位概念である、という議論が難しいことの傍証であるとも言えよう。したがって、ここから見て取れるのは、グレーゾーンにおける事態とハイブリッド戦とは概念的に密接に関係したものであり、この両者の概念としての関係も、状況により可変なものなのではないかということである。グレーゾーンにおける事態およびそこにおける作戦行動とハイブリッド戦とは、概念的にまったく同一ではないものの重複する部分もあり、状況により双方が同時並行的に適用・遂行されることがあり得ると同時に、一方が他方の上位概念として適用・遂行されることもあり得ると理解してはどうか、とあくまで暫定的にではあるが、筆者は考えている。

二　グレーゾーン事態と国内法による対応

さて本稿においてはこれまで、グレーゾーンにおける事態とハイブリッド戦の定義やその特徴について概観すると共に、グレーゾーンがサイバー攻撃に好適な状況を作り出していることについても見てみた。それでは、そのようなグレーゾーンにおけるサイバー攻撃やグレーゾーンで戦われるハイブリッド戦に対して、法律はどのような対応をなし得るのであろうか。サイバー空間および宇宙の安全保障に関連して適用ある国際法の枠組みについては本章第一節に、またサイバー攻撃の国際法上の取り扱いの具体的な論点については第三章第五節に、特に越境サイバー犯罪について詳細な検討がある。したがって、本稿においては、グレーゾーンにおけるサイバー攻撃とそれに対する国内法による対応について、アメリカの例も参考にしながら概観してみることとしたい。

サイバー攻撃に頻繁に見られる特徴として、その攻撃対象に政府機関のみならず民間企業や個人が含まれることも多く、個人情報の漏洩、コンピューターシステムへの物的損害から経済的スパイ活動による知的財産や金融資産の窃取に至るまで、経済的損害も含めた多岐にわたる損害が日々生じつつあるのが現実である。一方、そのような現実が眼前で展開しつつあるにもかかわらず、サイバー攻撃を国内犯罪としてこれに対処するには、国内司法手続きのみではその実効性が不十分と言わざるを得ない。というのも、国内司法手続きによって不十分ではあっても対応ができるのは、あくまで攻撃者が特定できた場合であり、前述の通り攻撃者の特定が難しいサイバー攻撃にあっては、攻撃者に国内刑法上の法的責任を負わせようにも攻撃者が特定できない、という限界が頻繁に経験されることになる。そのような限界について認識を迫る最も典型的な例としては、後述のアメリカによる中国軍構成員の起訴が想起される。[14]

国内司法手続きのみによっては、サイバー攻撃への対処や抑止が不十分であるということも手伝ってか、近年、政策的ツールとして「パブリック・アトリビューション（public attribution：公開の場での攻撃の帰属の認定）」といわれる手法が用いられることも増えてきている。[15]一方、たとえば『タリン・マニュアル』に見られるように、マニュアルやさらには行動憲章などを作成することにより、サイバー空間における規範（cyber norms）を作り上げていこうとする動きも見られるようになってきている。[16]

パブリック・アトリビューションとは、サイバー攻撃が行われた場合に、通常は複数の国家が、特定の国家を攻撃者として名指しをすることで、いわゆる「名指し非難（naming and shaming）」を行い、[17]それをもってサイバー攻撃の停止、抑止を企図すると共に、サイバー空間の規範形成に寄与することを目指すものである。一例としては、二〇一八年一〇月のロシアによる化学兵器禁止機関（ＯＰＣＷ）に対するサイバー攻撃に対して、これをロシアの仕業であるとして、オランダ、イギリス、アメリカの各政府が公にロシア政府の情報機関である参謀本部情報総局（GRU）を非難した例などが想起される[18]。

パブリック・アトリビューションについては、それにより、サイバー空間で許容される行為と許容されない行為の区別について、特定の国家が公の場で明確にその立場を表明する、という効果があることは事実である。しかしながら、その反面、パブリック・アトリビューションには限界があることも指摘されている。まず、パブリック・アトリビューションを行う諸国が、いわゆるファイブ・アイズ（米、英、豪、カナダ、ニュージーランド）などの欧米諸国を中心とした特定の諸国に限られることは、その有効性も限定されていることを示唆していると考えられる。また、パブリック・アトリビューションを行うことが、当該サイバー攻撃に対する厳正な処置をとることについて諸国が合意することに、直接つながるわけでないことも指摘されている。さらには、パブリック・アトリビューションに信頼性を持たせるためには、それを証拠によって裏付ける必要があるが、自らの手の内を必要以上に明かさないことで自らの情報収集能力を明らかにしない、という動機付けが働く上に、いわゆる「もっともらしい否認（plausible deniability）」を確保するためにも証拠を明かさないことが有利に働くため、証拠による裏付けがないままパブリック・アトリビューションがなされることも多い[19]。

一方、マニュアルや行動憲章による合意の醸成とサイバー空間における規範形成の重要性も、以前から指摘されてきているところである[20]。しかしながら、サイバー空間をどのようなものとして、どのようなルールに基づいて構築していくか、という考え方をサイバー・ガバナンスと呼ぶとすると、近年それが二極化していることが指摘されている[21]。これは、具体的には、情報の流通の自由度を重視する欧米を中心とした諸国と、情報の統制を重視する中露に代表される諸国との間の、サイバー空間の設計思想に関する対立を指している。このような状況においては、漸進的に規範形成を試みるための共通の基盤がそもそも存在していないのではないか、という懸念が指摘されるが、まさに現実はその懸念を裏付けるかのような展開を見せていると言っては、悲観的すぎるであろうか。

三　アメリカにおける新領域の捉え方――特に民間経済活動との関係において

本稿においてはこれまで、サイバー空間の特性を確認しつつ、サイバー攻撃がいわゆるグレーゾーンにおける害意のある行動との親和性が高いことについて、いろいろな角度からこれを見てみた。その上で、グレーゾーンにおける害意のある行動が多様な形態をとる一方、それへの対抗策については、いまだ十分なものとは言えない状況があり、そこに民間企業や個人までを含んだ民間のアクターが巻き込まれている、という現状についても確認をした。具体的には、それら民間のアクターがサイバー攻撃の対象となることにより、そこで個人情報を含めた情報の漏洩、情報資産の価値の毀損、知的財産・ビジネス上の機密情報・金融資産の窃取といった形で、経済的損害を中心とする多岐にわたる損害を伴う、恒常的な低烈度の害意のある行動にさらされることになる。そして、それは、中長期的に被攻撃国の経済活動の活力と総合的な国力を削ぐことになるのは言うまでもない。

もちろん、二〇二一年のコロニアル・パイプライン社に対するサイバー攻撃もそのようなものの一例であるが、法律事務所に対するものにも興味深い例[22]が見られるので、経済的な損害を引き起こすサイバー攻撃が多種多様な形態をとることができる、ということの証左として紹介してみたい。それは、二〇一七年五月五日に被告人が出頭しないまま、いわゆる欠席判決(default judgment)が下された事件であるが、その内容は以下の通りである。被告人たる、マカオ在住の者を含むアメリカ国外在住の三人の中国人ハッカーは、アメリカの有力法律事務所(複数)のITシステム上にマルウェアを仕込むことにより、当該法律事務所の全ての電子メールアカウントへのアクセスを可能とした。その上で、被告人は、インサイダー情報を含む情報を当該法律事務所のシステムから複製転送し、そのインサイダー情報を基にインサイダー取引を行い、その結果として不正に利益を得た、というものである。その際窃取されたものは、当時進行中でありいまだインサイダー情報であった、M&A取引関連の情報であった。これに対して裁判所は、被告人に対して九〇〇万ドル以上の支払いを命ずるなどの判決を下した、というものである[23]。

この事件は、アメリカの有力法律事務所が被害を受けたことや、この種の事件としては初めて司法手続きにより解決が図られたことなどのため、時代を画すると言ってもよいものであったと同時に、アメリカの市場と経済活動に多岐にわたり深甚な影響を与え得るものであったと考えられる。すなわち、インサイダー取引には、相対の不正行為ではなく市場を相手としたそれであるという特性があるため、市場への信認が毀損するという問題があったのは当然であるが、それに加えて本件においては、その情報が法律事務所から漏洩したことが特筆されるべきことであった。つまり、法律事務所にあっては、秘匿対象となる依頼者からの情報は秘匿されるべきことが言うまでもなく当然であるところ、その原則が揺らいでしまえば、依頼者からすれば法律事務所のサービスを安全に享受することができないのではないか、という懸念がぬぐえないものとなってしまい、複雑な取引を円滑に行うために存在する法律サービスについての信頼も損なわれてしまうからである。さらに、不正に得られた利益は、アメリカの市場を信頼してそこで取引を行っている投資家から窃取された金融資産であり、それが国外に移転され、たとえば大量破壊兵器の開発に使われないとも限らないため、安全保障上も大きな問題になり得ることも言を俟たない(24)。

このような状況に対して、アメリカはどのように民間の経済活動をサイバー攻撃から防御しようとしてきているのかについて見てみよう、というのが本稿の目的である。そして、民間の経済活動が直接前述のような脅威にさらされているという点においては、新領域といわれる宇宙、サイバー空間、電磁波領域の中でもサイバー空間が先んじている感があるので、本稿においてもサイバー空間に焦点を当てて検討を試みる。一方、後述する通り、サイバー空間における脅威への対処方法は他の領域でも応用される可能性がある手法ではないか、とも考えられるので、本稿の考察が他の新領域においても参考となるものとなれば幸いである。

四　アメリカ政府の対応

新領域というものが軍事的な観点からどのように捉えられ、その特性も踏まえてこれからの戦い方として領域統合作戦がどのように構想されているか、といったところについては、第一章第三節を中心に本書においても各所で詳細な説明がなされている。また、これらに関するアメリカでの議論についてもそこで触れられているので、新領域に関する軍事的な観点からの検討についても俯瞰できるであろう。そこで、前述の通り本稿においては、軍事的な観点をいったん離れ、民間経済活動の防衛についてアメリカでどのような動きが見られるのか、そしてそれがどのように、いわば「産軍協働体制」とでも言うべき枠組みの形成への動きに結実しつつあるのか、ということについて見てみたい。

サイバー攻撃の可能性についての認識とサイバーセキュリティに関する概念は、その淵源を一九八〇年代まで遡ることができるものとされる[25]。そして、すでに一九八〇年代半ばに差し掛かる頃には、アメリカ連邦政府のコンピューターシステムに対するセキュリティ上の脅威が増大してきており対応が必要となっているという認識が広まり、一九八七年には「1987年コンピューター・セキュリティ法（Computer Security Act of 1987）」という法律が制定されている[26]。この時のセキュリティ上の脅威は、コンピューター犯罪の文脈で理解されていたようである。そして、それから一〇年近くたった一九九六年六月に、当時のビル・クリントン政権の中央情報局（CIA）長官であったジョン・ドイッチが、上院政府活動委員会常設調査小委員会においてサイバーセキュリティについて包括的な証言をすると、一九九八年にはクリントン大統領が大統領令ＰＤＤ－63（Presidential Decision Directive–63）[27]を発令し、アメリカのサイバーセキュリティ戦略が本格的に始動することとなる[28]。

ここでＰＤＤ－63の内容について少し見てみたい。同大統領令は、重要インフラが「サイバーベースのシステム」により制御され、それらが相互に緊密に関連し、依存し合うようになっていることをまず指摘する。そして、アメリカの圧倒的な軍事力を前にして、敵は非伝統的な作戦によりアメリカを攻撃することとなろうとし、その一つの攻撃方法がサイバー攻撃である、と結論付けている。そこにはすでに「官民連携（ＰＰＰ：Public-Private Partnership）」の重要性が謳われ、産業セクターごとに担当官庁を決定し、それら官庁のシニアレベルの担当官が調整役として、このＰＰＰのイニシアチブが推進される、という内容となっている。そしてクリントン政権の最終年である二〇〇〇年一月には「アメリカのサイバー空間防衛（Defending America's Cyberspace – National Plan for Information Systems Protection Version1.0）[29]」が発表され、重要インフラ防護とそのためのＰＰＰを含む施策がそこに盛り込まれた。

クリントン政権を引き継いだジョージ・Ｗ・ブッシュ政権は、その初年度である二〇〇一年九月一一日に発生したアメリカ同時多発テロによって大きな影響を受けたアメリカの安全保障観の下で、安全保障政策を立案、実施するが、同政権の下でのサイバーセキュリティ戦略もその影響を受けつつ展開されていくこととなる。アメリカ同時多発テロは、その発生からすでに二〇年以上がたち歴史的事件となりつつあるのかもしれないが、筆者のようにアメリカ同時多発テロとその前後のアメリカの変化を現地で経験した者から見ると、同事件後に生じた日常生活から安全保障観に至るまでの大きな変化というものは、容易には説明できないほど根本的かつ複雑なものであった。サイバーセキュリティ戦略との関係では、同事件の結果として、「アメリカの国家、アメリカ人、そしてアメリカの価値観と生活様式への脅威（threats attacking our great Nation, fellow Americans, and way of life）」に対する防衛を担当するために二〇〇二年一一月に発足した、アメリカ国土安全保障省（DHS）が重要である。というのも、同省はそれまで連邦政府内各所に分掌されていたサイバーセキュリティ関係の業務の、統合的運用のための中枢としての役割を担うこととなったからである(30)。

さらに、ジョージ・W・ブッシュ政権においては、二〇〇三年二月に「サイバー空間の安全を保障するための国家戦略（The National Strategy to Secure Cyberspace）」と題された、サイバーセキュリティ戦略文書が発表されている。この文書においては、国家として優先的に対応する課題として、以下の五つが挙げられている。

①国家としてのサイバーセキュリティの反応・対応のシステム（a national cyberspace security response system）

②国家としてのサイバーセキュリティの脅威と脆弱性の減少のためのプログラム（a national cyberspace security threat and vulnerability reduction program）

③国家としてのサイバーセキュリティに関する意識の向上と訓練のプログラム（a national

cyberspace security awareness and training program）

④政府のためのサイバー空間での安全保障（securing government's cyberspace）

⑤国家安全保障と国際的なサイバーセキュリティに関する協力（national security and international cyberspace security cooperation）

また、同文書においても、サイバー空間におけるリソースは、その大半が政府以外の組織により制御管理されているのでPPPが必要であり、それが同文書に体現されている「サイバー空間の安全を保障するための国家戦略」の発展、実施、改善のために、ここしばらくの間は重要な役割を果たすであろう、と締めくくっている(31)。

その後、周知の通りジョージ・W・ブッシュ政権第二期後半から末期には、それぞれについてロシアの関与が疑われたものであるが、エストニアに対する大規模サイバー攻撃が二〇〇七年に、また、南オセチア紛争に関連してジョージアに対する大規模サイバー攻撃が二〇〇八年に発生するなど、耳目を集めるようなサイバー攻撃の例が連続して展開された。そのためもあろうか、サイバーセキュリティに関する意識も新たな次元へと発展したかのように見えるが、ジョージ・W・ブッシュ政権末期からバラク・オバマ政権にかけ、サイバーセキュリティの政策的優先度も飛躍的に高まっていくこととなった(32)。

オバマ政権期においては、前述のようなサイバーセキュリティ政策をめぐる認識の高まりもあり、相当数のサイバーセキュリティ関連の連邦法や大統領令、さらには各種戦略文書が制定されることとなった。その中でも重要なものとしては、たとえば、タイトルの通り国際的な観点からサイバーセキュリティ戦略について披歴した「サイバー空間国際戦略（International Strategy for Cyberspace）」[33]、国防総省の戦略文書である「サイバー空間作戦戦略（The Department of Defense Strategy for Operating in Cyberspace）」[34]など、アメリカのサイバーセキュリティ戦略の展開を跡付けるのに非常に有益な文書が多く発表されている。以下では本稿の目的に沿って、そのうちで民間経済活動と関連のある、具体的には重要インフラ関連のサイバーセキュリティなどに焦点を当てた文書を中心として、これを概観してみたい。

オバマ政権期におけるこの分野の重要な大統領令としてよく挙げられるものが、二〇一三年二月一二日に発表された、「重要インフラのセキュリティとレジリエンス（Critical Infrastructure Security and Resilience）」と題された大統領政策指令21[35]と「重要インフラのサイバーセキュリティの向上（Improving Critical Infrastructure Cybersecurity）」と題された大統領令１３６３６[36]とであろう。前者の大統領政策指令21は、民間のサイバーセキュリティについて、特に重要インフラの安全保障と抗堪性（レジリエンス）の向上のために、連邦政府各部局がどのように協調してその任に当たるか、ということを中心に規定したものである。具体的には、ＤＨＳを取りまとめ役として、産業セクター担当の各官庁が当該セクターに即した対応をしてゆく、という枠組みが規定されている。

後者の大統領令１３６３６は、主として政府から民間への情報共有の枠組の策定とその実施方法について定めたものであるが、政府と民間との間の調整と協働に関しては、重要インフラパートナーシップ助言協議会（ＣＩＰＡＣ）などの官民団体で構成される協議体や、セクター調整委員会（ＳＣＣ）と称される業界団体などがその調整の役割を担うこととされている。[37] ここでＣＩＰＡＣは、ＰＰＰをさらに推進するために、大統領政策指令21とそれに基づいた二〇一三年の「国家インフラ防護計画（National Infrastructure Protection Plan 2013）」[38] の政策目標の実現のために作られる、政府関係機関と重要インフラ所有者や運用者との連絡を調整する協議体である。[39] また、ＳＣＣは重要インフラ所有者や運用者、業界団体やその他の業界代表者によって、自主的に設立され運営される協議体である。[40]

また、オバマ政権期に成立した民間経済活動に大きな影響を与え得る重要インフラ関連法案としては、国家サイバーセキュリティ保護法[41]（二〇一四年）とサイバーセキュリティ情報共有法[42]（二〇一五年）とを挙げておきたい。[43] 前者の国家サイバーセキュリティ保護法は政府と民間、産業セクターを横断した情報の共有を容易ならしめるべく、そのような情報共有のための枠組みの構築を規定すると共にそこでの機微情報の共有を可能とするため、いわゆるセキュリティ・クリアランス[44]の制度を導入した。また、後者のサイバーセキュリティ情報共有法は、ＤＨＳ、国務省、国家統合サイバーセキュリティ通信センター[45]、保健福祉省などを中心に、政府の各レベル、政府と民間、産業セクター横断のセキュリティ脅威に関する情報の共有の枠組みを構築することを目的としていた。

オバマ政権を引き継いだドナルド・トランプ政権においては、二〇一八年に「国家サイバー戦略（National Cyber Strategy）[46]」が発表されたが、同文書には次の項目が四つの柱として記され、あたかも、トランプ大統領のスローガンである「Make America Great Again」と共鳴するかのような印象を与えるものとなった。これは、その前年、二〇一七年一二月に発表された「国家安全保障戦略（National Security Strategy）」[47]を踏まえ、そのサイバーセキュリティ版と理解してよいものと言える。

Pillar 1[48]＝アメリカの国民、国土と価値観、生活様式の防衛（Protect the American People, the Homeland, and the American Way of Life）
Pillar 2＝アメリカの繁栄の促進（Promote American Prosperity）
Pillar 3＝力と強さによる平和の維持（Preserve Peace through Strength）
Pillar 4＝アメリカの影響力の増進（Advance American Influence）

しかし、その内容はそれまでの政権でのサイバーセキュリティ戦略を継承したものと考えられ、その意味では、トランプ政権が、初めて体系的にそのサイバーセキュリティ戦略を発表したこの文書は、残念ながら新味に欠ける、との評価もあった[49]。一方で、それまでの国防産業基盤と政府との協力が生産ベースのものであったのに比べて、同文書において唱導されているＰＰＰについては、それが不断の情報共有を通じて、国内外にわたり多層的かつ継続的な、攻撃防御両面におけるＰＰＰの活用を前提としている点において、これまでアメリカ政府が推進してきたＰＰＰからの変化が見られるとする議論もある[50]。

本稿前半で検討したように、グレーゾーンにおける害意のある行動とサイバー空間とには親和性があるものと観察されるが、そのため、その害意のある行動によって紛争状態(conflict)が作り出されるというよりは、多様なアクターを巻き込んだ不断の競争状態(competition)が現出することとなっているといえる。そして、そこでの防御をより包括的、効率的なものとするために、多岐にわたるＰＰＰの取り組みが考案され試行されることになるわけであるが、前記の議論においては、民間組織や個人も、これまでとは異なり単なる生産基盤としてではなく、情報の不断の共有を通じての実際の害意のある行動との遭遇・接触、またはそれへの関与を行うために、あたかも「動員」されていくかのような状況となっていく、ということを示唆しているように思われる。

そして、このような戦略を踏まえ、トランプ政権下では「２０１８年サイバーセキュリティ・インフラセキュリティ庁法(Cybersecurity and Infrastructure Security Agency Act of 2018)」[51]により、連邦政府のサイバー業務の統括と、官民・セクター横断連携の取りまとめ役であるサイバーセキュリティ・インフラセキュリティ庁(ＣＩＳＡ)が発足した。また、軍事面でのサイバーセキュリティ戦略についてのものであるが、同年にトランプ大統領は、国家安全保障に関する大統領覚書(National Security Presidential Memorandum)第一三号を作成し、攻撃的なサイバー作戦(offensive cyber operations)を許可した、とされている。[52]さらに、見過ごされがちであるが、トランプ政権下では、サイバーセキュリティと宇宙に関する初の大統領令である「宇宙システムのサイバーセキュリティ原則に関する大統領覚書(Memorandum on Space Policy Directive-5–Cybersecurity Principles for Space Systems)[53]」が発表されていることも記しておきたい。これはタイトルの通り、宇宙に適用されるサイバーセキュリティの原則について抽象的なレベルで述べているものであるが、これは同政権下でアルテミス合意[54]が成立したことなどを考えると、アメリカの宇宙、サイバー空間という新領域に対する戦略的取り組みの片鱗が見えるようで興味深い。

そして、現在のジョー・バイデン政権の下でのサイバーセキュリティ政策を見てみると、なんといっても、二〇二一年の同政権発足直後に起きたコロニアル・パイプライン事件の影響が大きいことが観察される。具体的には、バイデン大統領は同事件発生直後に、サイバーセキュリティに関する基準の強化やＰＰＰの一層の深化を目指す大統領令「国家サイバーセキュリティの改善（Executive Order on Improving the Nation's Cybersecurity）」[55]に署名すると、同年七月二八日には重要インフラのサイバーセキュリティ強化を目的とする大統領令「重要インフラの制御システムのサイバーセキュリティ向上に関する国家安全保障覚書（National Security Memorandum on Improving Cybersecurity for Critical Infrastructure Control Systems）」[56]に署名し、そこにおいて当該大統領令の実施のために、ＣＩＳＡに「セクター横断的なサイバーセキュリティ達成目標（Cross-Sector Cybersecurity Performance Goals）」の作成を指示するという、矢継ぎ早の対応を行った。そして、二〇二三年三月一日には重要インフラの防衛強化、ＰＰＰの深化、国際協力の促進などを謳った、「国家サイバーセキュリティ戦略（National Cybersecurity Strategy）[57]」が発表されることとなった。

これまで、主としてクリントン政権以降のアメリカ政府のサイバーセキュリティ戦略を、特に重要インフラを中心とする民間セクターとの関係で概観してきた。そこでは、まず目前の課題に対処していくという時期を経て、徐々にサイバーセキュリティ戦略が体系化されその運用も一元化の方向に動いていく過程が観察されると共に、そこで軍産複合体に見られた、または論者によってはそれ以前にさかのぼるとされるともされる、PPPの重要性とその深化が強調されていることも理解されたことと思う。そして、これらが円滑に運営されるためには、軍を含めた官と民との間の情報共有が途切れることなく効率的に行われる必要があるが、そのために、二〇一四年の国家サイバーセキュリティ保護法により、この分野においてもセキュリティ・クリアランス制度が導入された、という構図であると理解してよいであろう。

これは、サイバー空間で防護対象となる資産や資源が、圧倒的に多くの場合において民間アクターにより所有運用されており、その民間アクターが頻繁にサイバー攻撃の対象になり得ることからも、論理的な必然といってもよい状況にある。そしてその連携の内実も、これまでの民間アクターによる政府に対する工業生産の面からの協力だけではなく、情報の共有と官民共同の防衛策という形での、PPPの深化が見られることも指摘されている。そして、トランプ政権下で初めて施行された宇宙におけるサイバー戦略に関する大統領令を見る限り、多少の調整はあるにしても、もう一つの新領域である宇宙においても、サイバー空間と同様の原則に基づいた対応がとられていく可能性が高いのではないか、と予想ができる。

PPPもその重要な一部とするこのようなサイバーセキュリティにおける協力体制を、エコシステム概念という観点から説明する論者もある[58]。そこで観察されるエコシステム概念の展開を見ると、サイバーセキュリティにおけるエコシステムとは、まずサイバーセキュリティを維持向上させていくにあたっての参加者当事者の位置付け、資産の配分と配置、それらのネットワークの組成とそこにおけるダイナミクスといったものの総称であって、それを記述する概念がエコシステムであるように見える。そう考えると、エコシステムという概念は現実に生成しつつある協働体制を記述するものであって、その構成原理を示す概念ではないのではないか、というのは言いすぎであろうか。

そこで、少なくともPPPについてはその指導原理いかんについて理解の助けとなるのではないか、と筆者が考えているのが、アメリカにおける軍民関係論[59]とでもいうべき分野での研究成果である。ペース大学のマーク・シュールマン教授[60]は、イェール大学のブルース・アッカーマン教授[61]とフロリダ大学のダイアン・メイザー教授[62]の著書を比較分析し、徴兵制の終焉と共にアメリカ軍のメンタリティが変化し、軍隊は特別なもので一般社会より上位にあるという感覚が生じてきていること[63]、リチャード・ニクソン大統領により連邦最高裁判事に任命され、のちにロナルド・レーガン大統領により連邦最高裁判所首席判事に任命されたウィリアム・レーンクイスト判事の判決文の言説を分析し、アメリカ軍が法律的に憲法の枠組みの外に押しやられつつ（または祭り上げられつつ）あるように見えること[64]、などを指摘している。そして、「市民社会の軍事化（militarization of civil society）」[65]も「軍隊の文民化（civilianization of the military）」も等しく回避されるべきであると論じつつも、情報通信技術、軍事技術の発展により軍民の境界が曖昧となってきていることも指摘する[66]。

そうであれば、ＰＰＰとは、まさにシュールマン教授の指摘する、現代アメリカの軍民関係に見られる変成の一局面であるのかもしれない。もしもそれが真実なのであれば、重要インフラを中心とする民間資産の防衛と市民社会の価値観との間にも、超克しがたい、しかし超克せねばならない齟齬が存在することになるであろう。そして、前記のような軍民関係に関するメンタリティに基づいている限りにおいては、国家安全保障と個々人の生活の安全の保障のために、その個々人の権利に制限が加えられる際に、そこで社会的な合意に基づく均衡点を見出すことが困難を極めることとなるのは必定であり、その均衡点を措定するための論理を早急に構築する必要がある、というのがアメリカ弁護士としての筆者の問題意識である(67)。

五　民間経済活動とリスク配分——サイバー保険と政府の関与

前項においては、サイバー空間をその主たる対象として、アメリカ政府が新領域にどのように取り組み、民間経済活動の安全と安定を確保しようとしているかについて見てみた。そこで、本項では視点を変えて、民間サイドからサイバー空間における脅威に対応するための制度としての保険について、見てみることとしたい。というのも、サイバー攻撃をはじめとするサイバー空間における脅威は、民間の立場から見れば、それに対する反撃により自らを防御することとの困難さに鑑みると(68)、第一義的にはそこから生じる損害を経済上のリスクに還元して対処するもの、またはそうせざるを得ないものということになる。そして、そのリスクとそれが顕在化した場合の損害とを、社会全体としてどのように配分、分担するか、というのが民間サイドでの商業ベースの解決となるからである。そして、保険の機能が経済の発展にも寄与することは、保険市場ロイズ・オブ・ロンドンが大英帝国の発展に一役買ったことを例に語られるところでもある[69]。

サイバー空間におけるリスクについて保険を購入しようとする場合、どのような選択肢があるのであろうか。まず、戦争・テロ保険の適用があるのかどうかについて考えてみよう[70]。アメリカの保険業界団体であるアメリカ保険情報協会(Insurance Information Institute)に平易な説明があるが、それによると、サイバーリスクは、テロリズムに関するリスクとしては近時重要性を増していることは間違いない一方、サイバー攻撃は通常暴力を伴わず(not violent)物理的損害も伴わないことがほとんどであるので、戦争・テロ保険の対象とはならず、別途サイバー保険を購入する必要がある、とされている。対象となるテロ行為があったと認定した場合に、連邦政府が再保険者として介入する制度を創設したテロリズムリスク保険法(TRIA)[71]においても、サイバー攻撃を同法の下でのテロ行為と認定するには同様のハードルがあることが指摘されている[72][73]。

そこで、サイバーリスクをカバーする保険を購入しようとする場合には、前記の通り、別途サイバー保険を購入することとなる。そして、近年そのサイバー保険について問題となっているのが、サイバー攻撃により大規模の損害が生じる例が出てきているところ、その保険金の支払い請求に関しての、サイバー保険約款に含まれている戦争免責条項の適用いかんに関する解釈をめぐる争いである。この文脈でよく言及されるものとして、食品コングロマリットのモンデリーズ社(Mondelez)[74]、製薬会社のメルク社(Merck)[75]がそれぞれマルウェアのノットペトヤ(NotPetya)の被害を受けたケースに関する訴訟がある。マルウェアとしてのノットペトヤについては、その背景も含めこれまで多く分析がなされてきているのでその詳細については触れないが、これらは、両社ともノットペトヤの被害を受けたため、購入していたサイバー保険から保険金の支払いを申請したところ、戦争免責条項を理由に保険会社にそれを拒まれた、という事案をめぐる訴訟である。メルク社の事件についての判決が下された後に、モンデリーズ社の事件については和解が成立した[76]ので、ここでは、判決が下されたメルク社の事件について、問題となったサイバー保険の約款の該当する条項を見てみたい。

1）平時または戦時における敵対的な、もしくは戦争またはそれに類似する行為によって生じた損失または損害(実際の、差し迫った、または予想される攻撃を妨害するため、それとの戦闘のため、またはそれに対して防御するための行為によるものを含む)：

a）法上のまたは事実上の政府もしくは主権国家、または陸軍、海軍もしくは空軍を保持もしくは使用する権力もしくは当局によるもの；

b）または陸軍、海軍、空軍によるもの；

c）またはかかる政府、権力または当局もしくは軍隊の代理人または組織によるもの；

免責事項A.、B.またはC.を原因とする、またはそれにより生ずる、いかなる損失または損害についても、それらに関して同時にまたはそれらに相前後して生じた当該損害に寄与する他のいかなる原因または事象の存在にかかわらず、本保険はこれを付保対象としない。[77]

保険会社は、ノットペトヤはロシアが国家として使用し、それによりサイバー攻撃を行ったものであり、そのため戦争免責条項(war exclusion clause)の適用がある、と主張した。[78]一方、裁判所は本条項を解釈するにあたり、①文言の通常の意味(ordinary meaning)に従えば、当該戦争免責条項はサイバー攻撃を想定していなかったことは明らかであり、[79]②当該保険が、全危険担保保険(all-risk insurance)であったことに注目し、この種の保険は、詐欺や意図的な不正行為などがなく明示的な除外条項もない限りは、特に偶然に起きた事情に関する損害については一般的に保険支払いの対象となる、[80]として略式判決(summary judgment)を下した。

これについては、若干の背景の補足をしておきたい。アメリカ同時多発テロ以前のアメリカにおいては、テロ行為による損害に関する保険は、全危険担保保険に包含された形で提供されていた。その時期のアメリカにおいても、戦争に関するリスクは免責条項の対象となっていたが、[81]テロ行為による損害については免責条項の対象とはなっていなかったのである。それはおそらく、アメリカ本土でのテロ行為の可能性が低い状況が長期間継続していたことが理由ではないか、とも考えられるが、いずれにせよアメリカ同時多発テロを契機に、テロ行為による損害についても免責条項が設けられることとなった。そのような経緯を背景として、前記のような免責条項がサイバー保険にも含まれることが通例であった、というものである。[82]

さて、この判決の後、モンデリーズ社の事件については和解が成立したことは前に述べたが、これら一連の事件とその解決が、サイバー保険における戦争免責条項の適用を排除し、被保険者の利益保護に資する、として手放しで喜ぶことができるかというと、必ずしもそうではなさそうである。つまり、このようにサイバー保険の下での保険金支払いが増大することになると、保険料率の上昇さらには騰貴を招くことは想像に難くない。さらには、アメリカ同時多発テロの後に見られたように、保険会社、再保険会社が保険、再保険の提供を停止する、[83]という事態に陥らないとも限らない。それは、経済活動にまつわるリスクとそこから生ずる損害を社会的に分担、配分する仕組みが十分に機能しなくなることを意味するが、これがいわばボディーブローのように中期、長期にわたり、被害国の国家経済にマイナスの影響を与え国力を削いでいくという、サイバー空間におけるグレーゾーン事態の本質を示しているものであるといえよう。

これについては、アメリカ同時多発テロの後に制定されたＴＲＩＡの適用をサイバーリスクに拡大するなど、[84]政府が再保険や融資を提供することでマーケットが崩壊しないように歯止めを設ける、より強靭な再保険市場を創出しマーケット全体で下支えをする、資本市場、商品市場などを活用し、保険者の資本を充実させる、[85]などといった提案もなされているが、これを煎じ詰めると、保険原資をどこに求めるかという問題に帰着するであろう。そして、サイバーリスクが顕在化した場合、一度に多数の巨額の損害を被った被保険者が発生する可能性があることを考えると、保険数理をもってしても、保険者としてはどれだけの資本充実を図ればよいのかという、いわば安全水域とでもいうべきものを計算できないことになりはしないか、と懸念される。すなわち、サイバー攻撃リスクの社会的分担を定量化するにあたり、技術の発展が非常に早いこと、新たな攻撃者と攻撃方法の類型が継続的に出現することなどが予想されるため、過去の統計に基づいて保険数理的判断を行うことが難しい上に[86]、サイバー攻撃は被害を最大化させることを企図して行われることが多いため、この問題の検討がさらに複雑化することとなるのである[87]。もちろんこれに対しては、民間の側からもＡＩなどを活用した対応の動きが出てきていることは注目されるべきことであろう[88]。しかしながら、こういったサイバー攻撃リスクの定量化にかかる困難を前にして、それが経済活動に萎縮的効果を与えることによって、中期的、長期的に当該国の経済力、国力を削いでいく、というのが最も避けるべきシナリオであるものの、現在のところは、各国ともまだそれに対する有効な手立てを模索している状況であるといえよう。

おわりに――サイバー空間におけるグレーゾーン事態の常態化と民間経済活動への影響

本稿では、新領域のうち特にサイバー空間に焦点を当て、国家安全保障との関係で生起する諸問題について、若干視点を変え、それらがどのように民間経済活動に影響を与え、それに対してアメリカ政府および民間企業がどのように対応を試みてきているかを見てみた。まず、アメリカ政府主導でこれまで展開されてきているサイバーセキュリティ戦略については、それが、ＰＰＰを一つの重要な軸として実施され、政府側でもＣＩＳＡの設立に見られるように、サイバーセキュリティ戦略の実施をより組織化、一本化する努力がなされてきていることを見た。

また、サイバー空間における脅威にまつわるリスクとそこから生ずる損害が、民間サイドではどのように配分、分担されようとしているか、という観点から、サイバー保険について、その現状と課題について見てみた。そこでは、サイバーリスクに関して保険を購入しようとした場合、アメリカでは歴史上の経緯から、戦争・テロ保険や一般損害保険の対象としてではなく、別途販売されるサイバー保険の対象となることがほとんどであることが観察された。ところが一方、サイバーリスクの保険可能性については常に議論があるため、破局的（catastrophic）ともいえるサイバーリスクが顕在化した場合にどのように対処するかについても、政府の介入も含め対策が必要であるという指摘があることも確認した。

そして、前記のような状況が、まさにサイバー攻撃のグレーゾーン事態における真骨頂とも言えるのではなかろうか。すなわち、サイバーリスクについての保険可能性について議論があり、サイバー攻撃による破局的損害の可能性を算入せねばならないために、保険料率が高騰し民間経済活動に付保が困難となる、または、そもそも保険可能性がないものと判断され付保が不可能となる、といった状況が発生するのではないか、というのが、筆者の懸念するところであることは、前述の通りである。そして、それはとりもなおさず経済活動の萎縮に直結することになろうから、それを避けるためには、ＴＲＩＡに見られるような政府の介入が必要になる場面が出てくることも十分考えられるであろう。

つまり、それは、サイバー攻撃による破局的な損害が発生した場合には、政府の介入なしには、社会的なリスク・コストの分担システムが機能不全を起こしてしまうということであり、そのような損害が外部経済化してしまうということを意味しよう。

これが、グレーゾーンにおけるサイバー攻撃の中長期にわたる経済的な影響の一断面であり、それを少しでも減殺するためにアメリカでとられている努力を、本稿で見てきたということになる。そして、サイバー攻撃により窃取される情報資産、金融資産だけが損害なのではなく、そのような損害からさらに生じる国家経済の基盤に対する中長期的な影響が、より深刻な損害なのではないか、というのがアメリカのサイバーセキュリティ戦略のメッセージであろう[89]と筆者は理解している。サイバー空間におけるグレーゾーン事態は、ローマによる包囲攻撃に言及しながら、経済制裁の重要性も説いた戦略家エドワード・ルトワックに倣えば[90]、二一世紀版の包囲攻撃とも言えるのではないか。それに対する日本の戦略も問われているということであろう。

そして、日本の戦略を検討するにあたって、アメリカの経験を参考にするとすれば、その一つとして、前述のＴＲＩＡが果たし得る役割をサイバーの文脈で検討してみることも有益ではないだろうか。ＴＲＩＡの内容については、すでにごく簡単に触れたが、アメリカ同時多発テロの発生を受け、損害保険の保険料が高騰し、甚だしい場合にはその販売が停止されたことを受け、アメリカ連邦政府が介入したものである。前述の通り、アメリカ同時多発テロまでは、テロ行為による損害はアメリカにおいてはごく稀と言ってもよい状況にあったわけであるが、アメリカ同時多発テロを受けて顕在化した問題点は、①それまでテロ行為による損害が少なかったため、将来の損害を予測するに充分な情報がなかったこと、②テロ行為は損害を極大化することを意図して行われるため、保険可能な偶発的事故ではないこと、③テロ行為による損害は地理的に集中することが多く、損害を広く社会的に分担することが困難であるため、保険会社の倒産可能性を高めること、などであった。

そのため、それまで一般的な損害保険約款において、テロ行為による損害については付保がなされていたにもかかわらず、再保険会社が再保険を縮小したり引き受けを停止したりした結果、保険市場は混乱に陥った。その状況を打開するために、アメリカ連邦政府が資金を提供して、テロ保険の提供を継続できる環境を維持することを目的とした立法がＴＲＩＡであった。これをサイバー保険の観点から考えると、前記の三つの問題点のうち、③を除いた①と②についてはサイバー保険の文脈にも当てはまるものとも考えられ、それは端的に前述の通りサイバー攻撃によるリスクを予測する、見積もることが困難である、というところからも理解されるところではないだろうか。

このような制度を創設し維持していくためには、政府レベルの予算措置が必要となることはもちろんである。そして、それはたとえば現在の日本の財政状況を考慮した場合、そもそも予算にかかる裁量の余地が小さく、実効性の確保に困難が伴う制度となってしまうかもしれない。しかしながら、最も重要なことは、サイバー攻撃の脅威による経済活動の萎縮を回避する、ということであろうから、民間セクターが経済活動を十全に行い得る環境を維持するために政府が予算措置をとることも、十分政策的理由があることであるとも考え得るであろう。そして、アメリカにおいては、そのような措置も政策的にあり得る選択肢として検討の俎上には載っていることも指摘して、本稿を終わりとしたい。

（1）　オーガスト・ベクエイ『コンピュータ犯罪との戦い』奥山甚一・吉成哲信訳、工学社、一九八〇年（原著Bequai, August. *Computer Crime*. Lexington Books, 1978）。著者はかなり早い時期から、経済犯罪やコンピューター犯罪を取り扱った論文を数多く発表しており、インターネット上の弁護士情報ウェブサイトなどによると、現在もバージニア州にて弁護士として活動中とのことであるが、現在専門とする分野は異なるようである。

（2）　本稿においては、コンピューターとコンピューターシステムへの侵入、乗っ取りなどの行為を、便宜上「ハッキング」と記すこととする。便宜上、というのは、「クラッキング」という用語の方が正確に意を伝えることができるのではないか、という説得的な議論があることは認識している一方、「ハッキング」という用語の方が、より広く使用されていると思われるためである。

（3）　サイバー空間で展開される「攻撃」または「害意のある行動」については、「サイバーテロ」、「サイバー攻撃」、「サイバー戦（争）」などいろいろな言葉が使われるが、法律的な観点からは厳密な定義を意識して使用されるべきものも多いので、本稿では最も不正確のそしりを逃れやすいであろう「サイバー攻撃」を、包括的概念を示すものとして使用している。

（4）　「サイバー空間」も、いわば「何となく」使用されることが多い外来語であるため、念のため語意を確認しておくと、「サイバー空間、またはサイバースペースとは、主にコンピュータやネットワークによって構築された仮想的な空間を指します。現在であれば、インターネットが代表的なサイバー空間だと言えます。」（NTTコミュニケーションズ「サイバー空間とは」『ICT Business Online』https://www.ntt.com/bizon/glossary/j-s/cyber-kukan.html）といったあたりが標準的な理解であろうか。アメリカ国立標準技術研究所（NIST）による定義もほぼ同様の記述となっている。（"A global domain within the information environment consisting of the interdependent network of information systems infrastructures including the Internet, telecommunications networks, computer systems, and embedded processors and controllers."〈"cyberspace" *COMPUTER SECURITY RESOURCE CENTER*, NIST, https://csrc.nist.gov/glossary/term/cyberspace.〉)

（5）ここに述べた前線と銃後とをはっきり区別することが困難となるという事態は、実はサイバー空間の出現以前にも観察されている。二〇世紀の二度にわたる世界大戦の時期に航空戦力が実用化され、それによって特に文民の居住地域や工業地帯などに対する戦略爆撃が行われるようになったために、そのような区別が困難となる事態が現出したことを想起されたい。

（6）本書においては、第一章、特にその第二節において、ハイブリッド戦の定義や態様について詳述されているので、ハイブリッド戦に関する詳細かつ包括的な説明についてはそこに譲ることとしたい。

（7）防衛省・自衛隊「第一章一、現在の安全保障環境の特徴」『令和4年版防衛白書』二〇二二年、https://www.mod.go.jp/j/press/wp/wp2022/html/n11001000.html。

（8）Jordan, Javier. "International Competition Below the Threshold of War: Toward a Theory of Gray Zone Conflict." *Journal of Strategic Security,* vol. 14, no. 1, 2020, pp. 1-24 at 2.

（9）Carment, David and Dani Belo. "War's Future: The Risks and Rewards of Grey-Zone Conflict and Hybrid Warfare." *Policy Paper,* Canadian Global Affairs Institute, October 2018, at 2.

（10）Hoffman, Frank G. *Conflict in the 21st Century: The Rise of Hybrid Wars.* Potomac Institute for Policy Studies, December 2007, at 14.　引用部分の訳は筆者による。

（11）慶応義塾大学の廣瀬陽子教授は、ロシアにおいてもハイブリッド戦概念が存在する一方、ハイブリッド戦（Гибридная война）という言葉自体はあまり使用されないと指摘している。廣瀬陽子『ハイブリッド戦争―ロシアの新しい国家戦略―』講談社現代新書、二〇二一年、三二頁。

（12）Carment and Belo, *supra* note 9.

（13）　Carment and Belo, *supra* note 9.

（14）　起訴状の例として、U.S. v. Wang Dong et al. (*See*, https://www.justice.gov/iso/opa/resources/5122014519132358461949.pdf)、U.S. v. Wu Zhiyong et al. (*See*, https://www.justice.gov/d9/press-releases/attachments/2020/02/10/wu_zhiyong_indictment.pdf) などがある。これらの事件は、いずれも中国人民解放軍の構成員がアメリカに存在するコンピューターシステムに侵入し情報を窃取した、という事実関係から複数の罪名でアメリカにおいて起訴されたものである。

（15）　近年の例を含めパブリック・アトリビューションを紹介したものとして、公安調査庁『サイバー空間における脅威の概況２０２２』二〇二二年、九頁以下。

（16）　パブリック・アトリビューションの概念自体も、論者によりその射程が異なるが、本稿においては紙幅の関係もあり、そういった議論があることを指摘するにとどめる。瀬戸崇志「国家のサイバー攻撃とパブリック・アトリビューション：ファイブ・アイズ諸国のアトリビューション連合とSolarWinds事案対応」『ＮＩＤＳコメンタリー』一七九号、防衛研究所、二〇二一年七月一五日、http://www.nids.mod.go.jp/publication/commentary/pdf/commentary179.pdf。

（17）　あえてくだけた韻を踏んだ表現であり、「名指しをすることで恥をかかせる」というのが直訳である。

（18）　Kaushik, Anushka. "Public attribution and its scope and efficacy as a policy tool in cyberspace." *Digital Frontiers*, Observer Research Foundation, 21 October 2019, https://www.orfonline.org/expert-speak/public-attribution-and-its-scope-and-efficacy-as-a-policy-tool-in-cyberspace-56826/.

（19）　*Id.*

（20）　*See generally*, Schweichler, Steven R. "Generating a Global Cyber Code of Conduct." *USAWC Civilian Research Project*, US Army War College, 1 April 2011, https://apps.dtic.mil/sti/pdfs/ADA565251.pdf; McCarthy, Thomas, and Alison Russell. "Roadmap for a Code of Conduct for Cyberspace." *Fletcher Security Review*, vol. 2, no. 2, September

2015, pp. 1-7.

（21）　Oh, Lionel. "The Bifurcation of International Cyber Norms: Navigating the Space In-Between." *Singapore Policy Journal*, HKS Student Journals, 26 January 2021, https://spj.hkspublications.org/2021/01/26/the-bifurcation-of-international-cyber-norms-navigating-the-space-in-between/; Dawda, Suneha. "Competing for the Middle Ground in Internet Governance." *Commentary*, The Royal United Services Institute for Defence and Security Studies, 22 June 2022, https://rusi.org/explore-our-research/publications/commentary/competing-middle-ground-internet-governance. また、ロシア・ウクライナ戦争開戦後に、サイバー・ガバナンスを超えて、より広い視野での二極化を論じたものとして、Lewis, James Andrew. *Global Governance after Ukraine*. Center for Strategic and International Studies, 1 March 2022, https://www.csis.org/analysis/global-governance-after-ukraine.

（22）　法律事務所に対するサイバー攻撃のうち被害が顕著であったものを中心に紹介したものとして、Arctic Wolf. *The Top 10 Legal Industry Cyber Attacks*. Arctic Wolf Networks Inc., 20 July 2023, https://arcticwolf.com/resources/blog/top-legal-industry-cyber-attacks/.

（23）　*Securities and Exchange Commission v. Iat Hong et al.* , NO. 16-CV-9947 (S.D.N.Y. filed Dec. 27, 2016)(https://www.sec.gov/litigation/litreleases/lr-23826) "Manhattan U.S. Attorney Announces Arrest Of Macau Resident And Unsealing Of Charges Against Three Individuals For Insider Trading Based On Information Hacked From Prominent U.S. Law Firms." *US Attorney's Office - Southern District of New York*, US Department of Justice, 27 December 2016, https://www.justice.gov/usao-sdny/pr/manhattan-us-attorney-announces-arrest-macau-resident-and-unsealing-charges-against; Security and Exchange Commission. "Chinese Traders Charged With Trading on Hacked Nonpublic Information Stolen From Two Law Firms." *Securities and Exchange Commission online*, 27 December 2016, https://www.sec.gov/news/press-release/2016-280.

（24）　いささか旧聞に属するが、国家情報長官、およびＣＩＡ、国家安全保障局（ＮＳＡ）、国防情報局（ＤＩＡ）、連邦捜査局（ＦＢＩ）、国家地理空間情報局（ＮＧＡ）の各長官が出席した上院の公聴会の記録が、この問題の全体像を理解するのに参考になる。"Open Hearing on Worldwide Threats, Hearing Before the Select Committee on Intelligence of the United States Senate, Senate Hrg, 115-278, 115th Congress, 2nd Session." *U.S. Government Information*, U.S. Government Publishing Office, 13 February 2018, full transcript available at https://www.govinfo.gov/content/pkg/CHRG-115shrg28947/pdf/CHRG-115shrg28947.pdf.

（25）　土屋大洋「米国におけるサイバーセキュリティ政策」『米国内政と外交における新展開』日本国際問題研究所、二〇一三年三月、一三五頁：出口雅史「サイバー攻撃に対する制裁の考察―オバマ政権の対朝、対中、対露制裁を中心に―」『中央大学社会科学研究所年報』二三号、二〇一九年九月、二九〇頁。

（26）　Sekara, Hunter. "A Look at the Computer Security Act of 1987." *TripWire Blog*, Fortra, 1 December 2020, https://www.tripwire.com/state-of-security/computer-security-act-of-1987; 同法とその関連情報については、"H.R. 145 - Computer Security Act of 1987." *Congress.GOV*, Library of Congress, https://www.congress.gov/bill/100th-congress/house-bill/145/text. を参照。

（27）　"PDD-63 - Critical Infrastructure Protection." Clinton Digital Library, 20 May 1998, https://clinton.presidentiallibraries.us/items/show/12762.

（28）　土屋、*supra* note 25、一三六頁。出口、*supra* note 25、二九〇～二九一頁。

（29）　*Defending America's Cyberspace - National Plan for Information Systems Protection.* Version1.0, The White House, January 2000, https://clintonwhitehouse4.archives.gov/media/pdf/npisp-execsummary-000105.pdf.

（30）　土屋、*supra* note 25、一三六頁。出口、*supra* note 25、二九一頁。

（31）　*The National Strategy to Secure Cyberspace.* The White House, February 2003, https://nsarchive.gwu.edu/sites/default/files/documents/2700096/Document-16.pdf.

（32）　出口、*supra* note 25、二九二～二九三頁。

(33) *The International Strategy for Cyberspace - Prosperity, Security and Openness in a Networked World.* The White House, May 2011, https://obamawhitehouse.archives.gov/sites/default/files/rss_viewer/international_strategy_for_cyberspace.pdf.

(34) "The Department of Defense Strategy for Operating in Cyberspace." The Department of Defense, July 2011, https://csrc.nist.gov/CSRC/media/Projects/ISPAB/documents/DOD-Strategy-for-Operating-in-Cyberspace.pdf.

(35) Office of the Press Secretary. *Presidential Policy Directive - Critical Infrastructure Security and Resilience (PPD-21).* The White House, 12 February 2013, https://obamawhitehouse.archives.gov/the-press-office/2013/02/12/presidential-policy-directive-critical-infrastructure-security-and-resil.

(36) Office of the Press Secretary. *Improving Critical Infrastructure Cybersecurity (Executive Order 13636).* The White House, 12 February 2013, https://obamawhitehouse.archives.gov/the-press-office/2013/02/12/executive-order-improving-critical-infrastructure-cybersecurity.

(37) これまで、ＰＰＰには「官民連携」という訳語をあててきているが、ここも含め本稿のいくつかの場所では「協働」という言葉もあてている。これは、ＰＰＰに含まれる"partnership"の語の語感を日本語に訳すことが難しいことによる。管見するところ、日本語における「連携」に比べると、当事者お互いに対する関与の度合いがより深いように感じられるＰＰＰの運用もあると思われるため、「連携」と「協働」の語が併用されていること、ご容赦いただければと願うものである。

(38) The Department of Homeland Security. *National Infrastructure Protection Plan 2013 -Partnering for Critical Infrastructure Security and Resilience.* Cybersecurity & Infrastructure Security Agency, 2013, https://www.cisa.gov/sites/default/files/2022-11/national-infrastructure-protection-plan-2013-508.pdf.

(39) *Critical Infrastructure Partnership Advisory Council (CIPAC).* Cybersecurity & Infrastructure Security Agency, https://www.cisa.gov/resources-tools/groups/critical-infrastructure-partnership-advisory-council-cipac.

(40) *Sector Coordinating Councils.* Cybersecurity & Infrastructure security Agency, https://www.cisa.gov/resources-tools/groups/sector-coordinating-councils.

(41) "S.2519 - National Cybersecurity Protection Act of 2014." *Congress.Gov,* Library of Congress, https://www.congress.gov/bill/113th-congress/senate-bill/2519.

(42) "S.754 - Cybersecurity Information Sharing Act (CISA)." *Congress.Gov,* Library of Congress, https://www.congress.gov/bill/114th-congress/senate-bill/754.

(43) 岩崎海「経済安全保障　重要インフラにおけるサイバーセキュリティに関する情報共有の在り方　セキュリティ・クリアランスを視点に」日本総合研究所、二〇二三年四月三日、https://www.jri.co.jp/page.jsp?id=104879。

(44) 政府の秘密情報が漏えいすることによる不利益を防ぐために、秘密情報を取り扱う人物等を事前に審査する仕組み（岩崎海「企業向け　経済安全保障におけるセキュリティクリアランスの活かし方」日本総研、二〇二二年六月二日、https://www.jri.co.jp/page.jsp?id=102813）

(45) 筆者による仮訳。原語は"National Cybersecurity and Communications Integration Center".

(46) *National Cyber Strategy of the United States of America.* The White House, September 2018, https://trumpwhitehouse.archives.gov/wp-content/uploads/2018/09/National-Cyber-Strategy.pdf.

(47) *National Security Strategy of the United States of America.* The White House, December 2017, https://trumpwhitehouse.archives.gov/wp-content/uploads/2017/12/NSS-Final-12-18-2017-0905.pdf.

(48)「柱」の意。

(49) Inzaurralde, Bastien. "The Cybersecurity 202: Trump administration seeks to project tougher stance in cyberspace with new strategy." *The Washington Post,* 21 September 2018, https://www.washingtonpost.com/news/powerpost/paloma/the-cybersecurity-202/2018/09/21/the-cybersecurity-202-trump-administration-seeks-to-project-tougher-stance-in-cyberspace-with-new-strategy/5ba3e85d1b326b7c8a8d158a/.

(50) Atkinson, Wade H. Jr "A Review of the Trump Administration's National Cyber Strategy: Need for Renewal and Rethinking of the Public-Private Partnership in U.S. National Security Policy." *Active Measures,* The Institute of World Politics, 22 October 2020, https://www.iwp.edu/active-measures/2020/10/22/a-review-of-the-trump-administrations-national-cyber-strategy-need-for-renewal-and-rethinking-of-the-public-private-partnership-in-u-s-national-security-policy/.

(51) "Cybersecurity and Infrastructure Security Agency Act of 2018, H.R. 3359, Pub.L. 115-278." *U.S. Government Information,* U.S. Government Publishing Office, 16 November 2018, https://www.govinfo.gov/content/pkg/PLAW-115publ278/pdf/PLAW-115publ278.pdf.

(52) Nakashima, Ellen. "White House authorizes 'offensive cyber operations' to deter foreign adversaries." *The Washington Post,* 20 September 2018, https://www.washingtonpost.com/world/national-security/trump-authorizes-offensive-cyber-operations-to-deter-foreign-adversaries-bolton-says/2018/09/20/b5880578-bd0b-11e8-b7d2-0773aa1e33da_story.html. Nakashima 記者の取材によると、"offensive cyber operations"とは、国際法上武力の行使に当たらないものをいう、とのことである。同覚書は機密文書指定がなされており、内容については公表されていない。Smalley, Suzanne. "Biden administration is studying whether to scale back Trump-era cyber authorities at DOD." *CYBERSCOOP,* Scoop News Group, 31 March 2022, https://cyberscoop.com/biden-trump-nspm-13-presidential-memo-cyber-command-white-house/.

(53) *Memorandum on Space Policy Directive-5–Cybersecurity Principles for Space Systems.* The White House, 4 September 2020, https://trumpwhitehouse.archives.gov/presidential-actions/memorandum-space-policy-directive-5-cybersecurity-principles-space-systems/.

(54) *The Artemis Accords.* National Aeronautics and Space Administration, 13 October 2020, https://assets.publishing.service.gov.uk/media/5f8726f8d3bf7f6334bd0599/Artemis_Accords_signed_13Oct2020_002_.pdf.

(55) *Executive Order on Improving the Nation's Cybersecurity.* The White House, 12 May 2021, https://www.whitehouse.gov/briefing-room/presidential-actions/2021/05/12/executive-order-on-improving-the-nations-cybersecurity/.

(56) *National Security Memorandum on Improving Cybersecurity for Critical Infrastructure Control Systems.* The White House, 28 July 2021, https://www.whitehouse.gov/briefing-room/statements-releases/2021/07/28/national-security-memorandum-on-improving-cybersecurity-for-critical-infrastructure-control-systems/.

(57) *National Cybersecurity Strategy.* The White House, 1 March 2023, https://www.whitehouse.gov/wp-content/uploads/2023/03/National-Cybersecurity-Strategy-2023.pdf.

(58) 田中絵麻、齋藤孝道「米国におけるサイバーセキュリティエコシステムの構成要素と政策展開」『明治大学国際日本学研究』一三巻一号、二〇二〇年、七七～九三頁。

(59) 英語では通常 "civil-military relationship" と「民」の方が先に言及されるが、日本語では「軍民」と呼びならわしているものと思われるので、あえて「民軍」とはしなかった。

(60) Shulman, Mark R. "Support and Defend: Civil-Military Relations in the Age of Obama." *Fordham International Law Journal,* vol. 35, 2012.

(61) Ackerman, Bruce. *The Decline and Fall of the American Republic.* Belknap Press, 2010. Ackerman と Mazur (*infra* note 62) の議論については、Shulman が手際よくまとめている通りである (*supra* note 60) が、ここで若干脱線することをお許し頂きたい。Shulman が述べる (*Id.* at p. 427) 通り、Ackerman の手になる本書のタイトルは、かのエドワード・ギボンの『ローマ帝国衰亡史 (*The History of the Decline and Fall of the Roman Empire*)』を意識したものであろうし、Ackerman 自身が本書の導入部分において、Arthur M. Schlesinger の *The Imperial Presidency* (複数の出版社から出版されているが、筆者は、Mariner Books による二〇〇四年出版のペーパーバックを参照した) に言及しつつ一九七〇年代以降の大統領について述べるあたり (*see e.g.* Ackerman, *supra,* at p. 5) にも、現在のアメリカの政治状況を古代ローマのそれ、特に共和制から帝政への移行期に重ねて議論していることは明らかであろう。もちろん、アメリカを古代ローマ帝国になぞらえる論者が、枚挙にいとまがないことは言うまでもない。Ackermanが"…the fall of the *Republic* is compatible with the continuation of American *empire*…"(*see, e.g., Id.,* at p. 10, 強調は筆者)と述べるあたり、アメリカ政治上の言説において"Republic"が背負う意味、そしてなぜRepublicが大文字で始まる固有名詞で、empireはそうではないのか、といったところを理解することが大切であろうことが痛感される。"republic"が「共和国」と訳されたことにより捨象されてしまった、*res publica*の語源的味わいの部分を十分に言語化する努力が追い付かないまま、自らの浅学を常日頃恥じている筆者としては、これらも、機会を得て十分に分析を試みたいと考えているアメリカ史の底流につながっているように感じられる。

(62) Mazur, Diane H. *A More Perfect Military: How the Constitution Can Make Our Military Stronger.* Oxford University Press, 2010.

(63) *supra* note 60, pp. 424-426.

(64) *See* e.g., *Id.* pp. 422-426.

(65) *Id.* p. 414.

(66) *Id.* pp. 442-444.

(67) ここで紹介したような軍民関係論は極論ではないかと思われる向きもあるかもしれないので、たとえば、もう一つの戦略産業分野と広く考えられているバイオ分野においても、類似の動きがあることを指摘しておきたい。保健福祉省の一部局に、災害やその他の公衆衛生上の緊急事態に対する対応をその任務とする戦略的準備・対応管理局(ASPR：Administration for Strategic Preparedness and Response)というものがあり、さらにその一部門として生物医学先端研究開発局(BARDA：Biomedical Advanced Research and Development Authority)がある。BARDAは①化学物質、生物、放射性物質、または核物質による事故、事件や攻撃、または②広域インフルエンザや新種の感染症など、によって生ずる緊急事態に対応するためのワクチン、薬品、療法、診断法を統合的組織的に開発する方法を提供することをその任務とする。そしてＢＡＲＤＡはその任務の遂行にあたり、民間のパートナー企業と協働することができるシステムとなっており、このような任務を付与されているため、ＢＡＲＤＡの開発プロジェクトは、安全保障上の脅威となる疫学的または医学的な問題に対する解決策を、民間企業と共に開発するというものとなっているものがほとんどである（*See generally*, https://aspr.hhs.gov/AboutASPR/ProgramOffices/BARDA/Pages/Doing-Business-with-BARDA.aspx）。たとえば、二〇〇四年七月二一日に開始され現在も継続中であるProject Bioshieldにおいては、その目的は、研究、治験、製造と購買のための複数年にわたる資金供与を民間企業に行うことで、国家安全保障にとっての重要性の非常に高い脅威に対する医学的解決策を開発していくことである。国家安全保障のための民間企業の動員というコンセプトは、ここにもみられるといえよう（https://aspr.hhs.gov/AboutASPR/ProgramOffices/BARDA/Pages/Project-Bioshield.aspx）。

（68）*See generally*, 林紘一郎、田川義博「サイバー攻撃の被害者である民間企業の対抗手段はどこまで可能か：日米比較を軸に」『情報セキュリティ総合科学』一〇号、二〇一八年一一月、https://www.iisec.ac.jp/proc/vol0010/hayashi-tagawa18.pdf。林と田川は「passive defense と offense 間のグレイ・ゾーンにある active cyber defense」（一頁）について積極的な論旨を展開するが、その過程でそれに伴う困難さも数多く的確に指摘する。

（69）Lobo-Guerrero, Luis. *Insuring War – Sovereignty, Security and Risk*. Routledge, 2012, p. 21. 一六五〇年代にロンドン市民の憩いの場として流行していたコーヒーハウスの一つを、エドワード・ロイドという人物がテムズ川沿いで始めたところ、そこに海運関係者が出入りするようになったのが、現在の保険市場または取引所としてのロイズ・オブ・ロンドンの源流である。初期ロイズにおける取引を活写したものとして、Herschaft, Jeremy A. "Not Your Average Coffee Shop: Lloyd's of London – A Twenty-First-Century Primer on the History. Structure, and Future of the Backbone of Marine Insurance." *Tulane Maritime Law Journal*, vol. 29, no. 2, Summer 2005.

（70）War and terrorism risk insurance, war and terrorism insurance, terrorism insurance などいろいろな呼称がある

ので、このように総称した。

（71）"H.R.3210 - Terrorism Risk Insurance Act of 2002." *Congress.Gov*, Library of Congress, https://www.congress.gov/bill/107th-congress/house-bill/3210. 二〇〇二年制定、その後複数回の延長を経て、二〇一九年に二〇二七年まで延長されている。

（72）*Id. Section 102(1)(a)(ii).*

（73）Patel, Nehal. "Cyber and TRIA: Expanding the Definition of an "Act of Terrorismto" Include Cyber Attacks." *Duke Law & Technology Review*, Duke University School of Law, vol. 19, February 2021, pp. 23-42, at 30.

（74）*Mondelez International, Inc. v. Zurich Insurance Company* , 2018 WL 4941760 (Ill.Cir.Ct., 2018) (Trial Pleading)

（75）*Merck v. Ace American Insurance Company* (475 N.J.Super. 420, 293 A.3d 535, 2023(2023))

（76）Martin, Alexander. "Mondelez and Zurich reach settlement in NotPetya cyberattack insurance suit." *The Record*, Recorded Future News, 31 October 2022, https://therecord.media/mondelez-and-zurich-reach-settlement-in-notpetya-cyberattack-insurance-suit.

（77）*Supra* note 75, at p.3. 該当箇所英文原文を以下に掲げる。

"1) Loss or damage caused by hostile or warlike action in time of peace or war, including action in hindering, combating, or defend.ng against an actual, impending, or expected attack:

a) by any government or sovereign power (de jure or de facto) or by any authority maintaining or using military, naval cr air forces;

b) or by military, naval, or air forces;

c) or by an agent cf such government, power, authority or forces;

This policy does not insure against loss or damage caused by or resulting from Exclusions A., B., or C., regardless of any other cause or event contributing concurrently or in any other sequence to the loss."

（78）文字通り邦訳すれば、「戦争除外条項」であるが、保険業界の用語としては「戦争免責条項」が一般的であるので、本稿においても「戦争免責条項」を用いる。

（79）*Supra* note 75, p. 8 *et seq.*

（80）*Id.* p. 6 *et seq.* このように、約款条項が複数の解釈を許すものであった場合、それは、約款を準備した当事者である保険者に対して厳格に解釈される、とする法理を *contra proferentem* の法理という。

（81）テロ、戦争、金融危機のような社会経済的リスクは、人為的あるいは政治的原因で巨大な規模の損害が発生し得るため保険の対象とすることが難しいとされる。堀田一吉『現代リスクと保険理論』東洋経済新報社、二〇一四年。

（82）Patel, *supra* note 73, at pp. 24-26.

（83）Webel, Baird. “The Terrorism Risk Insurance Act (TRIA)” *Congressional Research Service*, Library of Congress, updated 10 February 2022, https://crsreports.congress.gov/product/pdf/IF/IF11090/5.

（84）Patel, *supra* note 73, p. 29 et seq.

（85）Abraham, Kenneth S., and Daniel Schwarcz. “Courting Disaster: The Underappreciated Risk of a Cyber Insurance Catastrophe.” *Connecticut Insurance Law Journal*, vol. 27, no. 2, Spring 2021, pp. 407-473.

（86）Kashyap, Ashwin. “Underestimating Volatility in the Cyber Insurance Market.” *MarshMcLennan*, Marsh & McLennan Companies, Inc., https://www.marshmclennan.com/insights/publications/2018/sep/underestimating-volatility-in-the-cyber-insurance-market.html.

（87）“Terrorism Risk Insurance Act (TRIA).” *Center for Insurance Policy and Research*, National Association of Insurance Commissioners, last updated 26 January 2023, https://content.naic.org/cipr-topics/terrorism-risk-insurance-act-tria.

（88）たとえば、アメリカ・カリフォルニア州に本社のある Cowbell Cyber, Inc. (https://cowbell.insure/) は、顧客ベースを中小企業に特化した、“Adaptive Cyber Insurance” を提供している。（*Adaptive Cyber Insurance*. Cowbell

Cyber Inc., September 2022, https://cowbell.insure/wp-content/uploads/2022/09/Cowbell-Adaptive-Cyber-Insurance.pdf）これは、サイバーリスクに関するビッグデータを分析し、サイバー空間における脅威の状況や被保険者のリスクの状況などを頻繁にアップデートすることで、現在年度ごとに行われている保険約款の見直しをより頻繁に行い、適正な付保の条件を適時に設定していく、というものである。（Lunden, Ingrid. "Cowbell raises $100M to build out its AI-based cyber insurance platform for SMBs." *TechCrunch*, Yahoo, 15 March 2022, https://techcrunch.com/2022/03/15/cowbell-raises-100m-to-build-out-its-ai-based-cyber-insurance-platform-for-smbs/.）。イングリッド・ルンデン氏のこの記事は、同社の革新的なアプローチについて簡潔な要約を行っている。

（89）*See, e.g. supra* note 57, *National Cybersecurity Strategy*. そこで多用される "digital ecosystem"、"human prosperity" といった語が、どのような文脈で使用されているかに注目したい。

（90）Luttwak, Edward N. "Toward Post-Heroic Warfare." *Foreign Affairs*, vol. 74, no. 3, May/June 1995, pp. 109-122.

第三章　サイバー領域の安全保障様相と法的課題

第一節　サイバー領域の安全保障と法的課題

研究会事務局

はじめに

本節では、「サイバー等新領域安全保障の法的課題研究会」での委員間の議論に基づき、研究会事務局でサイバー領域の安全保障に関わる法的課題を整理した。

一　サイバー領域の安全保障

1　平時における国家が関与するサイバー攻撃の増加

近年、サイバー空間では、国家間の対立を背景に、平時においても国家が関与するサイバー攻撃が増加している。サイバー空間は、国家の戦略目的を達成し、意思を表示する場として国家により利用され始めている。国家が国益を実現する手段としてサイバー攻撃という方法を用い始めたのは、二〇〇七年のバルト三国への攻撃の事例にさかのぼる。

国家が関与するサイバー攻撃の深刻度は、二〇一五年以降烈度を増し、さらに、国家の意思決定プロセスを標的として、民主主義を脅かすような情報操作型のサイバー攻撃を行う国が出てきたことから、もはやサイバーセキュリティを民間のセキュリティ技術のみで乗り切ることができないとの認識が各国で醸成されている。そのため、国家が主導する形で能動的サイバー防御（ACD、アクティブ・サイバー・ディフェンス）を取り入れる動きが出てきている。(1)

2　サイバー領域の我が国の安全保障政策の方向性と能動的サイバー防御（ACD）

ACDとは、リアルタイムで攻撃を検知、分析し、ネットワークや国の境界を越えた対策の積極的な使用を組み合わせて、ネットワーク・セキュリティ侵害を軽減することと定義できる。

今我が国では、サイバー領域の安全保障を確保するために、ACDを用いた安全保障政策が模索されている。二〇二二年一二月一六日に閣議決定された「国家安全保障戦略」をはじめとする「安保三文書」では、サイバー安全保障分野でACDが採用された。

3　サイバー領域の安全保障で必要となる国内法上・体制上の課題

我が国においてサイバー課報を超えてACDを行うためには、いわゆるデ・ミニミス（*de minimis*：

法があえて非難しないレベルの最低限の行為）の理屈で説明ができないことが考えられるので、国際法上の合法性の確認が必要である。さらに、それに整合した国内法の整備も必要である[2]。

ＡＣＤ実施にあたり課題となるのが、諸外国に比べて遅れている我が国の法整備である。たとえば、サイバー攻撃の有無を検知するための「攻撃の監視」では、サイバー領域の通信を傍受・記録して、攻撃の痕跡がないかを確認する必要がある。また、サイバー攻撃による事象が発生すれば、過去にさかのぼって通信記録を調べる必要も出てくる。実空間であれば、領空侵犯監視のように、外国から侵犯がないか監視体制をとるのは国の責務となっているが、我が国では、サイバー領域におけるこのような外国からの通信監視は認められていない。日本では「通信の秘密」が全ての通信に適用されるからである。

米英仏などの主要国では、自国内の自国民の間の通信は保護されるが、海外との越境通信の監視・傍受は「国家安全保障」の観点から、行政権限として認められている。外国人の「通信の秘密」の権利よりも「国家安全保障」上の「公共の福祉」が優先されるという考えからである。さらに、欧米などでは独立委員会や裁判所が行政府による傍受の行き過ぎを監視するセーフティネットも整備されている。

また、「攻撃者の特定」を行うためには、通信記録の解析のみならず通信を遡及して発信元を探知する必要が出てくる。いわゆる逆探知・逆侵入にあたる行為である。これには、第三者のサーバーにも侵入して、通信記録をさかのぼり、攻撃源までたどり着く必要がある。また、攻撃者を特定するためには、最終的に攻撃源のネットワークやコンピューターへの逆侵入も不可欠になる。これらの行為も、「不正アクセス禁止法」や刑法第一六一条の二の電磁的記録不正作出及び供用、刑法第一六八条の二の不正指令電磁的記録作成などに抵触する可能性があり、日本では政府機関が実施することはできないとされている。

しかし、諸外国では、「国家安全保障」「インテリジェンス」の公益のために認められている行為であり、アメリカでは大統領令12333や外国情報監視法（FISA）、イギリスでは二〇一六年調査権限法、フランスでは国内安全法典によって、このような行為の法的根拠が整備されている。

ACDで実施される「サイバー攻撃への対応措置」は、他国による国際法上の義務違反への反応として国家が有する権限（参考：『タリン・マニュアル2・0』[3]規則20）の範疇で行われると考えられ、安全保障上深刻なサイバー事案に対して、攻撃者に政治的コストを課し、攻撃を止めさせ、二度と攻撃させないようにするために必要な抑止のための措置と考えられている。

技術的な対応措置の一環として、攻撃側のアセットやシステムの破壊・停止などの対応も必要となる場合がある。このような行為は、我が国では、刑法第二三四条の二の電子計算機損壊等業務妨害や刑法第二六一条の器物損壊などに抵触する可能性があり、政府機関が行う場合には、法令行為および正当業務行為として規定する必要がある。

諸外国ではACDに不可欠な措置として法的整備・体制整備が行われている。たとえばフランスでは、国内安全法典に基づき、フランス軍およびサイバーセキュリティ担当機関である国家情報システムセキュリティ庁（ANSSI）がACDを実行している。アメリカでも、大統領令13636に基づく国土安全保障省（DHS）の措置や合衆国法典第五〇編と国防授権法に基づく軍による措置を通じてACDが行われている。

日本では現在、安全保障上の懸念を生じさせる重大なサイバー攻撃について、未然に攻撃者のサーバーなどへの侵入・無害化ができるよう、包括的な法整備・体制整備が進められており、二〇二三年一月には、内閣官房にサイバー安全保障体制整備準備室が立ち上げられた。サイバー安全保障の確保には、今まで述べてきたような様々な国内法上の課題の整理や法整備と共に、国際法上の合法性の確認を不断に行う必要がある。

二　サイバー領域の安全保障における法的課題

1　サイバー領域の安全保障の国内法上の課題

(1)　情報収集に伴う通信傍受やメタ・データの収集

論点◉サイバー防衛のため、情報収集に伴う通信傍受を行うことは可能か。

ACDに伴う情報収集（通信傍受）の実施は、国内的には公共の福祉による権利制約が現在は唯一の法理となる。平時においても、トラフィック・データおよびメタ・データの通信傍受は、我が国のサイバー安全保障の確保という社会全体の利益のために必要と考えられる。通信傍受は憲法第二一条との兼ね合いが指摘されるが、外国のサイバー攻撃から我が国の安全保障を守る目的であれば、公共の福祉のためであるので、一定の条件下で認められる余地があると考えられる。

アメリカでは判例法主義で、犯罪捜査を目的とした国内の通信傍受（司法傍受）については、犯罪と刑事手続きにおける司法傍受を定めた、通称アルカポネの盗聴法（アメリカ法Title 18 Chapter 119）[4]で私権の制限については風穴が開いており、実施できるようになっている。また、安全保障目的の通信傍受（行政傍受）については、合衆国憲法第二編第一節（大統領の執行権）を法的根拠として、国家安全保障目的で広く通信傍受、メタ・データの収集が認められている。安全保障目的の通信傍受のうち、通信事業者の協力を得てインテリジェンス機関が行う傍受は、ＦＩＳＡを根拠として実施されているが、外国人と外国勢力に関係する者に対する傍受のみが認められている。

（2）　平時からのサイバー空間の警戒監視・情報収集の法的根拠

論点◉平時からの自衛隊のサイバー空間での警戒監視・情報収集をどのような法的根拠で行うことができるか。

通信傍受に関しては、国際法上は国際電気通信連合憲章第四八条で、軍用設備について完全な自由を保有するとされており、軍隊は通信傍受を行えると解釈されている。

軍隊であれば国際法上は通信傍受を行う根拠がある。自衛隊は国際法上の軍隊であるが、自衛隊の国内法上の位置付けとの整合について多くの課題がある。

一九八三年の大韓航空機撃墜事件では、自衛隊による通信傍受の内容が公開されたが、電波法第五九条が国会で問題となった。電波法第五九条について、自衛隊による通信傍受を正当業務行為としてきちんと位置付ける必要がある。

（3）平時・グレーゾーンにおける自衛隊のサイバー活動の法的根拠

論点◉サイバー防衛のため、平時・グレーゾーンにおいて、どのような法的根拠をもって、自衛隊がサイバー活動を行うことができるか。

平時・グレーゾーンにおけるサイバー活動については、国内法上の制約があるが、危機の進行の過程で、どの時点から適用除外にするのか、あらかじめ緊急事態を想定して法改正するのは難しい。したがって、緊急事態法を制定するか、自衛隊法などにおいて適用除外とするかなどの工夫が必要である。

（4）グレーゾーン事態などにおける自衛隊による対応措置の国内法的根拠

論点◉グレーゾーン事態などにおいて、自衛隊によるサイバー空間での対応措置を、自衛隊法第九五条の規定を根拠として行うことができるか。

自衛隊法第九五条（武器等の防護のための武器の使用）における「有線電気通信設備、無線設備の職務上の警護するに当たり〔…〕、その事態に応じ合理的に必要と判断される限度で武器を使用することができる」という規定を、法的根拠にするのは一つの案ではある。ドイツでも同じ議論があり、軍隊固有のインフラへの攻撃に対して反撃することは、防衛機能を維持するための行動であり、防衛任務から当然に派生すると考えられている。自衛隊は、自身のＩＴインフラを防護するため何らかの措置をとる権限はあると解釈できる。

ただし、この第九五条では、通信関係設備の防護は議論できるが、自衛隊によるサイバー空間での対応措置について、この条文を根拠とするのは弱いと思われる。第九五条は他に手段がない場合のみ適用可能で、警察比例の原則（目的達成に際し複数の手段がある場合、最も侵害的でない手段を選択しなければならない）に従うなどの限界がある。また、民間インフラの防護については、自衛隊法の範疇外であるので、別途、根拠条文の検討が必要となると思われる。

(5) 平時のサイバー攻撃への反撃

論点◉自衛隊の通信施設へのサイバー攻撃に関しては、自衛隊法第九五条の三を用いて対応措置は可能か。

自衛隊の施設がサイバー攻撃を受けた場合には、自衛隊施設に対するサイバー攻撃への対応措置を自衛隊施設内から実施することについて、第九五条の三（自衛隊の施設の警護のための武器の使用）の規定適用を検討する余地はある。

(6) サイバー空間における「武器」の定義

論点◉サイバー空間における武器の定義をどう考えるべきか。

北大西洋条約機構（NATO）でも軍の機能を維持するために民間の脆弱性を排除することが必要となっている。サイバー空間をはじめとしたグローバルコモンズ（国際公共財）では、武器の考え方、武器使用の考え方を変えた方が良いのではないか。

現状はキネティック（物理的）な武器が前提として議論されており、サイバーについては、武器の定義から考える必要がある。

武器の使用については、安保法制の議論の際の答弁もあり、サイバー攻撃も解釈で含めることは可能であるが、あまり拡大解釈すべきではない。

(7) 平時・グレーゾーンにおけるランサムウェア(身代金要求型)の扱い

論点◉平時・グレーゾーンにおけるランサムウェアを装ったサイバー攻撃にどう対処するか。

ランサムウェアは、現象面としては犯罪だが、実体面では石油供給や食糧供給の停滞につながり、アメリカでは安全保障上の問題として二〇二一年に起きたコロニアル・パイプライン社へのサイバー攻撃事案に対処した。アメリカを攻撃したランサムウェアは主にロシア語圏から来ており、犯罪グループとロシアの情報機関のつながりが想定される。実体面では、ランサムウェアという体裁ながらも重要インフラの弱体化につながっており、安全保障問題に直結している。こうした点は、法的枠組み制定の遅れがあると言える。また、平時・グレーゾーンとしては、ランサムウェアは便利に使われる可能性がある。摘発されたら単なる犯罪と言い逃れができ、有事の際には重要インフラを機能停止させるにも有効な手法である。平時の偵察行為が有事の攻撃の準備行為となっている側面もある。

ランサムウェアに関しては、議論を整理する必要がある。北大西洋条約第三条には民間部門の抗堪性(レジリエンス)に関する義務規定がある。ランサムウェアが重要インフラの機能停止をするような事態になれば、平時ではなく、グレーゾーンとして対処すべきである。

半導体技術などをランサムウェアで狙うといった、特許出願前の情報、知財窃取もまた問題である。安全保障に関わる軍民両用（デュアルユース）技術などの窃取は対策を講じる必要がある。そういった意味でも、ランサムウェアは経済戦争のツールと考え、対処すべきである。

2　サイバー領域の安全保障の国際法上の課題

(1)　サイバー領域に関する用語の使用に関する課題

論点◉サイバー領域に関する国際法上の議論での大きな課題は何か。

国際法上の議論をする上で、用語の使い方を国内で整理すべきである。国際法上は、攻撃とは武力攻撃を示すため、「サイバー攻撃」という語を武力行使、武力行使未満まで含めて使うと混乱が起きる。「サイバー活動」や「サイバー手段（Cyber Means）」といった用語が想定されるが、この点はきちんと議論すべきである。さらに、いわゆるグレーゾーンという言葉が安全保障を議論する際に頻繁に使われるが、いわゆるグレーゾーンにおいては、国際法上または国内法上のどの規則を適用するかについてすぐには判断できない場合がある。グレーゾーンの定義や内容について、専門家で冷静な議論をすると共に、国民に対する十分な説明が望まれる。

(2) 国家の関与するサイバー攻撃への国際法上の責任追及

論点◉国家が関与するサイバー攻撃について、国際法上の責任を追及するための要件は何か。

国家が関与するサイバー攻撃について、国際法上の責任を追及するためには、国家によって行われたことを明らかにする必要がある(参考:『タリン・マニュアル2・0』規則14、15)。民間人(私人)の(サイバー攻撃)行為であっても、国家への帰属が明らかであれば、国際法上の責任を負わせることは可能である(参考:『タリン・マニュアル2・0』規則17)。

また、国家が関与するサイバー攻撃の被害国は、国際法上の「報復(retorsion)」に加えて一定の条件の下で国際法上の対抗措置などを講じることが可能である(参考:『タリン・マニュアル2・0』規則20)。

(3) サイバー反撃の国際法上の根拠(対抗措置)

論点◉平時・グレーゾーン事態などにおけるサイバー対応措置に関して、どのような国際法上の根拠が必要となるか。

武力攻撃未満のサイバー攻撃を止めさせるための措置が、攻撃国の領域内のシステムないし国外に向けて行われる場合、国際法上の違法性阻却事由が必要となる。

国際法上の違法性阻却事由については、合意を除き主に対抗措置と緊急避難の二つの可能性がある（参考：『タリン・マニュアル2・0』規則19）。国家責任条文や国際判例からは、対抗措置および緊急避難共に武力の行使を伴ってはならないと解釈されている。

（4）サイバー攻撃への文民・民間企業の参加と保護

論点◉グレーゾーン・武力紛争時において、サイバー攻撃に文民や民間契約企業が参加した場合の国際法上の論点は何か。

サイバー戦では、文民・民間企業も攻撃に関与する場合が考えられる。初期侵入のための脆弱性探知や侵入、相手側操作のツールなど、民間企業のツールを利用する場合があり、ツール使用に際し、民間企業の技術者が参画することが想定される。国際人道法上では、敵対行為に直接参加した場合、攻撃からの免除を失い正当な軍事目標となる。さらにこのような敵対行為参加文民は、敵に拘束されても捕虜待遇は与えられず、敵対行為参加を理由に敵国内国刑法により処罰される。現状では、どこまでが敵対行為なのか、直接参加なのか、不都合な結果が発生しないように、法的に詰めておく必要がある。あるいは民間の技術者などを予備自衛官として任用すれば、一九七七年のジュネーヴ諸条約第一追加議定書上の軍隊構成員として扱うことが可能となり、前述のような問題は回避できる。

諸外国では、軍と一体化した民間軍事企業の形態がある。サイバー戦における民間の協力に関しては、平素からその形態を検討しておく必要がある。

(5) 平時・グレーゾーンの外国に対する安全保障上の警戒監視・情報収集と国際法

論点◉サイバー防衛のため、平時・グレーゾーン事態において、外国に対する安全保障上の警戒監視・情報収集は国際法的にどう位置付けられるか。

論点◉また、外国に対する警戒監視・情報収集として、どのような行為であれば認められるか。

『タリン・マニュアル2・0』規則32に書かれているように、平時の国家によるサイバー諜報について、それ自体は国際法に違反せず、外国に対するサイバー諜報活動は認められる。したがって相手国の主権侵害ないし不干渉義務違反に該当しなければ、情報収集自体は可能である。多くの国の内国刑法は外国による諜報活動を処罰対象としているが、そのことは必ずしも国際法上の禁止を意味しない。

(6) 平時・グレーゾーンにおける警察権による活動と国際法

論点◉自国領域外の警察権による活動は、どのような要件であれば認められるか。

宇宙航空研究開発機構（JAXA）へのサイバー攻撃について、二〇二一年に日本の警察庁は中国共産党員を書類送検したが、我が国へのサイバー攻撃も犯罪の一環としてみれば、司法共助などの他国警察機関との協力の他に、当該国の同意があれば、域外執行管轄権を行使する余地があると考えられる。

法執行機関などの域外執行管轄権については、『タリン・マニュアル2・0』規則11で、外国政府からの有効な同意があれば域外執行管轄権を行使できるという規定がある。また、ランサムウェアの摘発は司法共助の中で犯罪組織を追い込んでいる。実際面では警察権の行使を活用する可能性はある。

（7）攻撃者特定のためのハックバック（逆侵入）などの実施と国際法

論点◉サイバー攻撃の帰属（アトリビューション）の特定のため、ハックバックなどの逆侵入を自国領域外で行うことは可能か。

自国領域以外のサーバーへの逆侵入、踏み台として利用された第三者のサーバーへの侵入が可能かどうかは、国際法上の要件について、慎重な議論が必要である。

(8) 平時・グレーゾーンのサイバー攻撃への反撃と国際法

論点◉平時・グレーゾーン事態などにおける対応措置としてのサイバー反撃(counter-operations)に関して、どのような国際法上の課題があるか。

国際法上の一般原則として、国家は、他国による国際法上の義務違反への反応として、対抗措置(性質上サイバーであるか否かを問わない)をとる権限を有する(参考:『タリン・マニュアル2・0』規則20)、と考えられており、平時であっても、他国によるサイバー攻撃が国際法上の義務違反となる場合には、サイバー反撃を含む対抗措置を行うことが可能と考えられる。

ただし、その場合にも、比例原則が適応されるため、サイバー攻撃による被害との均衡がとれた対応措置の範囲内に限られると考えられる(参考:『タリン・マニュアル2・0』規則23)。

また、日本政府も、国際違法行為に対して対抗措置をとることは、国際法上認められているとの立場を取っている。

(9)　平時・グレーゾーンのサイバー攻撃への反撃と国際法(対抗措置)

論点◉平時・グレーゾーン事態などにおいて、サイバー反撃などの国際法上の対抗措置を実施する場合、どのような留意点があるか。

攻撃国側は、自身の行うサイバー攻撃を犯罪グループによるものとして偽装する可能性がある。偽装があった場合でも、国際法上は攻撃主体の国への帰属が対抗措置の前提条件である。その他の対抗措置の要件として、『タリン・マニュアル2・0』の規則21「対抗措置の目的」、規則22「対抗措置に関する制限」、規則23「対抗措置の均衡性」、規則25「対抗措置の第三者に対する影響」などに留意する必要がある。

(10)　平時・グレーゾーンのサイバー攻撃への反撃と国際法(緊急避難)

論点◉平時・グレーゾーン事態などにおいて、緊急避難としてのサイバー反撃などの措置をとる場合、どのような留意点があるか。

『タリン・マニュアル2・0』では、規則26「緊急避難」で、国家の根本的な利益に対する重大で差し迫った危険を示す行為への反応として、唯一の手段である場合に限り、緊急避難を理由として国家は行動することができると規定されている。

非国家主体によるサイバー攻撃に対して、被害国がハックバックやテイクダウン（停止措置）をする場合、それらの措置が国際法上の緊急避難として違法性が阻却されるかどうかという問題がある。

(11)　サイバー攻撃への自衛権行使・国際法上の対抗措置による反撃

論点◉サイバー攻撃に対して、自衛権ないし国際法上の対抗措置をとる場合、どのような対応になるか。

武力攻撃となるサイバー攻撃であれば、自衛権で反撃でき、必要性と均衡性から、キネティックな反撃も問題ない。武力攻撃未満で武力行使にあたるサイバー攻撃の場合は、武力行使に至らない国際法上の対抗措置しかとることができないといわれている。武力行使未満レベルのサイバー攻撃に対しても当然武力行使に至らない国際法上の対抗措置しかできない。サイバー攻撃でインフラに物理的損害があったとしても、武力行使としては対応できない。

サイバー攻撃がその後の軍事作戦の一部である場合、サイバー攻撃のレベルが武力行使以下であっても、全体の軍事作戦が武力攻撃に該当する場合には、自衛権の発動が可能と考える。

論点◉国際法上の対抗措置実施のため、ハックバックなどの逆侵入を行うことは可能か。

一般的には、国際法上の対抗措置を実施する場合、ハックバックを対抗措置として特に禁ずるものはないと思われる。

ただし、アトリビューションの特定が直ちに行えない場合、またそのアトリビューションが不正確である場合には、注意が必要である。

論点◉サイバー攻撃に対して、マルチドメイン（複数領域）で、自衛権ないし国際法上の対抗措置をとる場合、どのような対応になるか。

マルチドメイン、マルチオペレーションの考え方の下では、武力攻撃となるサイバー攻撃にはサイバー攻撃のみの反撃ではなく、マルチドメインの反撃となる。ノンキネティック（非物理的）な攻撃に対して、ミサイルなどのキネティックな反撃もあり得る。『タリン・マニュアル』などで言及されている均衡性の問題を、こうしたキネティック／ノンキネティックの問題ではどう考えるべきかが課題である。また、諸外国ではマルチドメインによる対応をとりえても、日本では難しいという議論もあり、今後さらなる検討が必要である。

⑿　サイバー攻撃対応のための通信遮断の実施と国際法

論点◉サイバー攻撃に対応するため、国際法を根拠として、国内の通信遮断の実施は可能か。

国際電気通信連合憲章では、構成国には国内法令上の制限を受けるものの、安全保障を害する通信の伝送を停止する権利が認められている。ＤＤｏＳ攻撃などのサイバー攻撃に対して、通信事業法などの国内法を整備すれば、国内の通信遮断は可能と考えられる。また、『タリン・マニュアル２・０』規則62でも、国家は自国を通過する通信業務を停止することができるとされており、安全保障や公序良俗に反する通信の停止は、実施可能である。

⒀　サイバー攻撃への対応措置と集団的自衛権

論点◉サイバー攻撃への対応措置として集団的自衛権はどのように整理し得るか。

武力攻撃となるサイバー攻撃に関する集団的自衛権として、『タリン・マニュアル２・０』規則74は、自衛権は集団的に行使することができる、と規定している。サイバー攻撃が従来の武力攻撃と同等の破壊、損害規模のものであれば、それは武力攻撃事態と認定し得るし、日米安全保障条約上の共同防衛義務の対象となる。

『タリン・マニュアル2・0』規則24では、被害国のみが対抗措置をとれるとなっているので、重要インフラがサイバー攻撃を受けたような事態でも集団的自衛権を行使できる要件未満の状況となることはある。ただし、エストニアでの事例のように、同盟国、有志国がサイバー防衛上の技術的な援助をすることは可能と考えられる。

(14)　サイバー攻撃への集団的自衛権に基づく対応措置の日米安保上の課題

日本の電力インフラが攻撃を受け全域停電(ブラックアウト)した場合、在日アメリカ軍も被害を受ける。この場合、日本だけでなく在日アメリカ軍も合理的な被害を受けたとして、間接的な被害でアメリカが対応措置をとることが可能性としてはあり得る。

アメリカは武力攻撃と武力行使をほぼ同一視しており、自衛権で反撃すると明言している。この点、日米安保に関わる問題として、日米で解釈が違ってしまい、アメリカが自衛権で処理すると解釈した事案に対し、日本が支援できない可能性が出てくる。今後、個別具体的な事例を元に、サイバー分野の集団的自衛権に関する整理を急ぐ必要があり、日米での解釈の擦り合わせも必要である。

(1)　大澤淳「認知領域に対する情報操作型サイバー攻撃(情報戦)の脅威—民主主義を脅かすディスインフォメーション—」『治安フォーラム』二八巻一一号、二〇二二年九月、四九〜五八頁。

(2)　以下の記述は下記による。佐藤謙、大澤淳「激化するサイバー戦に無力の日本 法と体制整備を急げ」

『Wedge』三四巻八号、二〇二二年八月、四三〜四五頁。

（3）ＮＡＴＯサイバー防衛センターが公表した、サイバー攻撃に関する国際法のルールについて国際法学者や実務家によりまとめられた学説集。英語原文は Schmitt, Michael N., ed. *Tallinn Manual 2.0 on the International Law Applicable to Cyber Operations.* Cambridge University Press, 2017。本書では、日本語訳（中谷和弘、河野桂子、黒﨑将広『サイバー攻撃の国際法―タリン・マニュアル２・０の解説【増補版】―』信山社、二〇二三年）から引用し、三六五頁の参考資料に本文で引用している各規則を掲載している。

（4）"18 U.S. Code Chapter 119 - WIRE AND ELECTRONIC COMMUNICATIONS INTERCEPTION AND INTERCEPTION OF ORAL COMMUNICATIONS." *Legal Information Institute*, Cornell Law School, https://www.law.cornell.edu/uscode/text/18/part-I/chapter-119.

第二節　サイバー攻撃対処をめぐる諸課題

住田和明

はじめに

サイバーという仮想空間における戦いは、戦場というリアルな物理空間で行われていたこれまでの戦闘様相とはまったく異なっており、国際法の適用のあり方などについても基本的な部分について国際社会の意見に隔たりがある(1)。

二〇二二年二月二四日に始まったロシア・ウクライナ戦争では、ウクライナは侵攻前から厳しいサイバー攻撃に晒され、二〇二三年一〇月現在もサイバー空間での激しい攻防が繰り広げられている。このような情勢の中、二〇二二年一二月に我が国の国家安全保障の基本方針である新しい「国家安全保障戦略」が策定された。能動的サイバー防御（ACD）をはじめサイバー空間に関する取り組みも数多く盛り込まれ、政府としての意気込みが感じられる。他方、同時に策定された「国家防衛戦略」、「防衛力整備計画」と並べてみるとやや温度差がある。これまで防衛省・自衛隊が行うサイバー空間での活動は主として武力攻撃事態を念頭に置き、防護対象は自衛隊のシステムであったこと、現行の法律や権限、予算に基づく対応となっていることなどから、新しく意欲的な方針を打ち出した国家安全保障戦略との時間差が出ているのであろう。防衛省・自衛隊が行うＡＣＤについても、できるだけ早く新しい方針に基づいた法律や体制などの制度を整備し、政府全体での取り組みと連携して運用能力を高めることが急務である。

ここでは、サイバー攻撃の対処に当たり、いかなる壁が立ちはだかり、いかに乗り越えるのか、といった観点から、我が国が直面するサイバー攻撃の様相を概観し、国家安全保障戦略などが目指す取り組みと諸課題について考察する。

一　サイバー攻撃の様相

1　現代戦におけるサイバー攻撃

一口にサイバー攻撃と言っても、情報通信ネットワークや情報システムなどの悪用により、サイバー空間を経由して行われる不正侵入、情報の窃取、改ざんや破壊、情報システムの作動停止や誤作動、不正プログラムの実行やＤＤｏＳ攻撃(2)など、その態様は複雑である。国家安全保障戦略においては、相対的に露見するリスクが低く、攻撃者側が優位にあるサイバー攻撃の脅威は急速に高まっており、サイバー攻撃による重要インフラの機能停止や破壊、他国の選挙への干渉、身代金の要求、機微情報の窃取などは平素から行われているとし、武力攻撃の前から偽情報の拡散などを通じた情報戦が展開され、軍事的な手段と非軍事的な手段を組み合わせるハイブリッド戦が、今後さらに洗練された形で実施される可能性が高いと指摘している。最近の厳しい安全保障環境を踏まえると、サイバー攻撃はグレーゾーン事態において活発に行われる可能性が高く、攻撃者は武力攻撃事態に至らない状態を維持させながら、ハイブリッド戦を仕掛けてくる可能性が高い。外形上、武力の行使と明確には認定しがたい手段をとることにより、軍の初動対応を遅らせて相手方の対応を困難にすると共に、自国の関与を否定するなど、サイバー空間の特性を最大限に活かした攻撃が多用される。また、武力攻撃と認定することが難しいことから、現状では自衛権に基づいて自衛隊が反撃することは極めて難しい。このようなグレーゾーン事態から武力攻撃事態へのエスカレート管理を含む対応の主体を定め、平素から継続的に対応する体制の構築と法整備を含む権限の付与などが必要である。

2　ロシア・ウクライナ戦争に見るサイバー攻撃の様相

二〇一四年のクリミア併合以降、ウクライナはロシアからサイバー攻撃を受け続け、特に二〇一七年六月二七日のサイバー攻撃は多くの公共機関のコンピューターが感染し大きな被害を受けた。「ノットペトヤ（NotPetya）」と呼ばれるマルウェアによるこのサイバー攻撃は、ハードドライブ内のあらゆるファイルを暗号化し、身代金要求をスクリーンに表示するなど、ランサムウェア(3)によく見られる特徴はあったものの、実際に身代金を払うことはできず、暗号化されたファイルは復元できなかったことなどから、サイバー犯罪ではなく、国家を後ろ盾にした破壊工作であったものと考えられている。このような経験を踏まえ、ウクライナはロシアによるサイバー攻撃に対する取り組みを続け、欧米による支援も得ながら対応能力を高めた。

二〇二二年二月二四日の侵攻開始に先立つ一月一三日、ウクライナの約七〇の政府系ウェブサイトなどが改ざんされ、ロシア語、ウクライナ語、ポーランド語で「恐れよ、そして最悪の事態に備えよ」とのメッセージが掲載された。ロシア軍のサイバー攻撃の多くはコンピューターの停止を目的としたもので、DDoS攻撃、DNSキャッシュポイズニング[4]、ワイパー攻撃[5]などであった。特に侵攻開始直前にはコンピューターに深刻な被害を与える破壊型ワイパーによるサイバー攻撃が多用された。マイクロソフト社が公表した資料[6]によると、ロシア・ウクライナ戦争時の最初のサイバー攻撃は侵攻の前日で、フォックスブレード(FoxBlade)と呼ばれるワイパー型のマルウェア[7]によるものであった。侵攻の初期段階でロシアはサイバー攻撃により標的のコンピューター・ネットワークを無効化した後、地上部隊や航空攻撃、ミサイル攻撃によりウクライナを制圧しようと企図していたが、ウクライナ側の対応により地上軍の侵攻に寄与する顕著な戦果を上げるには至らなかった。ロシアによるサイバー攻撃の対象は国外にも及び、最大の標的であったアメリカや近隣のポーランド、バルト三国の他、デンマーク、ノルウェー、フィンランド、スウェーデン、トルコのコンピューター・ネットワーク、他の北大西洋条約機構(NATO)諸国などにも被害が及んだ。標的の対象は政府機関以外にも、シンクタンク、人道支援団体、ＩＴ企業、重要インフラ供給業者など多岐にわたり、複雑なサイバー戦の様相を如実に表している。

ロシアは、破壊的なワイパー攻撃をオンプレミス[8]のコンピューター・ネットワークを対象として行ったが、ウクライナはアメリカ軍やマイクロソフト社などの全面的な支援によってデジタルインフラをパブリッククラウド[9]に分散させ、ヨーロッパ各地のデータセンターでホストするなどの対策により被害を局限、民間と軍の活動の維持に成功した。この際、ＡＩや機械学習の利用を含む脅威インテリジェンスの進歩は、ロシアによるサイバー攻撃の効果的な検出を可能にし、インターネットに接続されたエンドポイント保護[10]などは効果的であったと報告されている[11]。データのクラウド移行を支援したのはマイクロソフト社、グーグル社、アマゾン社であり、サイバー空間の対応において通信事業者との連携は不可欠である。

3　台湾有事におけるサイバー攻撃

台湾有事が生起した場合、サイバー空間における戦闘様相はどのようなものになるのであろうか。まず初期の段階では、恫喝を目的とした台湾対岸における軍事力増強（軍事演習や部隊などの集結）に関する偽情報の流布とプロパガンダ、インターネットを利用した台湾国内の情報操作などが行われる。いわゆるグレーゾーンの段階ではプロパガンダを目的とした政府系ホームページなどの改ざん、ＳＮＳなどを使った政府批判や戦争忌避の抗議、反戦活動などの拡散、重要インフラや金融システムなどに対するＤＤｏＳ攻撃などが行われる。ロシア・ウクライナ戦争でも用いられた偽旗作戦[12]、およびそれらを後押しする偽情報なども活発になる。また、サイバー空間を利用した情報窃取、政府の意思決定に近いシステムなどに対するスリーパー（潜伏型のマルウェア）やバックドア[13]の埋め込みなどは日常的に行われる。侵攻開始が近付くと陽動作戦を兼ねたサイバー攻撃の予行や海底ケーブルの切断、地上局の破壊といった物理的な手段による情報・通信網の遮断なども始まり、戦闘開始に先立って行われる奇襲的な大規模サイバー攻撃によって、政府や軍の行動に影響を与えるインターネット機能の停止を図る。戦闘開始後はさらにエスカレートし、台湾国内の重要インフラはシステムダウン、送電網の機能停止により国内はブラックアウト（全域停電）となり、サイバー攻撃とミサイル攻撃などとの連携により重要な通信施設やインフラなどが徹底的に破壊される。これと並行して国民に対する厭戦機運の醸成、アメリカの介入阻止や日米などの国家関係を離間するための情報戦なども活発になる。

さらに第三国の介入を抑制するため、国際社会に対して三戦（輿論戦、法律戦、心理戦）を展開する。台湾に近い日本に対してもサイバー攻撃や経済制裁の他、各種の情報戦などにより戦争反対、台湾問題不介入、日米離間などの厭戦気運を煽り立てるものと考えられる。この際、ロシア・ウクライナ戦争における教訓を踏まえ、より烈度の高い情報操作型サイバー攻撃による認知戦[14]を展開するであろう。また高度なワイパー攻撃によって自衛隊施設やアメリカ軍基地の機能発揮を妨害し、認知戦を含む情報戦やサイバー攻撃などを多用したハイブリッド戦を展開、事態の進捗によっては南西諸島付近における海底ケーブルの切断や地上局の破壊が行われ、台湾との通信や情報が途絶する恐れもある。

平時においてもサイバー攻撃は常態化している。二〇二二年八月、アメリカのナンシー・ペロシ下院議長が台湾を訪問した際、中国は報復として台湾近海に対してミサイルを発射したが、サイバー空間においてもハイブリッド戦の演習とみられる機能妨害型のサイバー攻撃を実施した。公的機関・交通機関のウェブサイトに対する大規模なＤＤｏＳ攻撃など多数のサイバー攻撃が観測され、総統府、国防部、外交部、桃園空港などのウェブサイトが一時ダウンした他、情報工作とみられるフェイクニュースがＳＮＳを通じて飛び交った。

ウクライナにおけるロシアのサイバー攻撃と異なるのは、これらの攻撃が「戦略支援部隊」による統合作戦として行われるという点である。中国は、二〇一五年に宇宙・サイバー・電磁波といった新領域での戦いに加えて、情報戦（「三戦」を含む）を一元的に担う戦略支援部隊を創設し、新たな領域を総合的に活用することによる非対称な作戦遂行能力を高めている。アメリカをはじめ西側諸国の戦略的優位性を低下させるために活発な情報戦を行うことが予想され、日本も標的になる。中国はサイバー戦を電磁波攻撃や心理戦との一体的な情報戦として捉えている。巧妙にサイバー攻撃を仕掛けながら、思いもよらぬ手口で作戦目標の達成を追求してくるであろう。さらに影響力工作[15]と呼ばれる心理・認知の領域における活動が行われる。中国は宣伝活動、プロパガンダ、ディスインフォメーション[16]などの公開された影響力工作と、偽情報や諜報、高度標的型攻撃（ＡＰＴ）と呼ばれる高度なサイバー攻撃を組み合わせた情報戦など、秘密裏に行う影響力工作により、努めて軍事力の行使を回避しながら政治目的の達成を追求するものと思われる。さらに宇宙空間およびサイバー空間における軍民融合(17)により、最新の民間技術とネットワークを駆使した斬新なサイバー攻撃を仕掛けてくる可能性もある。

二　国家安全保障戦略におけるサイバー攻撃対処と課題

1　全般

二〇一三年に初めて策定された国家安全保障戦略において「国家の関与が疑われる場合を含むサイバー攻撃から我が国の重要な社会システムを防護する」ことが言及された。国全体としてサイバー空間の防護およびサイバー攻撃への対応能力の一層の強化を図ることとされ、内閣サイバーセキュリティセンター（NISC）や警察、防衛省・自衛隊など個々の能力強化は図られたものの、国家規模での対応能力や関係法令の整備といった分野は低調であった。新たな国家安全保障戦略ではサイバー安全保障分野での対応能力を欧米主要国と同等以上に向上させることや、ACDを導入することなどが掲げられ、新たな取り組みの実現のために法制度の整備、運用の強化を図ることが盛り込まれるなど、より積極的で総合的な取り組みの方針が示された。

2　サイバーに関する主要な記述内容に関する考察

（1）サイバー安全保障分野での対応能力を欧米主要国と同等以上に向上

二〇二一年にイギリスの国際戦略研究所（IISS）が公表した各国のサイバー空間における能力と国力の評価「Cyber Capabilities and National Power」では、対象となった一五カ国の中で、日本は三階に区分された階層の中で最下層に位置付けられており、第一階層のアメリカ、第二階層のヨーロッパ諸国や中国、ロシア、イスラエルなどとの能力差は大きい。欧米諸国においては、平素からサイバー攻撃者の動向を探り、対処を行うACDが採用されている。ACDは、「サイバー攻撃の監視（モニタリング）」、「攻撃の帰属（アトリビューション）の特定」、「攻撃への対応措置」を一連の活動として行うことであり、我が国もサイバー安全保障を確保するための対応能力を欧米主要国と同等以上に向上させるのであれば、このような活動を平素から行える体制と権限（法律の制定など）を定めなければならない。

（2）重大なサイバー攻撃のおそれがある場合、これを未然に排除

国家安全保障戦略では、可能な限り未然に攻撃者のサーバーなどへの侵入・無害化ができるよう、政府に必要な権限を付与するとしている。「おそれ」を察知し、「未然」に排除するためには平素からの情報収集とデータの蓄積・分析が不可欠である。

我が国ではNISCがサイバーセキュリティに関する政策調整、政府機関などに対する脅威の検

知・監視などを担ってきたが、政府内部での調整機能しか保有せず、重大なサイバー攻撃に対する対処能力や民間企業に対する指導・統制などの権限はなかった。このため国家安全保障戦略ではNISCを発展的に改組し、サイバー安全保障分野の政策を一元的に総合調整する組織を新設することとし、内閣官房に「サイバー安全保障体制整備準備室」を設置した。

サイバー攻撃を未然に防止するためには、我が国に対するサイバー攻撃全体を常時監視しなければならない。たとえばアメリカのサイバーセキュリティ・インフラセキュリティ庁（CISA）が発出した「拘束力のある運用指令」[18]は、連邦政府機関（Federal Civilian Executive Branch）に対しIT資産と脆弱性に対する可視化と脆弱性検知の改善を義務付けるもので、サイバー攻撃の検知や、防止、対応能力の向上のための具体的な方策が書かれている。対象は連邦政府機関に限られるが、民間企業や州政府などにも同様の改善を推奨している。

我が国においても二〇一五年に施行されたサイバーセキュリティ基本法に基づいて策定されたサイバーセキュリティ戦略において、サイバー攻撃の流れを「平時〜大規模サイバー攻撃事態〜武力攻撃事態」と想定し、事態のエスカレーションにもシームレスに移行することで迅速に事態に対処するとしている。これまでもNISCを中心として通信事業者と連携したサイバー攻撃の未然防止や被害の拡大抑制策を強化してきたが、この他にも警察庁はサイバーテロの未然防止および発生時における的確な対処のため、重要インフラ事業者などとの連携をはじめ、様々な取り組みを推進している。全国のサイバーフォースの司令塔として警察庁にサイバーフォースセンターを設置して二四時間体制でサイバーテロの予兆把握、収集した情報の分析・提供、標的型メールに添付された不正プログラムなどの分析を行うと共に、各管区警察局などに設置されたサイバーフォースを通じて都道府県警察に対する技術支援を実施している。このような個々の取り組みはなされてきたが、重大なサイバー攻撃を未然に排除し、被害を局限するためには、新たに創設される強力な司令塔がサイバー空間に関わる全ての機関や通信事業者などと連携し、政府全体として平素から武力攻撃事態までの対処をシームレスに実施し得る体制、制度を構築していくことが重要である。

(3)　ＡＣＤを導入

国家安全保障戦略では国や重要インフラなどに対する重大なサイバー攻撃について、サイバー攻撃を受けてから対処するのではなく、「可能な限り未然に攻撃者のサーバ等への侵入・無害化ができるよう、政府に対し必要な権限が付与されるようにする」として、ＡＣＤを導入することとされた。このため、サイバー安全保障分野における情報収集・分析能力を強化すると共に、ＡＣＤの実施のための体制を整備することとし、次の三点について必要な措置の実現に向け検討を進めることとされている。

(ア)重要インフラ分野を含め、民間事業者等がサイバー攻撃を受けた場合等の政府への情報共有や、政府から民間事業者等への対処調整、支援等の取組を強化するなどの取組を進める。

(イ)国内の通信事業者が役務提供する通信に係る情報を活用し、攻撃者による悪用が疑われるサーバ等を検知するために、所要の取組を進める。

(ウ)国、重要インフラ等に対する安全保障上の懸念を生じさせる重大なサイバー攻撃について、可能な限り未然に攻撃者のサーバ等への侵入・無害化ができるよう、政府に対し必要な権限が付与されるようにする。

このようにACDは武力攻撃に至らない段階で機能することが期待されており、そのためには平素からの準備が極めて重要であるが、ACDが対象とする「重大なサイバー攻撃」の具体的な定義や、「おそれがある場合」の態様などについては明らかにされていないことから[19]、平素の取り組みの範囲や無害化の具体的な要領などは不明である。

アメリカ国防総省はACDを「脅威と脆弱性を探知、検出、分析、および軽減するための国防総省の同期されたリアルタイム機能」としており、攻撃的なものには触れていない。二〇二三年四月に自民党が政府に提出した「経済安全保障上の重要政策に関する提言」では、従前の受動的サイバー防御(パッシブ・サイバー・ディフェンス)による対策には限界があるとした上で「攻撃者のアトリビューションや無力化、攻撃の影響の軽減等を含め、攻撃前の事前予防から事後対処まで能動的防御―アクティブ・サイバー・ディフェンス(ACD)によらなければ到底対抗できない」としている。あくまでも「受動的」に対する「能動的」なものとして「反撃」や「攻撃」などの概念は含まれていないと解される。また、これを実行するための制度について「有事平時に関わらず、インシデントの事前予防から事後対処までのあらゆる状況を対象とし、攻撃者のアトリビューションや無力化、攻撃の軽減等のフルスペックのACDを含む、包括的CS（筆者注：サイバーセキュリティ）対策の実施権限を実効的に担保する制度とすること」[20]としているが、サイバー反撃といった攻撃的手段によらずサイバー攻撃を無力化するためには、完全な防御策に加え、外交的圧力、司法訴追、経済制裁、情報戦など他のあらゆる措置を総動員して攻撃側の負荷を増大させ、その意図を挫くことが必要であり、新設される新たな司令塔にはそのような機能と権限、体制が必要である。

（4）民間企業との情報共有や、政府から民間企業への対処調整など

ロシア・ウクライナ戦争では、ワイパー攻撃による被害が国内の重要な社会インフラは元より、他国にも拡大していった。安全保障上の重大なサイバー被害が発生・拡大した場合、あるいはその「おそれ」がある場合の被害を局限するためには、政府と民間企業、特にグローバルに展開する通信事業者が平素から緊密に連携し、ACDにおいてどのような役割分担をするのかについて計画を策定し、定期訓練などを通じて練度を高め即応性を維持すると共に、アメリカをはじめとする関係国と密接に連携しておくことが必要である。

政府はサイバーセキュリティに関する官民の連携を強化するため、サイバーセキュリティ基本法の一部を改正する法律に基づき、二〇一九年四月にサイバーセキュリティ協議会を設置した。国の行政

機関、重要社会基盤事業者、サイバー関連事業者など、官民の多様な主体が相互に連携し、より早期の段階で、サイバーセキュリティの確保に資する情報を迅速に共有することにより、サイバー攻撃による被害を予防し、また、被害の拡大を防ぐことなどを目的としている。また、防衛省は二〇一三年七月に、サイバーセキュリティに関心の深い防衛産業一〇社程度（保全の関係から詳細は明らかにされていない）をメンバーとする「サイバーディフェンス連携協議会（ＣＤＣ）」を設置した。防衛省がハブとなり、防衛産業間において情報共有を実施することにより、情報を集約し、サイバー攻撃の全体像の把握に努めることとしている。ただし、政府としてのセキュリティ・クリアランスが確立されていない現状では双方にとっての重要な情報（秘密情報など）の共有には限界があり、民間企業自らが国家レベルの安全保障に必要な対策を講じる責務もない。毎年一回、防衛省・自衛隊および防衛産業にサイバー攻撃が発生した事態などを想定した共同訓練を実施し、防衛省・自衛隊と防衛産業双方のサイバー攻撃対処能力向上に取り組んでいるとされているが、詳細は不明である。

サイバーセキュリティ協議会、ＣＤＣいずれの協議会の活動も本格的な武力攻撃事態を想定したものとはなっておらず、自衛隊法第一〇三条（防衛出動時における物資の収用等）との関係やセキュリティ・クリアランス、サイバー空間における文民保護などについても整理しておかなければならない。たとえば自衛隊法第一〇三条第二項は自衛隊の行動に係る地域（作戦地域など）以外の地域において、自衛隊の任務遂行上特に必要があると認める場合は医療、土木建築工事または輸送を業とする者に対して業務従事を命ずることができると規定しているが、通信事業者は含まれていない。自衛隊法第一〇四条において防衛大臣は、防衛出動を命ぜられた自衛隊の任務遂行上必要があると認める場合は、緊急を要する通信を確保するため、総務大臣に対し、電気通信事業者による電気通信設備の優先利用や同設備の使用に関し必要な措置をとることを求めることができるとされているが、武力攻撃事態における第一〇四条の実効性確保や、サイバー攻撃対処における通信事業者との連携の観点からも第一〇三条第二項について見直しが必要である。

高度にシステム化された自衛隊の装備品の運用や維持管理には民間企業によるサポートが不可欠であり、防衛出動など自衛隊の行動時に通信事業者などの支援と安全を確保できる制度を確立しなければならない。

(5)　通信事業者の情報などを活用し、攻撃者による悪用が疑われるサーバーなどを検知

憲法第二一条第二項は「通信の秘密は、これを侵してはならない」と規定しており、これを受け電気通信事業法、有線電気通信法、電波法に通信の秘密の保護規定がある。通信の秘密の保障内容として、公権力による積極的知得行為の禁止、通信業務従事者による職務上知り得た通信に関する情報の漏えい行為の禁止などが挙げられるが、文面通りに解釈すれば職務上知り得た通信に関する情報を公権力に対して提供することは難しい。通信事業者にサイバー攻撃などに関する情報の提供を求めるのであれば、このような点について改めて政府としての方針を明確にし、通信事業者のリスクを負担するなどの措置が必要である。一方、憲法の名宛人は基本的には国家であり、電電公社の時代とは異な

り、私人である通信事業者などの通信の秘密は電気通信事業法で保護されている。政府が定めた通信事業者が行うＡＣＤのための積極的知得行為、情報の提供は正当行為として違法性がないと位置付けた上で電気通信事業法などの関連法を改正するか、国内外、平時有事といった境がなくなったサイバー攻撃に対し包括的に対処し得る新法（サイバー基本法など）の制定が必要である。

三　武力行使としてのＡＣＤ

自衛隊が行う「武力の行使」としてのサイバー攻撃について、政府は「法理的には、この必要な武力を行使することの一環として、いわゆるサイバー攻撃という手段を我が国が用いることは否定されない」[21]との立場をとっている。防衛省・自衛隊では二〇一八年に策定された「防衛計画の大綱」においてすでに「有事において、我が国への攻撃に際して当該攻撃に用いられる相手方によるサイバー空間の利用を妨げる能力等、サイバー防衛能力の抜本的強化を図る」とし、サイバー防衛隊を新編した。国家防衛戦略には具体的な言及がないものの、防衛力整備計画では「我が国へのサイバー攻撃に際して当該攻撃に用いられる相手方のサイバー空間の利用を妨げる能力の構築に係る取組を強化する」としており、「妨げる能力」について「抜本的強化を図る」から「構築に係る取組を強化する」と修正され、サイバー空間の利用を妨げる能力の構築が具体化される。

一方、ＡＣＤについて政府は「反撃能力」の一環として位置付けられるものではないとしている。[22]

この文脈で読み取れば、ＡＣＤはあくまでも相手によるサイバー攻撃に対する防衛手段としての対抗措置であり、領域横断作戦などにおいて他の攻撃手段を補完する「武力行使」として運用されることは想定していないことになる。「必要な武力を行使することの一環としてのサイバー攻撃」について、いかなるサイバー攻撃が想定されるのかを具体化する必要がある。この際、安全保障法制策定時に明示したような戦闘様相や具体的な対応要領などを詳らかにして相手国などに披露することは得策ではなく、政府としての統一見解を確立した上で関係部署の認識を共有しておくなど、安全保障上の重要事項に関する政策形成過程や運用要領を改めるべきである。

四　日米間のサイバー防衛協力

二〇一八年にアメリカ国防総省が公表したサイバー戦略で、二〇一五年のものと大きく異なる点は「前方防衛（Defend Forward）」の導入である。二〇一五年の戦略では、「be prepared to defend the U.S. homeland and U.S. vital interests（アメリカ本土とアメリカの重要な国益を守るために準備する）」とされていたところ、二〇一八年の戦略ではbe preparedが削除され、「defend forward to disrupt or halt malicious cyber activity at its source, including activity that falls below the level of armed conflict.（武力紛争に至らない活動を含む悪意あるサイバー活動をその発信元で破壊または阻止するために前方で防衛する）」とされた。アメリカを標的とする海外のサイバー攻撃者に対して、従来の防御的な対応から、より積極的な対処も可能にする方針を示したものである。

このような活動の一つにハント・フォワード作戦（HFOs）がある。HFOsは、パートナー国の要請に応じてアメリカサイバー軍（USCYBERCOM）によって実施される厳格な防御的サイバー作戦で、ホスト国から招聘を受けたUSCYBERCOMのHFOsチームはパートナー国に派遣され、ホスト国のネットワーク上の悪質なサイバー活動を監視および検出する。この活動により国土防衛を強化し、サイバー脅威から共有ネットワークの回復力を高めるための知見を獲得するとされている。実際、USCYBERCOMはロシア・ウクライナ戦争においてアメリカ海軍およびアメリカ海兵隊の専門家で構成されるサイバー国家任務部隊（Cyber National Mission Force）が史上最大のHFOsを行ったと公表している。[23] HFOsは政府や軍事組織内のネットワークにとどまらず、民間の電力や水道といった重要インフラに対しても行われるため、我が国では法的制約から現状では実施できない。ここで重要なのは、HFOsはあくまでもホスト国からの招聘によるものであり、活動の正当性や透明性を確保しながら行われるということである。HFOsやその他のUSCYBERCOMの活動で得られた知見は、一般に公開され、これらの調査結果は、民間のソフトウェア会社が行うパッチやアップデートの発行にも利用される。[24]

二〇一九年の日米安全保障協議委員会（2＋2）において、一定の場合には、サイバー攻撃が日米安全保障条約第五条の規定の適用上武力攻撃を構成し得ることが確認され、二〇二二年一月七日に行われた2＋2において日米両国はサイバー脅威への共同対処が同盟にとって必須であることを確認した。

国家安全保障戦略では同盟国・同志国などと連携した形での情報収集・分析の強化、攻撃者の特定とその公表、国際的な枠組み・ルールの形成を行うとしている。日米による相互協力を進める上でも、平時からアメリカによるＨＦＯｓのような作戦の受け入れを可能とし、さらに自衛隊自らが国内の企業などに対してＨＦＯｓを行える法的枠組み、制度などを整える必要がある。

おわりに

ロシア・ウクライナ戦争におけるサイバー攻撃を踏まえ、サイバー攻撃の様相を概観し、新しく策定された国家安全保障戦略に基づいてサイバー攻撃に対する対処能力を構築していく上で解決すべき法的課題などについて考察した。

国家安全保障戦略は二〇二七年までに我が国の防衛力の抜本的強化を行うとしている。まずはサイバーインフラの縦割り構造を抜本的に見直し、民間を含むサイバー対処体制の水平展開を促していくことが必要である。このためにはサイバー安全保障分野の政策を一元的に総合調整するために新たに設置される組織に、民間企業との連携を含む組織横断的な総合調整のための権限と能力（体制）を付与し、必要に応じ防衛省・自衛隊や警察の能力を最大限に活用し得る制度を早急に構築しなければならない。すでに我が国は様々なサイバー攻撃を受けており、サイバー防衛は待ったなしである。

（1）「例えば、米国や欧州、わが国などが自由なサイバー空間の維持を訴える一方、ロシアや中国、新興国などの多くは、サイバー空間の国家管理の強化を訴えている。」防衛省『令和4年度版防衛白書』二〇二二年、一七二頁。

（2）対象とするサーバーやウェブサイトに大量のデータを送り付け、過剰な負荷をかけてシステムを使用不能にするサイバー攻撃

（3）感染すると端末などに保存されているデータを暗号化して使用できない状態にした上で、そのデータを復号する対価（金銭や暗号資産）を要求する不正プログラム

（4）インターネット上のＩＰアドレスとドメイン名を対応付けるＤＮＳ（Domain Name System）を誤作動させる攻撃

（5）マルウェア（悪意を持ったプログラム）を感染させデータの削除やシステムの破壊によりサーバーやパソコンを使用不能にする攻撃

（6）Microsoft. *Defending Ukraine: Early Lessons from the Cyber War.* 22 June 2022, https://blogs.microsoft.com/on-the-issues/2022/06/22/defending-ukraine-early-lessons-from-the-cyber-war/.

（7）ロシア・ウクライナ戦争で最初に使用されたのは「ハーメティック・ワイパー（Hermetic Wiper）」と呼ばれ、システムの完全な破壊を狙ったもの

（8）サーバーなどのハードウェア、アプリケーションなどのソフトウェアを使用者の管理する施設内に設置して運用すること

（9）クラウドの標準的なサービスを不特定多数が共同で利用する形態

（10）パソコンやサーバーなどの端末をコンピューターウイルスなどのマルウェア感染から保護すること

（11）Microsoft. *Defending Ukraine: Early Lessons from the Cyber War.* 22 June 2022, https://blogs.microsoft.com/on-the-issues/2022/06/22/defending-ukraine-early-lessons-from-the-cyber-war/.

(12) 行為主体の特定を困難にし、自らの行為の正当化や情報のかく乱に重きを置いた情報戦
(13) 攻撃者がシステムに侵入するために、管理者に気づかれないように設置した侵入口のこと(ESET「バックドアを利用したサイバー攻撃の仕組みと事例」『サイバーセキュリティ情報局』二〇二〇年八月二五日、https://eset-info.canon-its.jp/malware_info/special/detail/200825.html)
(14) SNSなどを通じた「三戦」(心理戦、輿論戦、法律戦)や偽情報の散布などによって一般市民の心理を操作・かく乱し、社会の混乱を生み出そうとすること
(15) 物理領域や情報領域におけるさまざまな活動を通じて、心理・認知領域に影響を与え、意思決定に影響を与える、主に国家主体による活動
(16) 社会、公益への攻撃を目的とした害意のある情報
(17) 国防動員体制の整備に加え、緊急事態に限られない平素からの民間資源の軍事利用や、軍事技術の民間転用などを推進するもの
(18) Binding Operational Directive 23-01 - Improving Asset Visibility and Vulnerability Detection on Federal Networks
(19) 国民保護法第三二条に基づき策定された「国民の保護に関する基本指針」(二〇〇五年三月二五日閣議決定)において示された武力攻撃事態四類型および緊急対処事態二類型(および例示)にもサイバー攻撃は含まれていない。
(20) このために必要な機能として「攻撃者が悪用するサーバの探知のための情報収集」「攻撃を防ぐための手段」「サイバー・インテリジェンス収集分析」「民間セクターのインシデント調査・支援・対処調整」「官民情報共有等の連携強化」が掲げてある。
(21) 第一九六回国会衆議院安全保障委員会議録第三号、二〇一八年三月二二日、七頁、小野寺五典防衛大臣答弁

（22）　内閣参質二一〇第八二号、二〇二二年一二月二三日

（23）　USCYBERCOM. *U.S. Cyber Command 2022 Year in Review.* 30 December 2022, https://www.cybercom.mil/Media/News/Article/3256645/us-cyber-command-2022-year-in-review/. は「二〇二二年一月中旬にロシアが壊滅的な被害を与える可能性のあったサイバー攻撃を開始したとき、ウクライナのサイバー専門家はＨＦＯｓチームと共に、危害が及ぶ前に悪意のあるサイバー活動を混乱または停止することができた」と報告している。

（24）　ＯＳやアプリケーションで発見された問題点や脆弱性に対し、これらの不具合を解消するための追加プログラム

第三節　サイバー領域の安全保障政策の方向性

大澤　淳

はじめに

サイバー空間では、平時から国家が関与するサイバー攻撃が増加している。国家が関与するサイバー攻撃が観測されるようになったのは二〇〇五年頃までさかのぼるが、二〇一五年頃までの国家が関与する攻撃は、政策決定者や防衛産業など特定の企業・組織・個人から機密情報や知的財産を窃取することを目的とした標的型攻撃などの「情報窃取型」サイバー攻撃や、相手国内の混乱の誘発を狙い重要インフラの制御系システムの麻痺ないし破壊を目的とする「機能妨害型」／「機能破壊型」サイバー攻撃が主流であった。

しかし、二〇一五年頃から、標的型攻撃の手法を用いて仮想通貨取引所などの金融機関に侵入し不正な送金を行い、また、データを人質に身代金を要求するランサムウェアによる攻撃などの「金銭目的型」サイバー攻撃が増加している。さらに、相手国内の情報操作を目的として、偽ニュースの流布、代理主体を用いたサイバー攻撃によるかく乱、サイバー窃取した機密情報の暴露などを行う「情報操作型」サイバー攻撃が新たに見られるようになってきた。

アメリカは二〇一八年九月に公表した「国家サイバー戦略」において、「ロシア、中国、イラン、北朝鮮」の四カ国を安全保障上の懸念国と認定し、「サイバーという道具を用いて、我々の経済と民主主義を弱体化させ、知的財産を奪い、我々の民主主義のプロセスに争いのタネを蒔いている」敵対国であると規定している(1)。日本は、アメリカが懸念国と認定する四カ国のうち三カ国に取り囲まれている(2)。これらの国は、既存の国際ルールを逸脱したサイバー攻撃を平時から積極的に行っており、これらの国が関与したと指摘されているサイバー攻撃の特徴は、表1のように整理することができる。

ロシアは、①「情報操作型」サイバー攻撃による民主主義国プロセスへの干渉と情報戦、②周辺国に対する「機能妨害型」／「機能破壊型」サイバー攻撃、③軍事行動に伴う「ハイブリッド戦」、が特徴である。今後は、ロシア・ウクライナ戦争に対する制裁による外貨の枯渇から、金銭目的型の攻撃にも手を染める可能性が高いと考えられる(3)。

中国は、「情報窃取型」を特徴としている。相手国の政府や政府機関が持つ「政策情報」の窃取に加え、中国の国防技術や科学技術の発展に資する「知財情報」の窃取、中国企業をビジネス上有利にする「企業秘密」の窃取を行っている。加えて、最近ではアジア地域を中心に、ロシアと同様の「情報操作型」攻撃による民主主義プロセスへの干渉が目立つようになってきている(4)。

北朝鮮は、韓国やアメリカに対する「機能妨害型」／「機能破壊型」サイバー攻撃を行っていたが、

表１　国家が関与するサイバー攻撃の類型と主な実行主体

攻撃類型	攻撃の内容	実行主体
情報窃取型	標的型攻撃(ウイルス付きメール、水飲み場攻撃)などにより、特定の政府機関、企業、団体、個人のネットワーク、コンピューターに侵入し、機密情報、営業情報、特許、知的財産などを窃取する攻撃。	中国(技術、政策情報)、ロシア(政策情報)
機能妨害型	DDoS攻撃などの手法により、ネットワークの許容量を超える飽和通信要求によって、サーバー、ネットワークを麻痺させる攻撃。	ロシア、北朝鮮
機能破壊型	標的型攻撃などにより、特定の政府機関、企業、団体、個人のネットワークに侵入し、システム破壊・改ざんを行う攻撃。ネットワーク内のデータ消去・改ざんを目的とするものと、制御系システムを標的として物理的破壊を目的とするものがある。	ロシア、北朝鮮
金銭目的型	標的型攻撃、脆弱性利用などにより、特定の政府機関、銀行、企業、個人のネットワークに侵入し、不正な送金を行い、またはコンピューター内のデータを暗号化し、解読に身代金を要求する攻撃。	北朝鮮、(今後はロシアも)
情報操作型	代理主体(Proxy)などを用いて真の発信者を隠匿した上で、SNSなどに偽ニュースを流布させることにより、対象国(主に民主主義国)における世論操作を目的とした攻撃。選挙結果に影響を与えることを企図している攻撃も見られる。	ロシア、中国
軍事的サイバー攻撃	軍事攻撃と一体的に行われる機能妨害・機能破壊を目的とした攻撃。電子戦の一環として軍隊の指揮・統制システム(C4I)を標的とするものと、軍事行動に影響を与える重要インフラを標的としたものがある。	ロシア、(有事の際には中国も)

出所：各種公開情報より筆者作成

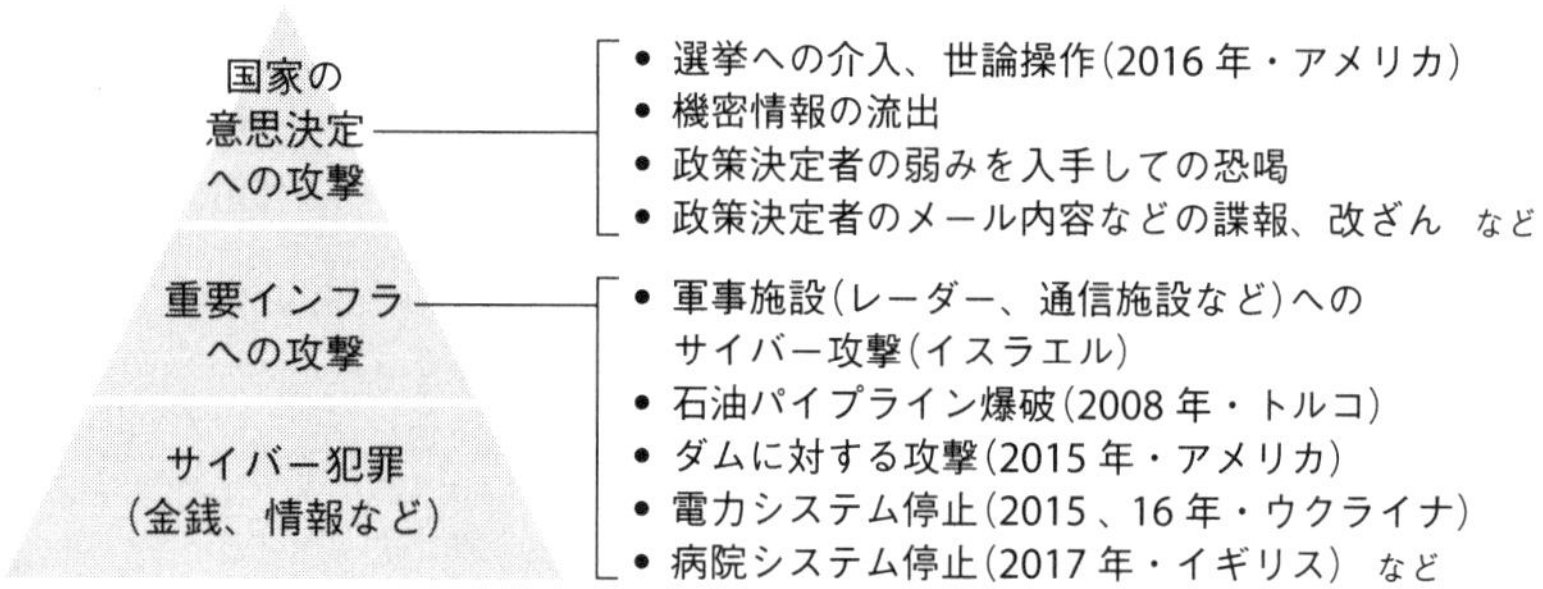

国家の意思決定への攻撃
- 選挙への介入、世論操作（2016 年・アメリカ）
- 機密情報の流出
- 政策決定者の弱みを入手しての恐喝
- 政策決定者のメール内容などの諜報、改ざん　など

重要インフラへの攻撃
- 軍事施設（レーダー、通信施設など）へのサイバー攻撃（イスラエル）
- 石油パイプライン爆破（2008 年・トルコ）
- ダムに対する攻撃（2015 年・アメリカ）
- 電力システム停止（2015 、16 年・ウクライナ）
- 病院システム停止（2017 年・イギリス）　など

サイバー犯罪（金銭、情報など）

出所：笹川平和財団政策提言「日本にサイバ　セキュリティ庁の創設を！」2018 年、https://www.spf.org/global-data/20181029155951896.pdf。

図 1　サイバー攻撃の高度化

直近では、国連の経済制裁による外貨不足を補うため、「金銭目的型」のサイバー攻撃にもっぱら従事している(5)。北朝鮮のサイバー部隊は、外貨獲得を目的として、日本の金融機関、仮想通貨取引所、個人・企業の口座情報を標的にサイバー攻撃していることが確認されている。

このような攻撃のうち、中長期に影響を及ぼすのが、「情報窃取型」のサイバー攻撃である。中国はこの「情報窃取型」のサイバー攻撃を積極的に行っているが、他国の国家機関を標的とした政策情報の窃取だけでなく、先進国の民間企業、研究所、大学などを標的とした情報窃取も行っている。このようなサイバー攻撃は、既存の国際法・ルールから逸脱しているのみならず、攻撃による結果として、先進国の保有する技術の不公正な強制移転をもたらし、先進国の技術優位を脅かしている。このようなサイバー攻撃により、窃取した軍事技術を戦闘機などの自国の兵器開発に利用する事例(6)や、窃取した西側民間企業の技術を自国の企業に渡して自国の産業競争力を高める事例(7)も見られるようになっている。日本では、中国からの情報窃取型のサイバー攻撃が、二〇一六年以降増加していると分析[8]されており、少なくとも一〇以上の中国関連の攻撃グループが日本を攻撃していると指摘されている。特に防衛、航空・宇宙、ハイテク、医薬など先端産業の知財や企業秘密が狙われており、経済安全保障上このようなサイバー攻撃は、日本の産業基盤に対する脅威となっている[9]。

また、国家の意思決定の攪乱を目的として、選挙時に偽情報を流布するなどの情報操作型のサイバー攻撃を行う国も出てきた[10]ことから、従来の技術的なサイバーセキュリティを中心とした受動的な防御の強化だけではサイバー空間の安全を担保できないとの認識が各国で醸成されている。そのため、次に述べるように、能動的サイバー防御（ACD、アクティブ・サイバー・ディフェンス）を国家の責任で行う動きが出てきている。

一　能動的サイバー防御（アクティブ・サイバー・ディフェンス）

ACDとは、リアルタイムで攻撃を検知、分析し、ネットワークや国の境界を越えた合法的な対策の積極的な使用を組み合わせて、ネットワーク・セキュリティ侵害を軽減することと定義できる。また、アカデミックな世界でよく使われる定義によれば、ACDは「サイバーインシデントが発生する前、または発生している最中に攻撃者に関与する対応[11]」と定義される。対策の内容には、ハニーポット（サイバー攻撃者をおびき寄せる罠）の使用、ビーコン（サイバー攻撃で奪われたファイルから信号を発して、攻撃元を知らせるプログラム）の使用、シンクホール（攻撃者が使うドメインを合法的に乗っ取って監視・無力化する手法）、欺瞞工作など、干渉、遅延、妨害、策略によって攻撃者のコストを増大させるような幅広い対応が含まれる。

これらの技術の典型的な例としては、攻撃者がどの文書を盗み出すかを確認するためにハニーポットを使用したり、ファイルにパッシブな透かしを入れて盗み出した文書をリモートで追跡したり、感染したコンピューター上のマルウェアを攻撃者ではなく安全なサーバーと通信するようにリダイレクトしたり、攻撃者に虚偽または誤解を招くような情報を含む文書を盗み出させたりすることが挙げられる。また、被害側のネットワーク外でのより積極的な対策には、リモートでコンピューターを制御して攻撃を停止させたり、攻撃してくるコンピューターに対するＤＤｏＳ攻撃を行ったりすることが含まれる。

このＡＣＤの概念は、アメリカで二〇一〇年頃から学会を中心に議論され、二〇一五年のアメリカ国防総省のサイバー戦略[12]で、悪意あるサイバー行為者に対する「包括的抑止」という考え方に結実した。

ＡＣＤが最初にアメリカで議論されたのは、全米学術会議工学物理学部門の通信・コンピューターサイエンス委員会に設置された攻撃的情報戦研究会がまとめた二〇〇九年のレポート[13]が初出である。同レポートでは、「攻撃者の攻撃能力を無力化することと、攻撃のためのコストを攻撃者に課すことが、積極的防御である」と述べている。この考えは、もともとアメリカ軍内で使用されていた「積極

受動的防御	基本的なセキュリティ管理(リスク低減対策)、 ファイアウォール、アンチウイルス、パッチ管理、 スキャン、監視など
能動的防御	● 情報共有 ● ターピット(遅延技術)、サンドボックス、ハニーポット(罠)の活用 ● 拒否と欺瞞 ● 脅威ハンティング ● ビーコン(発信機) ：情報窃取先から情報所有者に位置通知 ● ビーコン：相手側ネットワークに関する情報の提供 ● ディープウェブ、ダークネットにおける情報収集 ● ボットネットの停止措置 ● 制裁、起訴、貿易救済(相殺関税や輸入制限など)の政策調整 ● 防衛目的のランサムウェアによる反撃 ● 相手側から情報資産を回収する救出活動 （ボットネットの停止措置〜救出活動：政府と緊密な協力が必要） （矢印：低リスク／効果小 → 高リスク／効果大）
サイバー攻撃	ハックバック、アクセス権限なしに相手側ネットワークまたは情報の破壊・混乱を目的として行われるサイバー行為　など

出所："Into the Gray Zone: The Private Sector and Active Defense Against Cyber Threats." *Center for Cyber and Homeland Security*, George Washington University, 2016, p.10, https://cynergia.mx/wp-content/uploads/2016/12/CCHS-ActiveDefenseReportFINAL.pdf.

図2　ジョージ・ワシントン大学のプロジェクトのACD定義

的防御」という軍事概念であり、受動的防御が敵の攻撃を難しくする固定陣地のような防御であるのに対して、積極的防御は攻撃者を消耗させるために機動的に反撃することを意味していた。学会での議論の影響もあり、二〇一一年七月に発表されたアメリカ国防総省の「サイバー空間作戦戦略[14]」では、同省のネットワークとシステムを守る新しい戦略として、「Active Cyber Defense」を採用することが明記された。

　ACDの概念をさらに精緻化したのは、デニス・ブレア元国家情報長官、マイケル・チェルトフ元国土安全保障省（DHS）長官が参加し、二〇一六年に実施されたジョージ・ワシントン大学のプロジェクトである。[15] このプロジェクトでは、図2に示したように、自己の情報ネットワーク内における対策を「受動的防御」、攻撃者の情報ネットワーク内での妨害・破壊を「サイバー攻撃」と位置付け、その間の自己のネットワーク外において行われる様々な対策を「能動的防御」と位置付けた。ちなみに日本のサイバーセキュリティは、この「受動的防御」にあたる。

アメリカにおけるACD戦略は、トランプ政権下の二〇一八年の「国家サイバー戦略2018」[16]において、技術対処に加えて政策的対処を行うことが盛り込まれ、ほぼ完成形になっている。同戦略では、「悪意のあるサイバー攻撃者を抑止し、さらなるエスカレートを防ぐためには、アメリカはコストを課す政策選択」をするとして、サイバー脅威に対応するため、サイバー攻撃の帰属（アトリビューション）を明確にした上で、「外交力、情報力、軍事力（物理的戦力とサイバー戦力の両方）、資金力、情報力、公権力、法執行能力」などあらゆる手段を用いて、アメリカに対する悪意あるサイバー活動を特定し、抑止し、防止し、結果責任を問うとしている。また、同戦略では、新たに「前方防衛（Defend Forward）」という概念が提示された。「前方防衛」は、悪意のあるサイバー活動をその策源地（攻撃側のネットワーク内）で妨害し、停止させるために、武力紛争未満の活動を含む防衛行動を前方（敵の領域内）で行うというものである。

このような国家サイバー戦略の制定を受けて、アメリカではアトリビューションの特定に資する技術的な手段として、通信傍受、メタ・データの収集・集約、ハックバック（サイバー攻撃者への逆侵入）

が実施されている。ハックバックについて、アメリカ国家安全保障局（NSA）は「コンピューター・ネットワーク探索活動（CNE）」という名称で、ハッキングを用いて、特定のネットワークやコンピューターに逆侵入して、情報収集も行っている。

また、能動的防御の技術対応として、アメリカ司法省と連邦捜査局（FBI）は、合衆国法典の中の民法の不正行為防止法[17]を根拠として、犯罪捜査、被害防止のため、C&Cサーバー（攻撃者が攻撃の指令に利用するサーバー）との通信に対するシンクホールの実施を行っている。これはアトリビューションの特定目的だけではなく、テイクダウン（停止措置）による被害防止の目的でも行われている。さらに、能動的防御の政策対応として、二〇一四年五月にアメリカ企業のネットワークに情報を窃取する目的で侵入し情報を窃取した疑いで、中国の攻撃グループ「APT1」の実行犯として、中国軍61398部隊に所属する将校五名を訴追[18]したのを皮切りに、中国、ロシア、北朝鮮、イランのサイバー攻撃者を相次いで特定して司法訴追している。

このようなACD戦略は、アメリカだけではなくイギリスでも行われている。イギリスでは、二〇一六年の「サイバーセキュリティ戦略[19]」で、戦略文書の中でACDが明確に位置付けられた。同戦略では、「イギリスのネットワーク全体のサイバーセキュリティのレベルを大幅に向上させるためのACDを開発・適用する」との宣言がなされ、イギリスのサイバー空間全体に対して、このACDを適用し、自らのネットワークに対する脅威を理解し、それらの脅威に積極的に対抗するための対策を考案し、実施するとイギリス政府は表明した。イギリスでも、サイバー攻撃者の特定のために、二〇一六年調査権限法に基づいて、通信の傍受、メタ・データの収集・集約、ハックバック、ダークネットでの情報収集などの多岐にわたる活動をインテリジェンス機関、法執行機関、国防情報機関が実施している。また、能動的防御の技術対応として、国家サイバーセキュリティセンター（NCSC）において、ドメイン名保護、ウェブチェック、テイクダウンなど一〇の技術的ACDを実施している。このうち、悪意のあるサイトのテイクダウンでは、毎年二〇万件近くがテイクダウンされ、サイバー攻撃が引き起こす被害軽減に貢献している。

二　ACDオペレーション

ACDは、具体的には図3に示すような「OODAループ」を回して、サイバー攻撃者へ対応していくという形で行われている。国家が関与するサイバー攻撃に対しては、アトリビューションを特定した上で、対応決定を行う。政策的対応として、サイバーで反撃、制裁、外交的な措置、司法訴追といったオペレーションをとる。技術的対応としては、通信のブロックやサーバーのテイクダウン、ハックバックといったオペレーションも同時に行われる。これらを組み合わせて、敵側のサイバー攻撃主体を抑止していくという形でのオペレーションが進行している[20]。

「OODAループ」は、まず①「Observe：情報収集」として、通信傍受、メタ・データの収集などを用いた、サイバー攻撃に関する「生」のデータの収集と観測が出発点となる。そして次に、サイバ

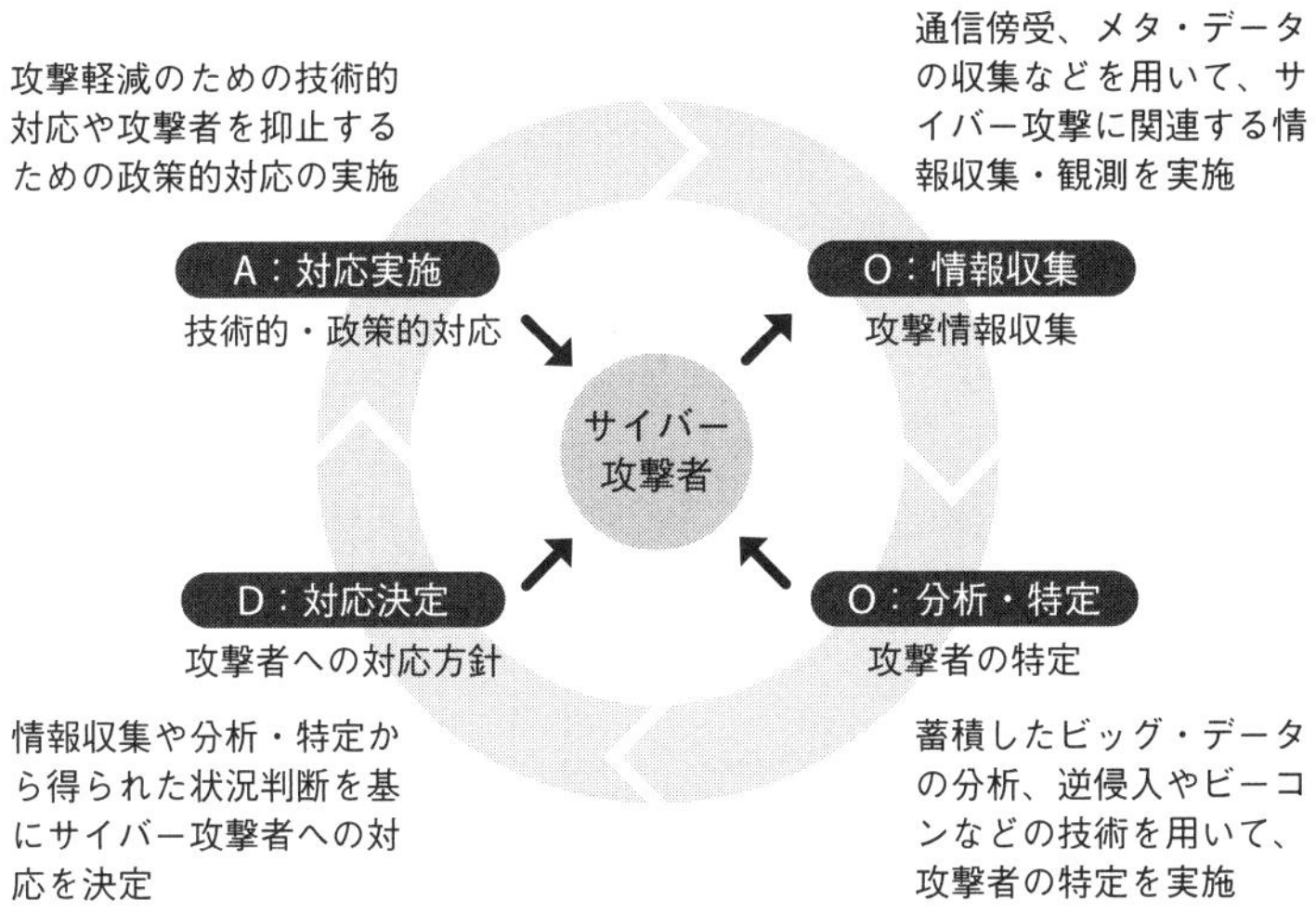

攻撃軽減のための技術的対応や攻撃者を抑止するための政策的対応の実施

通信傍受、メタ・データの収集などを用いて、サイバー攻撃に関連する情報収集・観測を実施

A：対応実施
技術的・政策的対応

O：情報収集
攻撃情報収集

サイバー攻撃者

D：対応決定
攻撃者への対応方針

O：分析・特定
攻撃者の特定

情報収集や分析・特定から得られた状況判断を基にサイバー攻撃者への対応を決定

蓄積したビッグ・データの分析、逆侵入やビーコンなどの技術を用いて、攻撃者の特定を実施

出所：各種資料より筆者作成

図3　OODAループによる能動的サイバー防御オペレーション

ー攻撃者を特定するため、よりピンポイントに絞った「アトリビューションの特定」が行われる。②「Orient：分析／特定」として、技術手法を用いた蓄積データの分析、攻撃者に近づくためのC&Cサーバーへのハックバック、ビーコンプログラムや囮環境を用いた攻撃者のネットワークへの侵入が行われ、攻撃者の特定が行われる。その上で、③「Decide：対応決定」として、観測データや分析から得られた状況判断を基に、どのような対応で攻撃者を抑止し、攻撃によるダメージを軽減するかを決定する。そして、④「Act：対応実施」として、攻撃軽減のための技術的措置の実施や、攻撃者を抑止するための政策的措置の実施が行われる。

三　サイバー領域の我が国の安全保障政策の方向性

我が国でも、サイバー領域の安全保障を確保するために、ＡＣＤを用いた安全保障政策が検討されている。二〇二二年一二月一六日に閣議決定された「国家安全保障戦略」をはじめとする「安保三文書」では、サイバー安全保障分野でＡＣＤを行うことが明記された。

我が国の戦略文書の中に、最初に能動的なサイバーセキュリティが位置付けられたのは、二〇一八年のサイバーセキュリティ戦略[21]においてである。サイバー空間の脅威の深刻化に伴い、受動的な対策だけでは対応できないとして、「サイバー関連事業者等と連携し、脅威に対して事前に積極的な防御策を講じる「積極的サイバー防御」を推進する」[22]との文言が入れられた。具体的な対策の例として、脅威情報の共有、攻撃誘引技術の活用、ボットネット対策などが示された。

二〇一八年のサイバーセキュリティ戦略では、欧米と同じように、サイバー攻撃の抑止の概念も導入されている。サイバー攻撃から、安全保障上の利益を守るため、「国家を防御する力（防御力）、サイバー攻撃を抑止する力（抑止力）、サイバー空間の状況を把握する力（状況把握力）のそれぞれを高めることが重要である」との指摘がなされた。

二〇一八年時点のＡＣＤは、サイバー攻撃の脅威情報の迅速な共有により、事前に防護手段を講じるという情報共有の側面が強い施策であった。これに対して、二〇二二年の安保三文書での記述では、より踏み込んだ形でのＡＣＤの実施がうたわれている。「国家安全保障戦略」では、「安全保障上の懸念を生じさせる重大なサイバー攻撃のおそれがある場合、これを未然に排除し、また、このようなサイバー攻撃が発生した場合の被害の拡大を防止するために能動的サイバー防御を導入する」との表現が盛り込まれた。また、自衛隊の役割についても、「今後、おおむね一〇年後までに、[…]自衛隊以外へのサイバーセキュリティを支援できる態勢を強化する」との文言が「国家防衛戦略」に入り、自衛隊自身のネットワーク防衛のみならず、我が国全体のサイバー空間の防衛にも一定の役割を果たすことが示された。これらを受けて、具体的な「防衛力整備計画」では、二〇二七年度を目処に、自衛隊サイバー防衛隊などのサイバー関連部隊を約四〇〇〇人に拡充し、サイバー要員を約二万人体制に強化すると共に、サイバー・スレット・ハンティング（脅威追跡）機能を強化し、重要インフラ事業者および防衛産業などの民間との連携強化を行うことが記述された。

二〇二三年一月には、内閣官房にサイバー安全保障体制整備準備室が立ち上げられ、日本では現在、安全保障上の懸念を生じさせる重大なサイバー攻撃について、ＡＣＤの実施が行えるよう、包括的な法整備・体制整備が進められている。

（1）　US Department of Defense. *Department of Defense Cyber Strategy 2018 Summary*. September 2018, https://media.defense.gov/2018/Sep/18/2002041658/-1/-1/1/CYBER_STRATEGY_SUMMARY_FINAL.PDF.

（2）　大澤淳「迫り来るサイバー攻撃の脅威―ハイブリッド戦争と日本への影響―」『治安フォーラム』二八巻

六号、二〇二二年五月、四二～五一頁。

（3）大澤淳「ランサムウェアの脅威—サイバー犯罪を装うロシアによるランサムウェア攻撃—」『治安フォーラム』二八巻七号、二〇二二年六月、五七～六八頁。

（4）大澤淳「情報窃取型サイバー攻撃の脅威—国の競争力を奪う中国による標的型攻撃—」『治安フォーラム』二八巻九号、二〇二二年八月、五八～六七頁。

（5）大澤淳「北朝鮮のサイバー攻撃の脅威—外貨獲得を狙う金銭目的型サイバー攻撃—」『治安フォーラム』二八巻一〇号、二〇二二年九月、六一～六九頁。

（6）アメリカの第五世代戦闘機F－22やF－35の技術情報がサイバー攻撃によって中国に流出し、中国空軍のJ－31戦闘機に用いられた事例がある。

（7）中国軍と密接な関係にあるサイバー攻撃グループAPT1は、アメリカの原子力、太陽光、鉄鋼、非鉄金属企業から技術を窃取したことが知られている。

（8）FireEye. "APT10(MenuPass Group): New Tools, Global Campaign Latest Manifestation of Longstanding Threat." *Mandiant*, 6 April 2017, https://www.fireeye.com/blog/threat-research/2017/04/apt10_menupass_grou.html.

（9）内閣官房経済安全保障法制準備室「経済安全保障法制に関する有識者会議」資料、二〇二一年一一月二六日。

（10）大澤淳「認知領域に対する情報操作型サイバー攻撃（情報戦）の脅威—民主主義を脅かすディスインフォメーション—」『治安フォーラム』二八巻一一号、二〇二二年一〇月、四九～五八頁。

（11）Jasper, Scott. *Strategic Cyber Deterrence: The Active Cyber Defense Option*. Rowman & Littlefield Publishers, 2017, p. 18.

（12）US Department of Defense. *The DoD Cyber Strategy*. April 2015, https://nsarchive.gwu.edu/sites/default/files/documents/2692133/Document-25.pdf.

（13）　Owens, William A., et al., eds. *Technology, Policy, Law, and Ethics Regarding U.S. Acquisition and Use of Cyberattack Capabilities*. National Academies Press, 2009.
（14）　US Department of Defense. *Department of Defense Strategy for Operating in Cyberspace*. July 2011.
（15）　"Into the Gray Zone: The Private Sector and Active Defense Against Cyber Threats." *Center for Cyber and Homeland Security*, George Washington University, 2016, https://cynergia.mx/wp-content/uploads/2016/12/CCHS-ActiveDefenseReportFINAL.pdf.
（16）　White House. *National Cyber Strategy of the United States of America*. September 2018, https://trumpwhitehouse.archives.gov/wp-content/uploads/2018/09/National-Cyber-Strategy.pdf.
（17）　合衆国法典 18 U.S.C. §§ 1345（a）(1)（A）.
（18）　US Department of Justice. "U.S. Charges Five Chinese Military Hackers For Cyber Espionage Against U.S. Corporations And A Labor Organization For Commercial Advantage." *US Attorney's Office for the Western District of Pennsylvania*, 19 May 2014, https://www.justice.gov/usao-wdpa/pr/us-charges-five-chinese-military-hackers-cyber-espionage-against-us-corporations-and.
（19）　UK Government. *National Cyber Security Strategy 2016-2021*. March 2016, https://assets.publishing.service.gov.uk/government/uploads/system/uploads/attachment_data/file/567242/national_cyber_security_strategy_2016.pdf.
（20）　大澤淳「国家を背景としたサイバー脅威への対処─積極的サイバー防御の導入に向けて─」『治安フォーラム』二八巻一二号、二〇二二年一一月、六一～六九頁。
（21）　サイバーセキュリティ戦略本部「サイバーセキュリティ戦略」二〇一八年七月二七日、https://www.nisc.go.jp/active/kihon/pdf/cs-senryaku2018.pdf。
（22）　Ibid., p. 20.

第四節　国内法制度とサイバー分野
――ドイツとの比較の観点から――

松浦一夫

はじめに

二〇二二年一二月の「国家安全保障戦略」は、「我が国が優先する戦略的なアプローチ」に関する章で「サイバー安全保障分野での対応能力の向上」を目標として掲げ、この分野での対応能力を「欧米主要国と同等以上」のレベルにまで向上させる必要があると明記した[1]。我が国の防衛の基本方針において は、日米同盟の強化のみならず、オーストラリアやインド、そして北大西洋条約機構（NATO）諸国などの同志国との間の協力・連携強化の重要性がうたわれているが[2]、こうした多国間枠組みの中で、サイバー安全保障の新たな取り組みを実現するには、同盟国や同志国と同等のハイレベルなサイバーセキュリティ体制の構築のため、その前提となる国内法制度の整備、運用の強化を図る必要がある。サイバー安全保障は、政府全体の取り組みだけでなく、民間との連携も必要な、国家が全体として取り組むべき任務であるが、その中で防衛省・自衛隊がいかなる役割を果たし得るか、そしてその国内法的根拠をどのように考えるべきか、未解決な課題も多い。

この点について、諸外国ではどのような対応がなされているのか。この節では、軍隊の使用について憲法的制約を多く設けながらも、日本に先んじて軍隊のサイバー活動を防衛・安全保障法制に位置付ける努力をしてきたドイツを比較対象として取り上げる。NATO同盟戦略の実現のため、ドイツ政府・議会が国内法の中にサイバー戦をどのように位置付けようとしているのか、在来型武力攻撃防衛措置とサイバー空間における措置の法的評価の共通点と相違点を明らかにしつつ解明を試みる。

一　NATOの認識とドイツの対応

1　NATOの認識

ドイツの安全保障政策は、NATOの防衛戦略と不可分であり、サイバー安全保障も同盟戦略と一体である。二〇二一年六月一四日のNATOブリュッセル首脳会合の共同声明では、高まるサイバー攻撃の脅威を意識しつつ、北大西洋条約第五条（共同防衛条項）の適用について、次のように確認した。

我々は、サイバー攻撃がどのような場合に第五条の発動につながるかについての決定を、北大西洋理事会がケース・バイ・ケースで行うことを再確認した。同盟国は、重大な悪意のある累積的なサイバー活動の影響が、特定の状況下では武力攻撃に相当するとみなされる可能性があることを認識している(3)。

この共同防衛条項に基づくサイバー軍事措置においては、引き続き国連憲章、国際人道法、国際人権法などの国際法に則って行動することを約束しつつ、「自由で開かれた、平和で安全なサイバー空間を促進し、サイバー空間における国家の責任ある行動に関する国際法と自主的な規範を支持する」ことも併せて確認している。

2　ドイツの対応

ドイツでは、サイバーセキュリティ全体を主管する連邦内務省が二〇一一年二月に最初の「サイバーセキュリティ戦略」を発表して以来、これを五年ごとに改訂し、急速に激化するサイバー攻撃の脅威への対応に努めてきた。二〇一六年一一月の改訂戦略文書でも、サイバーセキュリティを「全国家的任務」と位置付け、省庁の垣根を超え、新たな戦略にまとめることの必要性が強調されている。

サイバーセキュリティを確保するためには、サイバー空間における国内治安と対外的安全保障はもはや明確に区別することはできない。[…]サイバーセキュリティの維持とサイバー攻撃に対

する防衛は、共同で取り組むべき国家全体の課題となっている。(4)

サイバーセキュリティの軍事防衛分野を担う連邦防衛省・連邦軍（ドイツ軍）は、連邦内務省の戦略方針に従い、二〇一六年七月の「（防衛）白書」の中で次のようにサイバー防衛を位置付けた。

サイバー空間ほど、国内治安と対外的安全保障が密接に結びついている分野はない。サイバー空間における脅威状況は、サイバーセキュリティ政策の枠組みの中で、全体的なアプローチを必要としている。サイバー保安と防衛を確実なものにすることは、国家全体の課題であり、共同で取り組まなければならない。これには重要インフラの共同防護も含まれる。[…]国のサイバーセキュリティの防衛面は、連邦防衛省と連邦軍が本来の責任を負っており、国際的なサイバーセキュリティ政策の全体的な責任は連邦外務省にある。(5)

3　連邦軍の組織改編

連邦軍は二〇一一年六月から連邦内務省の連邦情報技術保安庁（BSI：Das Bundesamt für Sicherheit in der Informationstechnik）の下にある国家サイバー防御センター（NCAZ：Das Nationale Cyber-Abwehrzentrum）と協力体制を築いていた。二〇一六年の戦略文書改訂後、サイバー防御をドイツ軍の新たな重要任務と位置付ける方針に対応するため、連邦軍内部でも大きな組織再編が求められた。

それまで連邦軍は、陸海空の三つの「各軍（Die Teilstreitkräfte）」と二つの「軍事組織領域（Die militärische Organisationsbereiche）」、すなわち兵站、軍事警察、NBC（核・生物・化学）防護などの業務について連邦軍全体の支援を行う「軍基盤機構（Die Streitkräftebasis）」、および医療を担当する「中央衛生部（Der Zentrale Sanitätsdienst）」から構成されていた。二〇一七年四月、当時の連邦防衛大臣（後にヨーロッパ連合〈EU〉委員長）のウルズラ・フォン・デァ・ライエンは、これに加え新しい軍事組織領域「サイバー・情報空間（CIR：Der Cyber- und Informationsraum）」を設立しサイバー活動の強化に備えた。

二　連邦軍によるサイバー活動の国内法的根拠

1　軍隊行動の憲法による規律の歴史的背景

ここで問題となるのは、連邦軍によるサイバー活動の国内法的根拠である。ドイツは一九五六年三月の第七次基本法（憲法）改正で軍隊を設置した。その後、一九六八年六月の第一七次基本法改正で、緊急事態憲法条項を多数導入し、戦時に対応する防衛緊急事態、内乱・騒擾に対応する治安緊急事態、各ラント（州）では対応不可能な激甚災害や大事故を想定した災害緊急事態などの緊急事態における軍隊の出動任務について詳細に定めた(6)。これに伴い、特に国民の基本権への侵害を伴う権力的活動を含む「出動」は憲法明文の根拠を必要とするものとし、憲法が明示的に許容していない軍隊の出動を認めないことで、その活動の安易な拡大を禁じた（基本法第八七ａ条第一項・第二項）。

戦前のワイマール共和国憲法では、大統領に強力な非常措置権が与えられ、安寧秩序の回復のために軍隊による介入を広く許容し、多くの人権を停止することができた（同憲法第四八条第二項）[7]。これが大統領の独裁を許し、やがてナチスによる専制支配を招いた苦い経験がある。戦後、軍隊の活動に憲法明文根拠を細かく定め、その厳格な法的規律を求めたのは、この経験を反省した結果である。

2　軍隊の出動・使用の根拠となる憲法規定

軍隊は「防衛のため」に設置され、対外的な国家防衛のための出動以外の「出動」には憲法明文の根拠を必要とする（基本法第八七ａ条第一項・第二項）。①防衛出動の他に憲法に明文根拠がある出動は、②防衛緊急事態（「防衛事態」〈第一一五ａ条第一項〉および「緊迫事態」〈第八〇ａ条第一項〉）における民用物保護などのための出動（第八七ａ条第三項）、③治安緊急事態（国内緊急事態）における警察力支援のための出動（第八七ａ条第四項第一文）、そして④州が第一次的に対応すべき自然災害や大事故に十分な対処が不可能である場合の災害緊急事態における出動（第三五条第二項第二文・第三項第一文）である。これらの諸規定は、東西冷戦対立の矢面に立たされた（旧）西ドイツ時代に整備されたものであり、在来型の部隊行動を対象としたものであることは言うまでもない。

これに加えて、防衛目的以外の国外活動の根拠として⑤平和維持のための相互集団安全保障機構としての出動（第二四条第二項）がある。この出動類型は冷戦後に活発になった国連活動への参加のため連邦憲法裁判所の判例により認められたものであるが、「相互集団安全保障機構」にはNATOも含まれるものと解釈され、同盟による平和維持・平和執行活動への参加の根拠とみなされている。さらに、軍隊自体の「出動」任務としてではなく、他官庁の技術的支援のために連邦軍を使用する⑥「職務共助」（第三五条第一項）を行うことも許容される。

3　サイバー活動の防衛・安全保障法上の位置付け

ドイツ政府は連邦議会の場で、連邦軍による軍事的サイバー活動の法的規律について、原則的には新規の独自ルールに従うことはないと説明している。それは「ドイツ軍の他のあらゆる活動と同じ憲法的前提に従う」のであり、国内法上、従来の防衛・安全保障法制の枠組みを変更しないことを政府は明言している。たとえば、サイバー戦に関する政府見解を五〇項目について質す野党・左派党（DIE LINKE）議員の質問主意書に対して、政府答弁書は以下のように回答している。

連邦軍による軍事的サイバー能力の投入は、ドイツ軍の他のあらゆる出動と同一の法的条件に従う。連邦軍の出動の基礎は、基本法および国際法の関連規定、国連憲章第七章による安全保障理事会の措置（マンデート）、関係国との国際法上の合意、そして「武装軍隊の国外出動議会承認

手続を定める」議会関与法である。武力紛争に投入される場合には、国際人道法が適用される。(8)

NATO首脳会合の共同声明でも明記されたように、サイバー空間が新たな特性を有する「戦場」になる可能性があるとしても、これを既存の国際法秩序から完全に独立し分離された新規の空間と捉えることは、法秩序の安定を損ない無秩序を生む危険をはらむ。サイバー安全保障の新規性への適応の必要性を意識しつつも、既存の国際法秩序の有効性を確実にする努力がNATO同盟戦略の基礎にある。この基本的スタンスは、同盟構成国ドイツの国内法においても確認されるべきことであった。

そこで、従来の現実空間における軍事活動を前提として形成された憲法の防衛関連規定と、その下で制定された国内法を新たな活動領域であるサイバー空間に適用する場合に、現実空間にはないサイバー空間の特殊性に起因する障害は発生しないのか、より立ち入った検討が必要になる。(9)

三　既存の防衛・安全保障法を軍事的サイバー措置に適用する場合の問題点

すでに述べたように、連邦軍が出動任務としてサイバー活動を行うには、憲法上の根拠が必要になる。特に軍隊の国内出動は国民の基本権への侵害を伴う可能性が高く、厳密な検討が求められる。

1　防衛任務としての活動（第八七 a 条第一項・第二項）

ドイツに向けられたサイバー攻撃が国外から行われたものとみなし得る場合において、連邦軍が防衛任務としてこれに対処する場合が考えられる。その憲法上の根拠は基本法第八七 a 条第一項・第二項である。

サイバー攻撃は、「規模と効果（scale and effect）」の観点において従来の「武力行使」に匹敵する場合には、国際法上の武力行使禁止違反、場合によっては国連憲章第五一条の意味における「武力攻撃」とみなし得る。武力攻撃とみなし、自衛権に基づく軍隊の防衛出動を行うには、サイバー攻撃が「規模と効果」において在来型兵器による軍事的武力攻撃と同等であり、その烈度から通常の軍事攻撃、特にキネティック（物理的）兵器による攻撃により引き起こされる被害（多数の人の殺傷、重要インフラ設備の破壊などの重大な損害）が発生していなければならない。

しかし、サイバー攻撃の場合、その多くは攻撃発生時点においては攻撃主体とその所在場所が不明であり、外部からの攻撃に対する防衛出動と国内の危険に対処するためのその他の出動のどちらを選択すべきか、瞬時には判断できない可能性が高い。このため、外部からの攻撃と判明するまで連邦軍が防衛出動で対応できないのか、という問題が生じ得る。

サイバー攻撃ではないが、攻撃主体が国内にあるか国外にあるかの判別に時間がかかった実例として二〇〇一年九月のアメリカ同時多発テロが挙げられる。事件直後、テロ攻撃が国内航空機をハイジヤックして行われたことから、これがアメリカ国外からの攻撃であるか被害発生時点では不明であった。このため北大西洋理事会（NAC）は、事件発生翌日の九月一二日に、アメリカ国外から攻撃が指導されたことを確認することを条件にこれを武力攻撃とみなし、北大西洋条約第五条を適用することを決定した。この確認が取れたのは一〇月二日であった。つまり、約三週間必要であった[10]。

武力攻撃に匹敵するサイバー攻撃の場合、その拠点や攻撃主体を特定することは現実世界のテロ攻撃以上に困難であり、時間を要する可能性がある。防衛出動としてサイバー対抗措置を行う場合、この点に問題が残る。

もっとも、サイバー攻撃の対象が連邦軍のITシステムに限られる場合、その攻撃を阻止し、被害を防止する措置をとることは、現実空間における連邦軍施設の自己防護と同じく、平時より軍隊の憲法上の防衛任務から当然に派生する権限と捉えることができると学説上理解されている。これは、攻撃者が国内にあるか国外にあるかを問わない。

2　防衛緊急事態における民用物保護のための活動（第八七a条第三項）

ドイツ基本法第八七a条第三項によれば、軍隊は「防衛事態」（第一一五a条第一項）または「緊迫事態」（第八〇a条第一項）において防衛任務を遂行するため必要となるかぎりにおいて独自に、または警察への支援として委任により民用物保護のために出動できる（「防衛事態」と「緊迫事態」は事態認定要件について、おおむね日本の事態対処法における「武力攻撃事態」と「武力攻撃予測事態」に相当する）。

在来型兵器による攻撃と並行して、あるいはその準備行為として、サイバー空間において外部からの武力攻撃と同等の効果を発揮する攻撃がすでに生起しているか、これが直接切迫しており「防衛事態」が認定される場合、または、これに至らない場合でも安全保障上の危機が高まり「緊迫事態」が認定される場合には、防衛任務の遂行に直接・間接に必要な民間ITインフラ設備の障害除去・機能維持のため、この条項により連邦軍を出動させることができる可能性がある。

ただし、これらの可能性は、後述の「防衛事態」または「緊迫事態」の認定要件を満たす場合に限られ、連邦政府の決定だけでなく、連邦議会の同意が必要である。

(1)「防衛事態」の認定

「防衛事態」は「連邦領域が武力によって攻撃されるか、または、そのような攻撃が直接に切迫している」ことが認定要件であり、サイバー攻撃が「武力による攻撃」に該当するものでなければならない。憲法解釈上、ここで「武力」が在来型の兵器に限定されず、在来型の攻撃兵器に匹敵する直接的な威力を発揮し、かつ、国家の公共生活の相当部分を麻痺させることができる攻撃手段を広く「武力」とみなすべきとすれば、サイバー攻撃もこれに含まれるとも考えられる。

ただ、「防衛事態」に関する諸規定(第一一五a～l条)は、軍事力の行使を規律する規定というより、外部からの武力攻撃に対応するドイツ国内の全国家的臨戦態勢の確立を目的とするものである。その趣旨に照らすならば、ドイツの国家機能を相当長期かつ重度に不安定化し、国家の存立を脅かす程度のサイバー攻撃のみが「武力による攻撃」とみなし得ることになり、事態認定のハードルはかなり高い。

(2)「緊迫事態」の認定

在来型兵器による武力攻撃の準備行為としてサイバー攻撃を位置付けるとすれば、「防衛事態」の前段階の危機状況を意味する「緊迫事態」の認定要件は満たされ得る。「緊迫事態」の認定要件のハードルは「防衛事態」よりも低く、「防衛事態」下で行われるような防衛準備態勢確立のための全国家的な機関間の権限移動や広範かつ重度の基本権の制限は伴わない。サイバー戦においては平時と有事の境界は曖昧であり、これへの対処措置も両者を截然と区別することが困難であることから、サイバー攻撃の脅威に対応するために、政府と議会がその政治的裁量の範囲内で連携し、「緊迫事態」下で許される対応を柔軟に発動できると考えられる。

3　治安緊急事態(国内緊急事態)における活動(第八七a条四項第一文)

連邦または州の存立、もしくは自由民主的基本秩序が脅かされる国内緊急事態においても、民用物保護のため、ならびに、武装叛徒の鎮圧のために軍隊の出動が認められる。これは従来型の内乱・騒擾への対応を想定した治安出動の規定であり、一見サイバー防御には関係ないようにも思われる。しかし、解釈によってはサイバー防御への応用が可能であると考えられる。国内にあるサイバー攻撃者が相当程度の組織力をもって国家統治機構に損害を与え、これを破壊する目的をもって有害プログラムを開発し、連邦や州の機関を麻痺させる可能性も否定できない。また、こうした国内攻撃者が、当初は不明であったが、捜査の結果最終的に第三国や国際テロ組織により外部から指導されていることが判明することもある。その可能性を考えるならば、国外とのつながりが解明されない段階でも治安緊急事態の要件を満たす烈度のサイバー攻撃があるならば、これに対応する軍隊のサイバー活動が許容されることは――防衛出動としての対応が即時には困難なだけに――有意義であろう。

4　災害緊急事態における活動（第三五条第二項第二文・第三項第一文）

サイバー攻撃による被害を「災害」と捉え、基本法の災害緊急事態における軍隊の出動としてサイバー活動を認める可能性もある。たとえば、発電所やダムなどの重要インフラにサイバー攻撃があり、これに起因する被害の拡大により国内法上のカタストローフ（激甚災害）とみなし得る重度の非常災害として、局地的災害緊急事態（第三五条第二項第二文）あるいは広域的災害緊急事態（同条第三項第一文）が認定され得るならば、州の防災関係機関を支援するため、連邦軍のサイバー能力を動員できることになる。ただ、ドイツにおいて災害対応は第一次的には各州の権限であり、各州法による。軍隊の災害派遣はこれを補充するにすぎない。

5　「相互集団安全保障機構」としての国外活動（第二四条第二項）

言うまでもなく軍隊の国外活動は国際法に適合する場合にのみ許される。ドイツ基本法上、一般国際法遵守原則（第二五条）と侵略戦争準備行為禁止原則（第二六条）が守られる場合にのみ実施され得るのであり、これに違反する軍隊の活動は違憲である。

連邦軍の防衛目的以外の国外派兵について、連邦憲法裁判所は、一九九四年七月一二日判決において、基本法第二四条第二項を根拠に、ＮＡＴＯ防衛地域（北大西洋条約第五条・第六条）外部での平和維持活動などへの参加を憲法に適合するものと判断した。派兵の手続きについては、「武装軍隊の国外出動に関する決定に際しての議会関与に関する法律（議会関与法）」（二〇〇五年三月一八日）が制定され、原則、事前（緊急の場合は事後）の連邦議会の同意が求められる。(11) サイバー空間における連邦軍の国外活動が現実空間での武装軍隊の出動と同じ法的評価を受けるならば、その実施も同じ議会承認手続きに従う必要がある。

ただ、どのようなサイバー活動が「武装軍隊の国外出動」に該当し、議会承認の対象になるのかについては、ドイツ政府の説明ははっきりしない。(12) 学説上は様々な議論がある。

武装軍隊の国外出動への議会承認が求められるのは、その活動によりドイツが軍事的抗争に巻き込まれる危険があるからであり、この危険の存否が重要な判断基準となる。サイバー活動においては、それを実施する軍部隊の所在場所ではなく、その活動の軍事的効果とその発現する場所が重要なはずである。サイバー活動に携わる軍人が国内にあっても、その軍事的効果が国外で発現するならば、議会承認の対象にすべきという見解もある。また、サイバー活動に従事する軍人は通常の意味での「武装」はしないが、その軍事的影響を重視するならば議会承認の対象外とすることは適当ではないとも考えられる。軍事的サイバー活動による情報収集、敵対勢力の活動の偵察や妨害も、それを実施する軍人自身が武装していなくても、議会関与法で議会承認の対象とされる「武装して行う作戦行動への関与」に包摂されるものと解すべきと一部の学説は主張する。しかし一方で、原則的に連邦議会の公開審議による承認を求める議会関与法の定める手続きの下で、軍事的サイバー活動の秘密保持の必要にどのように応えるべきか、課題も残る。

6　「出動」には該当しない「職務共助」としての活動

「出動」（基本法第八七a条第二項）に該当しない、侵害作用を伴わない非権力的な軍隊の使用は、「職務共助」（第三五条第一項）として個別の憲法上の授権がなくても実施できる。「職務共助」とは、権限の不存在といった法的理由あるいは装備や要員の不足などの事実的理由から任務を実施できる状態にはない官庁のために、その公的任務の実施を可能にするために法律上の所管の境界を越えて、援助を求められた官庁が補充的支援を行うことを意味する。この場合、援助要請官庁と援助受諾官庁の間に指図関係は存在せず、また、あくまで臨時の一時的協力であり、長期継続する制度化された恒常的な協力ではないことがその条件である。

したがってサイバー分野における官庁間協力についても、たとえば障害の原因となる妨害プログラムの除去にあたっての技術的支援のような非権力的協力業務は、短期的であれば「職務共助」の枠組みの中で連邦軍の活動が許されると考えられている。

四　自衛隊のサイバー活動に関わる国内法的課題を考えるにあたっての示唆

1　日独比較の視座

これまでドイツにおける軍隊のサイバー活動について、従来の防衛・安全保障法制で認められてきた軍隊行動根拠の中にどのように位置付けられるかを見てきた。ドイツ政府は既存の防衛・安全保障法制の枠組みの範囲内で連邦軍のサイバー活動を規律することを原則とし、サイバー戦のために新たな法制度を設定しない方針である。

このような軍事的サイバー法制へのアプローチは、日本における自衛隊によるサイバー活動の法的評価にどの程度参考になるであろうか。施行以来、六七回(二〇二三年六月末時点)の改正を行っているドイツ基本法とは異なり、日本国憲法は一度も改正されておらず、再軍備のための改憲も緊急事態条項導入の改憲も行われないまま今日に至っている。時代の変化に憲法改正をもって対応することを原則としてきたドイツと、「解釈改憲」と法律レベルでの防衛・安全保障法制の整備で対応してきた日本では単純な比較はできないが、軍隊の行動類型とその厳格な法的規律を求める点において共通点もある。

ドイツが軍隊のサイバー活動について新規の法的枠組みを作らず既存の防衛・安全保障法制で対応しようとするのは、軍隊の活動に憲法明文の根拠が必要であり、新たな軍隊任務を授権するための改正のハードルが高いからとも考えられる。それゆえ、既存の憲法規定の類推解釈で対応することを優先する必要があった。一方、日本の場合、もともと憲法による制約は「専守防衛」といった一般原則にとどまり、自衛隊の活動の個別的根拠は全て法律レベルであって、ドイツと比較すると改正のハードルは低い。ならば、新規の立法や法律改正で新たなサイバー活動を別途規定することも選択肢ではある。

ただ、自衛隊のサイバー活動がこれまでにない新規性を帯びることがあるとしても、従来の防衛・安全保障法秩序から乖離した法的規律を認めることは法秩序の安定を損なう。また、冷戦終結後多くの任務・権限規定を増設してきた日本の法制にさらなる複雑化と混乱を生む恐れがある。新条文の増設を考える前に、自衛隊のサイバー活動の法的根拠を既存の法制度にどのように落とし込むかをまず検討すべきである。

2　防衛出動との関係

日本に対して外部からのサイバー攻撃がある場合、それが在来型兵器による武力攻撃に伴って行われるか、あるいはその着手行為の段階でも、サイバー攻撃を行う主体が特定できれば、防衛出動（自衛隊法第七六条）の範囲内で対応することが可能な場合はある。サイバー攻撃も在来型の武力攻撃に相当する可能性があれば事態対処法の「武力攻撃事態」に該当することは考えられるが、認定にあたってはその前提となる事実の把握と説明が必要である。サイバー攻撃が単独で行われる場合には、その「規模と効果」に照らして在来型兵器によると同等の被害が生じていれば自衛権による対応が可能であるとしても、攻撃の主体とその所在場所が不明の段階では、防衛出動の下令は難しい[13]。

先にアメリカ同時多発テロ事件へのＮＡＴＯの対応を例に挙げ、攻撃の策源地と主体の特定に時間がかかることに言及したが、サイバー攻撃の場合、現実空間における特定作業以上に時間がかかる可能性がある。とすれば有効な対応策としては、防衛出動とは別の他の自衛隊の任務・権限規定に法的根拠を求め、時間的空白を補完することが必要になる。もちろん、従来の任務・権限規定は、本来は自衛隊のサイバー活動への適用を想定したものではないが、類推解釈とそれに基づく法概念の再定義によりその法的根拠にできる可能性はないか、考えてみる必要がある。

3　防衛省・自衛隊の施設警護との関係

軍隊自体が保有するＩＴ設備に対するサイバー攻撃への対処措置については、その攻撃が国外から行われているか国内からかに関わりなく、平時から軍隊の防衛任務から当然に派生する権限が認められるものとドイツの学説では理解されていた。日本の自衛隊についても、平素の施設警護については、一般的な庁舎（施設）管理権に基づく措置が可能であると考えられ、そのための情報収集は、防衛省設置法第四条第一八号により「所掌事務の遂行に必要な調査及び研究」として実施できるものと考える。防衛省・自衛隊の施設・設備への破壊活動・妨害活動への対応については、武器等防護(自衛隊法第九五条)の他、施設警護のための武器使用も認められている(同法第九五条の三)。武器使用という最強度の侵害権限が認められるならば、サイバー空間上のより低烈度の権利侵害が認められると類推できる可能性はないか、検討の余地があるのではないか。ただし、その場合、「武器」の概念の再定義が必要となるであろうし、警察比例の原則がどのように遵守されるのか、問題も残る(この点は次の4・5についても同じ)。

4　警護出動との関係

内閣総理大臣は、「政治上その他の主義主張に基づき、国家若しくは他人にこれを強要し、又は社会に不安若しくは恐怖を与える目的で多数の人を殺傷し、又は重要な施設その他の物を破壊する行為が行われるおそれがあり、かつ、その被害を防止するため特別の必要があると認める場合」に、日本国内にある「施設」または「施設及び区域」の警護のため部隊等の出動を命ずることができる(自衛隊法第八一条の二)。出動時の自衛官は「職務上警護する施設が大規模な破壊に至るおそれのある侵害を受ける明白な危険があり、武器を使用するほか、他にこれを排除する適当な手段がないと認める相当の理由があるときは、その事態に応じ合理的に必要と判断される限度で武器を使用する」ことができる(同法第九一条の二第三項)。この警護出動の規定も、本来は攻撃主体が国内にあることを想定したものではあるが、明文上そのような限定を求める文言はなく、サイバー攻撃事案への類推適用の可能性が考えられるのではないか。

ただし、制定当時はテロ攻撃を想定していたため、その要件に「政治上その他の主義主張に基づき」という限定がかかる。また、現行法では警護対象は自衛隊の施設と在日アメリカ軍の施設・区域に限定される。この警護対象の限定については、制定当初から原子力発電所など重要インフラ施設にも対象を拡大する必要があることが指摘され、その後も改正の提案があったが実現していない。現行法では自衛隊の施設と在日アメリカ軍の施設・区域以外の警護対象を自衛隊が警護するには治安出動によることになろうが、治安出動には——事後ではあるが——国会承認が必要であるのに対して、警護出動にはその必要はなく、より柔軟な対応ができる。警護対象に重要民間施設を含める改正をした上で、出動に伴う権限にサイバー防御措置を読み込むことは可能か、検討の余地はあろう。それが困難であれば、別途「重要民間施設防御措置」に関する新規定を導入することも考えられる。

5　治安出動との関係

ドイツの学説の理解と同様に、治安出動にもサイバー安全保障において新たな意味を付与することが考えられるかもしれない。

治安出動は内乱・騒擾などの事態において一般警察力では秩序の回復が困難な場合に限られる。命令による治安出動の要件は「間接侵略その他の緊急事態」の発生である（自衛隊法第七八条第一項）。

「間接侵略」は外国の教唆・干渉による場合であり、「その他の緊急事態」とは外国の干渉などと関係なく発生する大規模な内乱などである。その例として「警察の装備する武器などでは対処し得ないような凶器類を暴徒が使用している事態」が含まれるという[14]。

この命令による治安出動が、事態対処法第三章が定める「緊急対処事態その他の緊急事態」に対応するために適用を検討されたことがある。二〇〇八年七月に開催された北海道洞爺湖サミットの際に、ハイジャックされた航空機が会場であるザ・ウィンザーホテル洞爺を標的として航空テロ攻撃を行うことを想定し、飛行禁止空域に侵入した航空機が警告を無視した場合に備え対処措置を検討したのであるが、この時、政府はテロ攻撃が迫る場合、命令による治安出動により対処することを考えたとされる。

治安出動時の自衛隊の権限としては、警察官職務執行法（警職法）の準用による武器使用（自衛隊法第八九条）の他、特別の武器使用権限（同法第九〇条）が定められ、「職務上警護する人、施設又は物件が暴行又は侵害を受け、又は受けようとする明白な危険があり、武器を使用するほか、他にこれを排除する適当な手段がない場合」に武器使用が認められる。洞爺湖サミットの場合、この武器使用権限によりサミット会場への航空テロ攻撃が迫った場合の撃墜措置を検討したとの報道もあった[15]。

サイバー攻撃を「緊急対処事態その他緊急事態」の一類型として捉え、これへの対処のために他の法執行機関と共に自衛隊が特定の役割を担当し、サイバー分野で警察などの装備では不足がある場合に、治安出動として自衛隊がこれを補完し、対応することも可能ではあろう。ただ、この場合でも、

「武器」をどう再定義するかが問題となる。いずれにしても自衛隊の役割は補完的なものであり、その必要性がどの程度あるかは慎重な検討を要する。

事態対処法第三章は「緊急対処事態」(武力攻撃の手段に準ずる手段を用いて多数の人を殺傷する行為が発生した事態又は当該行為が発生する明白な危険が切迫していると認められるに至った事態)以外でも、国および国民の安全に重大な影響を及ぼす緊急事態に的確かつ迅速に対処する必要のある「その他の緊急事態」への対応を定めている(第二一条第一項)。政府は、武装した不審船の出現、大規模なテロの発生などの我が国を取り巻く諸情勢の変化を踏まえ、次に掲げる措置その他の必要な施策を速やかに講ずるものとして、①情勢の集約並びに事態の分析及び評価を行うための態勢の充実、②各種の事態に応じた対処方針の策定の準備、③警察、海上保安庁等と自衛隊の連携の強化、を挙げている。サイバー攻撃への対応も、「必要な施策を速やかに講ず」べき緊急事態として、他の法執行機関との協働枠組みを構築する必要がある。

6　ドイツ類似のアプローチをとる場合の障害

自衛隊のサイバー活動の法的根拠についてドイツのようなアプローチを考えることができたとしても、一つ大きな問題が残る。それは憲法が国民に保障する基本権である「通信の秘密」にどう対応するかである。

ドイツにおける軍事的サイバー活動の憲法上の根拠になり得るものとして本稿で検討した条項は、

いずれも冷戦下の一九六八年六月の改憲で導入された緊急事態条項として体系的に定められたものであるが、これと同時に「通信の秘密」を定める基本法第一〇条についても重要な改正が加えられている。

制定当初の第一〇条は第一項のみであったが、改正により第二項が加えられた。

第一〇条［通信の秘密］
（1）信書の秘密ならびに郵便および電気通信の秘密は不可侵である。
（2）制限は、法律に基づいてのみ行うことができる。その制限が、自由民主的基本秩序の擁護、または連邦およびラントの存立もしくは安全の保護のためのものであるときは、法律により、その制限が当事者に通知されないこと、および裁判上の方法に代えて、国民代表機関［議会］の選任した機関および補助機関によって事後審査を行うことを定めることができる。

この条項は、「自由民主主義に敵対し、これを破壊しようとする者には、無制限の自由は与えない」という、いわゆる「闘う民主主義」の理念の表れである。この条項に基づき「信書・郵便および電信電話の秘密制限に関する法律（基本法第一〇条関係法）」が制定された（一九六八年八月一三日。現行法は二〇〇一年六月二六日の新法）[16]。

国の機関が通信傍受などを行う場合には、連邦議会議員から選任される議会統制委員会

（Parlamentarisches Kontrollgremium：基本法第四五ｄ条）の同意を要する。また、同委員会は補助機関として基本法第一〇条審査会（裁判官就任資格を有する審査会長以下四名の委員と代理委員四名の計八名から構成）を任命し、「通信の秘密」の制限措置の妥当性を判断する。

このようにドイツでは、国の存立と安全の維持のために、国民の「通信の秘密」を制限することの是非とその方法をめぐる憲法議論を経て必要な立法措置が講じられている。しかし、日本においては緊急事態の発生予防と発生後の実効的対応の視点が憲法学説において欠落しており、「公共の福祉」による「通信の秘密」の制限を考えるにも、権利侵害に慎重なあまり必要な立法措置が遅れる恐れがある。

おわりに

二〇二三年六月一四日、ドイツ政府は「国家安全保障戦略」を公表した。「サイバー空間からの脅威に対する防御」と題する章に次のような記述がある。

我々は、攻撃的サイバー活動を早い段階で認識し、進行中の攻撃を迅速に防御することができなければならない。ゆえに連邦政府は、包括的な脅威に明確な権限をもって決然と対抗できるよう、サイバー空間における迅速な全国家的対応のための法的基盤を補完することに努める。この目的のために、連邦政府は特に、基本法［憲法］を改正して、ドイツ国内および国外から深刻なサイバー攻撃がある場合に危険を回避するための連邦政府の権限を創設しようとしている(17)。

再軍備以来、緊急事態対応の憲法的基盤を改憲により整備してきたドイツにあっても、サイバー防衛能力向上のために、さらなる改憲を検討している。サイバー戦への対応が日本における緊急事態憲法条項導入の検討にどのような影響を与え得るか、今後考える必要がある。

（1）「国家安全保障戦略」二〇二二年一二月、Ⅵ2（4）ア（傍点は筆者による）。

（2）「国家防衛戦略」二〇二二年一二月、Ⅲ3。

（3）*Brussels Summit Communiqué.* 14 June 2021, Para. 32, https://www.nato.int/cps/en/natohq/news_185000.htm?selectedLocale=en.

（4）Bundesministerium des Innern, *Cyber-Sicherheitsstrategie für Deutschland 2016*, S. 5, https://www.bmi.bund.de/SharedDocs/downloads/DE/publikationen/themen/it-digitalpolitik/cybersicherheitsstrategie-2016.pdf;jsessionid=37376CDA16255A659EAAE5DA2FCB1849.1_cid373?__blob=publicationFile&v=4.

（5）Die Bundesregierung, *Weissbuch 2016 -Zur Sicherheitspolitik und zur Zukunft der Bundeswehr.* S. 38, https://www.bmvg.de/resource/blob/13708/015be272f8c0098f1537a491676bfc31/weissbuch2016-barrierefrei-data.pdf.

（6）ドイツの再軍備と緊急事態条項導入のための憲法改正の概要については、参照、松浦一夫『立憲主義と安全保障法制—同盟戦略に対応するドイツ連邦憲法裁判所の判例法形成—』三和書籍、二〇一六年、三〜二〇頁。

（7）以下、ワイマール憲法とドイツ基本法の日本語訳については、参照、高田敏・初宿正典編訳『ドイツ憲法集〔第8版〕』信山社、二〇二〇年。ただし、ドイツ基本法の防衛関連条文の邦訳については、前掲拙著、四七六～四九五頁。ドイツ基本法の最新のドイツ語原文および英語訳文は、以下のURLを参照。ドイツ語原文：https://www.gesetze-im-internet.de/gg/BJNR000010949.html、英語訳文：https://www.gesetze-im-internet.de/englisch_gg/englisch_gg.html

（8）左派党議員の質問主意書「『サイバー空間』における戦争」[BT-Drucks.18/6496] 第二問に対する二〇一五年一二月一〇日付政府答弁書の回答 [BT-Drucks.18/6989, S.4.]。

（9）この論点に関するドイツ憲法学説について、詳しくは、松浦一夫「ドイツにおけるサイバー安全保障と防衛憲法」『憲法研究』五四号、二〇二二年六月、一～二八頁参照。以下の説明は、主にこの論文に依拠する。

（10）松浦一夫「9・11米国テロ事件以後のドイツ政府の対応と政策課題」『防衛法研究』二六号、二〇〇二年一〇月、五五頁。

（11）NATO域外派兵をめぐる憲法裁判と議会関与法制定の経緯について、参照、前掲拙著、第一部および第三部。

（12）前出の左派党議員による質問主意書第三六問および第三七問に対する政府答弁書の回答 [BT-Drucks.18/6989, S.12f.]。

（13）防衛出動による対応は「存立危機事態」の場合にも考えられる。同事態の認定要件は、「我が国と密接な関係にある他国」に対する武力攻撃が発生し、これにより日本国の存立が脅かされ、国民の生命・自由などが根底から覆される明白な危険があることであり、「武力攻撃事態」よりいっそう複雑な判断になる。反面、日本と「密接な関係にある」諸国とのサイバー攻撃に関する情報共有とこれへの共同対処の契機ともなり得ることは重視すべきである。

（14）一九七三年九月二三日、参議院本会議、山中防衛庁長官答弁、また、田村重信『新・防衛法制』内外出版、二〇一八年、一六九頁以下参照。

(15)「洞爺湖サミット航空テロ撃墜検討」『読売新聞』二〇〇八年一月二四日、一面。

(16) ドイツにおける政府の情報活動とその議会による統制について、参照、渡邉斉志「ドイツ「信書、郵便及び電信電話の秘密の制限のための法律」の改訂」『外国の立法』二一七巻、二〇〇三年八月、一一五～一三三頁、同「ドイツにおける議会による情報機関の統制」『外国の立法』二三〇巻、二〇〇六年一一月、一二四～一三一頁、および、渡辺富久子「ドイツの連邦情報庁法―対外情報機関の活動の法的根拠―」『外国の立法』二七五巻、二〇一八年三月、五五～八〇頁。

(17) Die Bundesregierung, *Nationale Sicherheitsstrategie: Integrierte Sicherheit für Deutschland "Wehrhaft. Resilient. Nachhaltig"*, Juni 2023, S. 62.（ドイツ語原文：https://www.nationalesicherheitsstrategie.de/Sicherheitsstrategie-DE.pdf、英語訳文：https://www.nationalesicherheitsstrategie.de/National-Security-Strategy-EN.pdf）この文書では、ドイツ政府がサイバー攻撃に対してEUのパートナー国、NATOの同盟国、または他の関係諸国と共に攻撃の加害者を特定し制裁を行うことが宣言されると共に、国全体の抗堪性（レジリエンス）と国家の行動能力を維持するために、サイバー空間において常時対応・防御できるよう、「サイバーセキュリティ・アーキテクチャーをさらに発展させる」と記す。ドイツのサイバーセキュリティ・アーキテクチャーの詳細については、Herpig, Sven, et al. *Deutschlands staatliche Cybersicherheitsarchitektur*. 10. Auflage, Stiftung Neue Verantwortung, Mai 2023.（第一〇版ドイツ語原文：https://www.stiftung-nv.de/sites/default/files/cybersicherheitsarchitektur_zehnteauflage1023.pdf、第九版英語訳文：https://www.stiftung-nv.de/sites/default/files/9thed_cybersecurityarchitecture.pdf）

第五節　国際法上合法なサイバー作戦の範囲

河野桂子

はじめに

国際法上合法なサイバー作戦の範囲を議論するためには、まずそこで適用される国際法を特定することが出発点である。しかし国連の政府専門家会合（サイバーＧＧＥ）やオープンエンド作業部会（ＯＥＷＧ）での議論からも明らかなように、この特定作業は遅々として進んでいない。両会合ともに今日まで達成できたのは、主権、内政不干渉、国際紛争の平和的解決、武力不行使などの国連憲章の基本的な諸原則が国家のサイバー活動に適用されるという総論だけであり、これらの基本原則を「どのように（how）適用するのか」という論点は未解決の問題として残されている。ロシアなど一部の国は新たな国際条約の作成を主張しているが、西側諸国はその必要性を否定している。ただし主要な西側諸国の間でさえ「how」についての考え方は一様ではない。

その一方で国境をまたがるサイバー攻撃は増加の一途をたどり、また深刻さを増している状況を背景に、多くの国が自身の法的見解を公表し始めている。それらの文書の中でも頻繁に引用されているのが、『タリン・マニュアル2・0』[1]（二〇一七年）である。『タリン・マニュアル』は国際法学者や実務家の手によってまとめられた一種の学説にすぎないが、その高い学術的な価値ゆえに多くの国の政府関係者によって頻繁に参照されている。何よりサイバー分野の国際法諸規則を既存の国際法から抽出するという同書のアプローチは、新しい国際条約の作成を不要と考える西側諸国の利害とも一致しており、おおむね好意的な評価を受けている。なお『タリン・マニュアル2・0』は二〇二三年現在すでに改訂作業が始まっており、各国が表明した公式見解も収集分析されている。また『2・0』起草編集過程で催された各国政府との意見交換の機会（オランダ政府が主導したことで「ハーグ・プロセス」と呼ばれる）は改訂版『タリン・マニュアル3・0』でも同様に実施される予定である。こうした一連の起草編集作業は、それ自体が外交交渉に取って代わるものではないものの、同書に一層の信頼性を与えると同時に、より多くの国にとって改訂版への関与の契機となっている。

以上の問題意識を踏まえ、本節では未解決の論点について指針を提供するという理由から主に『2・0』を手掛かりに、最近のサイバー脅威の法的側面を考察する。まず初めに取り上げるのは、私的犯罪集団による越境サイバー犯罪の問題である。もちろんサイバー犯罪への対処は第一義的には法執行機関間の捜査協力によるのが原則であるが、この数年、特に甚大な被害を与えているランサムウェア攻撃との関係で司法共助とは別の選択肢が一部の国によって模索されている。第二の論点は、新型コロナウイルスが引き起こしたパンデミックの間に世界各地で報告された医療関係機関への各種サイバー攻撃である。この問題は特に国際法の研究者・実務家の間で関心が高く、一〇〇名を超える世界中の国際法学者が連名で医療関係組織への国際法上の保護を訴える声明（「オックスフォード・ステイトメント」）[2]を出したことでも知られている。これら二つのサイバー事案は『タリン・マニュアル2・0』の中で直接扱われてはいないが、同書が掲げる関連規則に照らしてどのような法的解決を図ることが想定されるか、また今まで表明された各国見解や対応が同書と同じ取り扱いをしているか否かなど両者の共通点と相違点を探ることによって、この問題をめぐる今後の展望を考えたい。

一　非国家主体による越境サイバー犯罪への対応

非国家主体によるサイバー犯罪の実例として、ここではランサムウェア攻撃を取り上げるが、言うまでもなく同程度の深刻な被害をもたらすその他のサイバー犯罪にも広く当てはまる問題である。

各種報道によれば、多くの犯罪組織は国家に帰属しない非国家主体である。にもかかわらず、たとえばアメリカのエネルギー供給企業（例：コロニアル・パイプライン社）や食肉精製事業者（例：ブラジルのＪＳＢ社）が標的とされた事件について、アメリカ政府は国家安全保障への脅威であるとの認識を示している。こうした犯罪組織の多くはロシアに拠点を置くことから、ジョー・バイデン大統領はウラジーミル・プーチン大統領に対して犯罪組織に対処するよう要求し、アメリカの司法当局は数名の容疑者を刑事訴追している。しかし、ロシア政府がこうした容疑者の身柄を確保してアメリカに引き渡した例も、鎮圧作戦に着手したとの例も今までのところない。多くの犯罪組織は、掃討作戦によって一時的に勢いを削がれても、組織名を変えるなどして容易に復活するため根絶が難しく、この種の犯罪の脅威は継続している。

二〇二一年一二月には、アメリカサイバー軍（USCYBERCOM）がロシアの関係犯罪組織に対して直接掃討作戦を行った事実を初めて認めているが、この作戦はアメリカのネットワークの外で行われていることから、その国際法上の根拠が問題となり得る。通常、陸・海・空などの物理空間での越境法執行活動は、領域国の同意や要請がなければ国際法の下では違法とされているからである。それが許容されるとすれば国際法上の違法性阻却事由が援用されている可能性がある。ロシアが同意を与えていないとすれば、ここで関連するのは対抗措置と緊急措置の二つである。

1　対抗措置──『タリン・マニュアル2・0』

『タリン・マニュアル2・0』監修者であるイギリス・リーディング大学のマイケル・シュミット教授が推奨する解決策は対抗措置である。同教授[(3)]によれば、同書の三つの規則（①主権規則＋②領域国の相当の注意義務＋（集団的）対抗措置）を採用すれば、こうした対ランサムウェア越境作戦は容易に法的整理が可能である。すなわち、①アメリカの各種企業を標的とするランサムウェア攻撃の被害は、国家によるサイバー攻撃（＝主権侵害）の被害に匹敵する。②こうした状況において領域国は自国領域内の私人の活動が他国に当該損害を与えないよう相当の注意義務を負う。ところがロシアは自国領域内の犯罪組織への対処を怠ったため、アメリカに対する相当の注意義務違反という国際違法行為が成立する。③その結果、被害国であるアメリカは対抗措置を援用して、ロシアの国際義務違反を中止させるための措置をとることができる。

国際法では非国家主体に対する対抗措置は許容していないため、ここでアメリカがとることができる対抗措置は、あくまで領域国ロシアによる相当の注意義務違反に向けて行われる点に注意が必要である。

アメリカ政府は対ランサムウェア越境作戦の国際法上の根拠を必ずしも説明してはいないが、シュミット教授は、ＵＳＣＹＢＥＲＣＯＭの越境作戦は、ロシアに対する主権侵害に該当すると考えているようである（ただしロシアが『タリン・マニュアル２・０』の特に①②を採用し、注意義務を履行していることを条件とする。もっとも、ロシアが①②を採用していたとしても、自身が相当の注意義務の履行を怠っていたと認める可能性は低いと思われ、結局ロシアはアメリカの作戦に対して自国の主権が侵害されたと主張するように推測される）。

２　緊急避難

国家に帰属しない越境サイバー犯罪の被害国は、越境対処行動を正当化するために緊急避難を援用する可能性もある。これは国家の本質的な利益が重大かつ差し迫った危険によって脅かされた場合に、一時的に国際法に反する措置をとることを認める違法性阻却事由の一つである。たとえばドイツ政府のポジション・ペーパー（二〇二一年）は、重要インフラへのサイバー攻撃に言及しつつ緊急避難の援用可能性を詳しく論じている。最終的には事例ごとの評価になるとしつつも、一定の重要インフラの保護は「本質的利益」に相当し得ると、この文書は述べている(4)。

ただしここで留意すべきは『タリン・マニュアル２・０』が提唱する通り、国家への帰属が明らかでない状況でまず適用が想定されているのは、前述②の相当の注意義務である点である。したがって②の規則性を支持する国であれば、ことさら緊急避難に依拠する必要性を感じずに、領域国による相当の注意義務の履行を求めるであろう。ドイツ政府のポジション・ペーパーも、簡潔ではあるが相当の注意義務についても支持する旨を記している。ただし同文書はあくまでも一般的な内容にとどまるので、犯罪集団からのランサムウェア攻撃を実際に受けた際にドイツ政府がどのような対応をとるかはこの文書だけでは分からない（ノルウェーおよびスウェーデン、コスタリカ、フランス、フィンランド、日本、スイスについても同様である）。

対抗措置ではなく緊急避難が援用されやすい状況をあえて挙げるとすれば、②の規則性に消極的な国が被害を受けた事例においてであろう。実際、前述の国連の外交交渉でも相当の注意義務は、拘束力ある国際法としてではなく、むしろ拘束力のない規範に分類されており、アメリカをはじめとして消極的な立場をとる国も一定数いる。ただし、こうした①②の双方について否定的な国々は、別の観点からそもそも一定の越境作戦は合法であると主張する可能性すらある。

3　越境作戦は合法

周知の通り、イギリス政府は上記の①②について国際法の規則としての性質を否定し続けている。その動機としては、特に不干渉規則違反未満の越境サイバー活動を自ら行う際に、自由な行動の余地を自身に残すためであると以前から解釈されている。この立場から推測すると上記の対ランサムウェア越境作戦は国際法上そもそも合法な活動となるかもしれない。

それではUSCYBERCOMの対ランサムウェア越境作戦についてアメリカ政府関係者は緊急避難を念頭に置いているのか、あるいはそもそも合法な活動とみなすのか、いずれであろうか。すでに述べたように、アメリカ政府関係者は本作戦の法的根拠に言及しておらず、また本事例とは無関係に公表した公式見解も一部曖昧な部分を含むことから、実際のところは不明である。特に不明瞭なのは①主権規則についてである。アメリカがはたして『タリン・マニュアル2・0』とイギリスのどちらの立場を支持しているのか、アメリカの識者の中でさえ解釈が分かれている。

4　『タリン・マニュアル3・0』に向けて今後の展望

以上、概観したように『タリン・マニュアル2・0』の中でも上述の①をいかに解釈するかによって対ランサムウェア越境サイバー作戦の法的評価はまったく異なるものになり得る。もちろんこの問題は、ランサムウェアに限らずあらゆる越境サイバー犯罪で起こり得る論点であり、今後もさらなる議論の発展が期待される。イギリス政府の特に①に関する見解は、西側諸国の間でも今のところ少数派と目されているが、今後の成り行き次第では他国に大きな影響を与える可能性がある。アメリカの立場についてもいまだに解釈は分かれるものの、USCYBERCOMの「前方防衛(Defend Forward)」戦略は、実際の被害が発生する前に先駆けて攻撃者のネットワークにおいて当該攻撃を封じることを主眼としていると報じられており、従来の違法性阻却事由の枠組みで説明し切れるのかについても疑問が生じる(この点は緊急避難のみならず対抗措置にも当てはまる)。

二　医療業界関係機関へのサイバー攻撃

パンデミックの間の最も深刻なサイバー脅威を一つ挙げるとすれば、医療業界へのサイバー攻撃と答えることに異論はないであろう。各国病院やワクチンの実験研究開発に携わる製薬会社が、データの窃取、ランサムウェア攻撃などのサイバー攻撃の標的とされたことはまだ記憶に新しい。非国家主体が攻撃者である場合の法的論点は本節の一ですでに取り上げたため、以下では国が攻撃者である場合に焦点を絞って、その国際法上の論点を整理する。また病院への攻撃によって患者が死亡するなど犠牲者が発生した場合には、国連憲章第二条第四項の武力行使と認定される可能性は高いが、同じく便宜的な事情から本節ではこの論点には深く立ち入らず、もっぱら前述の①の主権規則および不干渉規則の観点から考察する。

1　不干渉規則違反

この規則の違反が成立するには二つの要件を満たす必要がある。第一に国家の自由な裁量に委ねられている国内または対外事項（国内管轄事項）への意図的な介入であること、第二に特定の作為・不作為を強制していることである（『タリン・マニュアル2・0』規則66）。

医療分野が国内管轄事項に該当するかについて『タリン・マニュアル2・0』には直接の言及はないものの、多くの国や専門家が肯定的である。自国における医療政策をいかに策定して実施するか、さらには公衆医療危機にどう対処するかは、第一義的には各国政府の判断に委ねられている事項であるからである。またパンデミックの最中に起きた各種サイバー攻撃は、被害国の公衆医療政策の遂行を著しく阻害した点で、第二の強制の要件も充足している。

ただし、この強制の要件については『タリン・マニュアル2・0』を討議した専門家の間でも意見が分かれ、論争が続いている。そのことを如実に表すのが、ランサムウェア「ワナクライ（WannaCry）」を用いた北朝鮮によるものとされる二〇一七年のサイバー攻撃により、イギリスの国民保健サービス（NHS）のITシステムが麻痺した事件に対する評価である。この攻撃が北朝鮮の政府によるものだった場合、イギリス政府は自国の医療機関が受けた被害を根拠にこの不干渉規則を援用して北朝鮮政府の違法性を主張することができるだろうか。『タリン・マニュアル2・0』の多数の専門家は、この強制の要件について「特定の国の持つ選択の自由を奪うこと、またはその国の意思に反する結果を引き起こすことを企図した積極的な行為」がなければならず、単にそのような被害が結果として生じただけでは不十分だと考えており[5]、これをワナクライ攻撃に当てはめるとイギリス政府にそのような意味での強制はないため不干渉規則の援用は不可能である。しかも、イギリスは前述①主権規則も受け入れていないため、その結果として北朝鮮に対して何ら国際法違反を追及する選択肢を持たないことになる[6]。

興味深いことにイギリス政府は二〇二二年五月に新たな公式見解を発表し、その中で医療業界への破壊的サイバー攻撃を一定の条件下で不干渉規則違反とみなすと述べている。救急医療輸送の中断、病院のコンピューターシステムの機能停止、薬剤やワクチンの供給の中断などの場合などがその具体例であり、必ずしも特定の作為・不作為を強いる状況でなくとも強制の要件を満たす場合があると考えているようにも読める[7]。より広く強制の要件を捉えているのであれば、このイギリス政府の立場は『タリン・マニュアル2・0』専門家集団の少数派の意見に近い。

2　主権規則違反

それでは次の論点として、『タリン・マニュアル2・0』の枠組みに依拠した場合、パンデミックの間に起きた医療関係機関へのサイバー攻撃は、被害国の主権侵害に該当するかどうかについて考えてみたい。

主権規則の違反が成立するためには、被害国領域内で物理的損害または機能の喪失が発生すること、または「本質的な政府の機能」を害することのいずれかに該当しなければならない（『タリン・マニュアル2・0』規則4解説参照）[(8)]。第一の「損害」については、特に物理的な損害が発生しない場合の基準について論争が続いており、ここでは割愛する。第二の「本質的な政府の機能」とは、物理的損害が発生せず原状復帰が比較的容易な状況であっても、社会福祉、選挙、徴税、外交、主要な国防活動など、政府のみが実施主体として行い得る固有の機能の遂行を阻害した場合を指す[(9)]。この例示からも明らかなように、「本質的な政府の機能」は一部、不干渉規則の国内管轄事項と重複しているように見える。選挙はその典型例である。

医療分野への言及は『タリン・マニュアル2・0』でも見当たらないが、少なくとも前述のシュミット教授および『タリン・マニュアル3・0』で新たに監修者に加わったイギリス・リーディング大学のマルコ・ミラノビッチ教授は、パンデミックなど危機的な状況は別として、「本質的な政府の機能」に通常時の医療を含めることに消極的である。その理由は、公衆医療危機への対処は政府による統一的な対応を要するのに対して、通常の医療サービスは国によっては公的サービスではなく民間事業として行われる場合もあるからである。この理屈は、『タリン・マニュアル2・0』が「政府自身が実施するか民営化するかは不問」と書いていることに矛盾する。いずれにしても、こうした監修者による見解は単なる学説にすぎない。カナダのように、医療分野を「本質的な政府の機能」の範疇に含める国もある[(10)]。さらにはドイツのように主権規則を支持しながらも、「本質的な政府の機能」には触れていない例もある。

3 『タリン・マニュアル3・0』に向けて今後の展望

以上見てきたように、不干渉規則と主権規則の双方についてサイバー活動への具体的な適用の仕方をめぐっては、まだ明らかでない点も多い。特に後者については規則そのものを否定する国もあれば、規則の存在は認めても細部について各国の理解は不統一である。たとえば先のドイツの文書は「本質的な政府の機能」に触れていないことから察すると、おそらく主権侵害の成否は損害の有無のみを基準に判断するのであろう。逆に、たとえばドイツ国内の複数の病院が他国からサイバー攻撃を受けたが、その被害が一時的なシステムの不作動にとどまり犠牲者は発生せずに済んだ(つまり損害がない)状況では、主権規則ではなくもっぱら不干渉規則の適用可能性を検討するであろう点で、イギリス政府の運用に近くなる(もちろんドイツ政府が不干渉規則の「強制」の要件を柔軟に運用することを条件とする)。

『タリン・マニュアル3・0』の編集はまだ始まったばかりであり、今後のサイバー脅威環境の変化や各国の議論の進展によっては、『タリン・マニュアル2・0』とはまったく異なる内容に改訂される可能性も捨て切れない。その点において、『タリン・マニュアル3・0』が前の版と同様に各国への意見照会・交換の機会を設けているのは非常に意義深く、単なる非政府間文書以上の価値を与えるものとなろう。

おわりに

国境を越えたサイバー事案は増加の一途をたどっているが、それに対応するための国際法の枠組みについては未解決の論点も多い。本節では紙幅の関係から非国家主体による越境サイバー犯罪、および医療関係機関へのサイバー攻撃の問題に焦点を絞って考察したが、より広く重要インフラ全般に対するサイバー攻撃の問題を考察する際にも、まずサイバー空間における主権規則や不干渉規則をどのように理解するかが議論の分岐点となる。その観点からも、より多くの国がこの議論に加わること、またすでに公式見解を出した国であっても、より具体的文脈に即してその国の理解が明らかにされることが期待される。

（1）原典は、Schmitt, Michael N., ed. *Tallinn Manual 2.0 on the International Law Applicable to Cyber Operations.* Cambridge University Press, 2017。日本語版は、中谷和弘、河野桂子、黒﨑将広『サイバー攻撃の国際法—タリン・マニュアル２・０の解説【増補版】—』信山社、二〇二三年。

（2）"The Oxford Statement on the International Law Protections Against Cyber Operations Targeting the Health Care Sector." *The Oxford Process,* Oxford Institute for Law, Ethics and Armed Conflict, 2020, https://www.elac.ox.ac.uk/the-oxford-process/the-statements-overview/he-oxford-statement-on-cyber-operations-targeting-the-health-care-sector/; *The Second Oxford Statement on International Law Protections of the Healthcare Sector During Covid-19: Safeguarding Vaccine Research.* Oxford Institute for Law, Ethics and Armed Conflict, 7 August 2020, https://www.elac.

ox.ac.uk/the-second-oxford-statement-on-international-law-protections-of-the-healthcare-sector-during-covid-19-safeguarding-vaccine-research/.

（3）Schmitt, Michael N. "Three International Law Rules for Responding Effectively to Hostile Cyber Operations." *Just Security*, 13 July 2021, https://www.justsecurity.org/77402/three-international-law-rules-for-responding-effectively-to-hostile-cyber-operations/.

（4）The Federal Government of Germany. *On the Application of International Law in Cyberspace*. March 2021, p. 14, https://www.auswaertiges-amt.de/blob/2446304/32e7b2498e10b74fb17204c54665bdf0/on-the-application-of-international-law-in-cyberspace-data.pdf.

（5）TM2, p. 318, Commentary, para. 19.『サイバー攻撃の国際法』八二頁。

（6）Milanovic, Marko, and Michael N. Schmitt. "Cyber Attacks and Cyber（Mis）information Operations During a Pandemic." *Journal of National Security Law & Policy*, vol. 11, 2020, p. 258, https://jnslp.com/wp-content/uploads/2020/12/Cyber-Attacks-and-Cyber-Misinformation-Operations-During-a-Pandemic_2.pdf.

（7）The UK Government. *International Law in Future Frontiers*. 19 May 2022, https://www.gov.uk/government/speeches/international-law-in-future-frontiers.

（8）TM2, p. 20, Commentary, para. 10 et seq.『サイバー攻撃の国際法』規則四の解説参照；一八頁。

（9）TM2, p. 22, Commentary, para. 16.

（10）カナダ政府は「本質的な政府の機能」として医療の他、法執行、選挙、税の徴収、国防、外交を挙げている。Government of Canada. *International Law applicable in cyberspace*. April 2022, https://www.international.gc.ca/world-monde/issues_development-enjeux_developpement/peace_security-paix_securite/cyberspace_law-cyberespace_droit.aspx?lang=eng.

第四章　宇宙・電磁波領域の安全保障様相と法的課題

第一節　宇宙領域のアセット防護

長島　純

はじめに

軍事・安全保障の観点から、宇宙空間の重要性が急速に高まりつつある。特に、観測衛星からの情報は、地図や画像の目視では判別しかねる地上の状況を把握し、人や車両の活動の特異状況の判断、また危機の事前段階の予測などに応用可能であり、それらデータの作戦運用における利活用は不可欠となっている。それは、軍事・安全保障上、リモートセンシング（遠隔探査）衛星の情報が、その他の非戦闘情報と総合的に組み合わされ、俯瞰的に戦域全体を映し出すことを通じて、戦場全体を可視化させる役割を果たすことを意味する。

さらに、光学衛星による高解像度の三次元情報を多用することは、地球上のあらゆる事象や活動を宇宙から監視、制御する流れの中で、時間の経過に伴う変化を掌握し、地上部隊や装備品などの移動や活動の細部を正確かつ詳細に把握することを可能ならしめた。時代の変化と技術の進化を背景に、陸海空という既存の戦闘領域だけでなく、宇宙空間やサイバー空間という新領域において優越性を獲得し得るか否かが、戦いの雌雄を決する時代となったのである。

一　作戦領域としての宇宙空間

そもそも宇宙には、固有の領域という概念はなく、国際公共財として、誰もが自由にアクセスして、活用することができる人類共有の領域と考えられてきた(1)。確かに、これまで科学技術のフロンティアとして平和的な利活用が図られてきた宇宙空間であるが、近年、経済成長の推進基盤としての利用が急速に進み、新たな資源の獲得を企図する国家や企業の参入によって、宇宙空間は、新たに、競合し(Competitive)、混雑し(Congested)、敵対する(Contested)という三つの「C」の特徴を有する領域へと変わりつつある(2)。また、民生活動の宇宙依存が高まるのに併せて、軍事作戦における警戒監視や情報通信の分野で宇宙アセットの重要性が高まる結果、宇宙空間を作戦／戦闘領域として位置付ける傾向が強まっている。

1　「聖域」からの変化

宇宙空間の軍事利用は、米ソ間の宇宙開発競争の口火を切ったスプートニク・ショック(一九五七年一〇月)前後から始まったが(3)、不用意な宇宙アセットへの攻撃がお互いの偵察監視や衛星通信に大きな影響を与えることから、二一世紀初頭まで、軍事的な挑戦を控える「聖域」とみなされてきた。(4) しかし、中国が、二〇〇七年一月に強行した対衛星兵器（ＡＳＡＴ）を用いた人工衛星の破壊実験は、多数の宇宙ゴミ（デブリ）を発生させることとなり、宇宙空間の安定的利用を求める西側諸国に対して、宇宙システムの脆弱性と共に、その対策の必要性を再認識させることになった。(5) それは、指揮通信、画像情報、ナビゲーション、早期警戒の面で宇宙への軍事的な依存が加速する中で、国家主体による宇宙への軍事的アプローチを積極化させることも意味した。そして、二〇一八年、アメリカは初の「国家宇宙戦略」の中で、宇宙空間を軍事作戦の対象となる戦闘領域として位置付けたのである。(6)

2　ロシア・ウクライナ戦争の教訓

二〇二二年二月に勃発したロシア・ウクライナ戦争の際にも、軍事作戦における宇宙空間の重要性が、改めて明らかとなった。それは、アメリカのマクサー・テクノロジーズ社に代表される民間の商用衛星画像、電波源から判別される電子信号情報や合成開口レーダー（ＳＡＲ）情報、さらには、遠く離れた土地や戦場付近においてスマートフォンなどで撮影された画像データ、これらが包括的に一元処理されることを通じて、インテリジェンスに関するビッグデータの重要な一部となり、ロシアの戦場における戦力状況をリアルタイムに可視化させることに寄与したのである。また、スターリンクのような民間衛星通信インターネットサービスは、サイバー攻撃により既存の通信環境を活用し得ないような場合でも、ウクライナ軍の抗堪性（レジリエンス）を高め、戦力的に劣勢の中において、継戦能力を確保する上で大きな貢献を果たした。

それらは、いずれも、技術の進化によってもたらされたものであり、世界は、高解像度の汎用技術や衛星コンステレーション技術などの高度化する商用宇宙能力によって、戦局の帰趨が左右される現実を目の当たりにすることになった。また、ウクライナ軍は、宇宙システムを利用した砲撃支援システム「ＧＩＳＡｒｔａ」を戦場に投入し[7]、ＧＰＳや小型ドローンからのデジタルデータ情報の処理および伝達速度を早めることによって、ロシア軍に対する反撃の時間を大幅に縮めることに成功した。今後、宇宙利用の戦闘管理システムが統合打撃力の中核を占めることが予想される中で、宇宙に係る先進的な技術を実際の作戦運用に迅速かつシームレスに取り込んでいくことができるか否かは、軍の作戦遂行に死活的な意味を有することになろう。

3　両用技術の重要性

そもそも、現在の高度な軍事技術は、技術の指数関数的な進化の流れの中で、民生技術から派生（スピン・オン）するものが急増しており[8]、その境目を区別することに意味がなくなってきている。事実、中国は、その軍民融合戦略の中で、近年の技術革新の急速な進展による軍事技術と民生技術のボーダーレス化を背景として、軍事技術にも応用し得る先進的な民生技術、いわゆる軍民両用（デュアルユース）技術に対して軍事目的での多額の投資を行い、その早期の実装化を急いでいる。西側諸国は、これらの投資が、他の競合国の技術的および運用上の優位性を損ない、自由で開かれた国際秩序を不安定なものにしかねないことを懸念しているが、今後、新興・破壊的技術（ＥＤＴｓ）[9]の急速な発展とさらなる進化によって、ハイブリッド戦争を含む各種戦闘の中で、デュアルユース技術を実装化した民間アセットの重要性は一層高まるであろう。宇宙空間が軍事的な領域に変化し、その中で、民間部門の果たす安全保障面での役割がより大きくなる流れにおいて、宇宙空間におけるデュアルユース技術の積極的な活用は、敵に対する優越性を獲得するための鍵となる。

二　宇宙領域のアセット防護

1　民間宇宙アセットの軍事利用

ウクライナの戦場では、民間の宇宙関連のビジネス主体が大きな役割を果たすことになったが、その中でも、リモートセンシング衛星の情報が、その他の非戦闘情報と有機的に結合し、俯瞰的に戦域全体を映し出すことを通じて、ウクライナ関係者に、戦いの推移をリアルタイムに共有し得た事実は注目に値する。それは、世界に、商用の地球観測衛星からの情報が、地図や画像の目視では判別しかねる地上や海上の状況を把握し、危機事態の推移を予測するにあたって大きな役割を果たし得ることを再認識させた。特に、光学衛星による高解像度の三次元情報を活用して、時間の経過に伴う変化分を加えつつ、地上部隊や装備品などの移動や活動を正確かつ詳細に把握することは、時間的かつ空間的にシームレスな戦いを遂行する上で不可欠となっている。

一九七七年のジュネーヴ諸条約第一追加議定書第五二条第二項は、慣習法化し、さらに洋上と空中の目標についても適用される。合法的な攻撃目標となる「軍事目標（military objectives）」は、「物については、その性質、位置、用途又は使用が軍事活動に効果的に資する物であってその全面的又は部分的な破壊、奪取又は無効化がその時点における状況において明確な軍事的利益をもたらすものに限る」ことを明確にしている。(10)

他方で、今回のロシア・ウクライナ戦争では、民生用で使用されるアセットが、戦場下における軍事目標となる可能性が指摘されている。それは、ウクライナ軍が戦場への進撃を続ける中、指揮統制を維持できないことへのロシア側の不満が高まっていることを背景として、二〇二二年一〇月二六日、国連総会の会合中に、ロシア外務省報道官のコンスタンチン・ボロンツォフが行った発言に表れている。(11) そこで、彼は、「宇宙技術の無害な利用を超え、最近のウクライナ情勢の中で明らかになった極めて危険な傾向を特に強調したい」として「アメリカとその同盟国による軍事目的での宇宙空間における商業・インフラ要素を含む民間利用」を対象として、衛星利用は戦争への「間接的参加を構成する」ことから「準民間インフラが正当な報復対象となる可能性がある」と述べた。それは、軍事利用される民間宇宙アセットが、一時的であっても、敵からは軍事目標とみなされる可能性が高いことを示すことになり、国家として、これらの民間の宇宙能力をいかに敵の攻撃や妨害から守るのかという新たな問題が浮上してくる。このロシア側の発言に対して、アメリカ・ホワイトハウスのカリーヌ・

ジャンピエール報道官は、詳細については触れなかったが、アメリカの(宇宙アセットを含む)インフラに対するいかなる攻撃にも対応すると述べ、国家として宇宙民間インフラを防護する断固とした姿勢を見せた[12]。

今後、日本も、有事における民間アセットの信頼性を維持し、機能発揮を保証するという観点から、民間アセットへの敵の攻撃からの防護についても明確な姿勢を示し、その実施要領や被害を受けた際の損害補償などに関する検討を急ぐべきではないだろうか。さらに、それらの検討と併せて、国レベルだけでなく、多国間においても、その民間アセットの敵の攻撃からの具体的な防護要領や被害復旧などについて協調的な立場を取ることは、今後、有事における民間アセットの信頼性を維持し、宇宙システムの機能発揮を保証するためにも不可避の課題となるであろう。

2　領域統合の戦いと国際規範

二〇二二年二月二四日、ロシアがウクライナへの侵攻を開始した当日、民間衛星通信会社のビアサット(Viasat)社のKA-SATブロードバンド衛星がサイバー攻撃の対象となり、軍民の通信や電力が被害や影響を受けることになった[13]。さらに、その攻撃事態は、インターネット接続障害やドイツの風力発電へのリモートアクセス切断など[14]、ヨーロッパ全域に重大な影響を広げたのである。従来、宇宙アセットやシステムへの攻撃は、ASAT攻撃、ジャミング、ハッキングなど宇宙空間の人工衛星に対する直接的な攻撃が主体とみられてきたが、IoTにおける情報通信技術の急速な進化に伴って宇宙システム全体の重要性が高まる中で、その攻撃対象は、打ち上げ、追跡管制、衛星運用などの機能を有する地上システムにも及び、サイバー空間を通じた攻撃に対する安全確保がより一層大きな課題となりつつある。それは、人工衛星、地上施設、コミュニケーションラインを個別に防護するのでは十分でなく、宇宙とサイバーという空間領域を統合的に捉え、その一体的な防衛手段を早急に構築する必要性が生じていることを意味する。

また、中露の核弾頭搭載可能な極超音速兵器やレーダーの見通し外から飛来する新たな経空脅威に対して、アメリカは、増殖性戦闘宇宙アーキテクチャー（ＰＷＳＡ）と呼ばれる軍事衛星ネットワークによる宇宙センサーシステムの開発や弾道ミサイル発射直後における破壊・迎撃用の指向性エネルギー兵器開発の検討を急いでいる。それは、将来的に、宇宙空間において、超高速、大容量、多接続、低遅延を特徴とする情報通信技術（ＩＣＴ）の進化によって、あらゆるものがインターネットにつながる宇宙ＩｏＴの中で、地上の警戒監視機能を支援する能力が宇宙システムに付加されることを前提としている。そして、軍事技術の急速な進展を背景として現在の戦闘様相が陸・海・空のみならず、宇宙・サイバー・電磁波という新たな作戦領域を組み合わせたものになることによって、統合防空ミサイル防衛（ＩＡＭＤ）における宇宙空間の価値がより高まる。領域統合的な対応が、従来の防衛の範疇を超えて、脅威の多様化と複雑化に応じて一層進化してゆくのである。

しかしここで、世界は、技術の急速な進化と新領域をめぐる環境変化に対して、既存の条約や慣習法が十分対処できているのかという疑問に直面する。現在、米露間の軍備管理・軍縮に向けての動きが停滞し、核戦力増強を図る中国が新たな核軍縮交渉の協議への参加を拒否する状況の中で、新たな脅威の多様化や複雑化に対する国際的な対応が十分とは言えない。

一九六七年、宇宙空間における軍事利用を禁止または制限する宇宙条約の発効以来、軍事的な挑戦が行われない「聖域」とみなされてきたものの、宇宙への軍事・民生の依存が強まり、宇宙が作戦／戦闘領域化へと変化する中で、状況は大きく変わりつつある。そして、近年、徐々にではあるが、国際社会では宇宙活動に関する国際的なルール作りへの努力が始まり、安全保障面でも、新たな国際的取り組みに向けた動きが活発化するようになっている。(15) このような国際的な取り組みが、具体的な国際規範の成立として結実し、宇宙空間における脅威の抑止と対処を実効的かつ平和裏に行える環境が整備されることが期待される。

3　五条任務化の問題点

自衛権は権利なので要件を満たせば行使できる。しかし、安全保障条約では自衛権の行使を相互に義務化しているため、どのような場合に義務となるのかが問題となる。

二〇二三年一月、日米安全保障協議委員会(2＋2)において、宇宙に係る攻撃が同盟の安全に対する明確な挑戦であるとして、一定の場合には、当該攻撃が、日米安全保障条約第五条の発動につながることが確認された。すでに、二〇一九年四月の2＋2において、サイバー攻撃が日米安保条約第五条の武力攻撃に該当するとしていることから、今回、新たに宇宙領域における攻撃事態が対象範疇となったことになる。

第五条とは、アメリカの対日防衛義務を定めた条項であり、日米安保条約の中核的な条文とされる。「日本国の施政の下にある領域における、いずれか一方に対する武力攻撃」に対して、「共通の危険に対処するように行動する」と規定されており、今回の合意によって、宇宙空間における日米両国による防衛の決意が明らかにされたこととなる。しかし、実際の五条発動に際しては、我が国が施政を行い得る状況にあるとされる領域において[16]、いずれか一方に対する武力攻撃が生じることが必要であるとみられ、本来、領域の概念が想定されない宇宙空間の位置付けをめぐって、現実の運用においては難しい判断が求められることが懸念される。そもそも、施政下の領域とは、日本が領有し、我が国の法律が適用できる地域であって、従来の解釈では、宇宙空間に適用されるとは考えられていなかった。今回、日本の防衛のために、宇宙アセットが重要な位置付けとなったことに加えて、宇宙の重要性や環境変化に伴って、その領域の解釈が拡大されたものと理解することが妥当であろうが、依然として明確な回答はみられない。

北大西洋条約機構（NATO）においても、二〇一九年六月の国防相会合において独自の宇宙政策が採択され、同年一二月のロンドン首脳会合において、宇宙が、陸、海、空、サイバー空間と並んで五番目の作戦領域として位置付けられた。さらに、二〇二一年のブリュッセル首脳会合では、宇宙空間への攻撃が、NATOの集団防衛条項（第五条）を自動的に発動する可能性を明らかにした。その一方で、そのような攻撃がいつ第五条の発動につながるかについての決定は、状況に応じ、北大西洋理事会（NAC）の決定によって行われるとして、明確な発動基準などは示されていない。それは、あえて発動の閾値を示さないことによって、相手を抑止する戦術と位置付けられ、ロシアによるサイバー攻撃、宇宙空間における妨害活動、海底ケーブルの切断などに対する牽制的な予防措置と考えられる。いずれにせよ、第五条適用が、宇宙アセットへの直接攻撃によって実現するのか、それとも、宇宙アセット攻撃の結果として、重要インフラなどの停止が発生して、それを契機として、第五条が発動されるのか、論点を十分整理する必要がある。現実にハイブリッド攻撃が、国民生活の基盤となる重要インフラへの重大な被害を生じかねない中で、これらの議論が、攻撃者の行動を抑止する方策として、一定の効果は期待できるであろう(17)。

おわりに

現在、仮想空間と現実空間の接続性が高まり、その境界がより重複し、不透明となる中で、作戦領域を統合領域として捉え、領域間をシームレスに戦うことが求められている。そのため、宇宙やサイバー空間における攻撃がもたらす重大な被害をトリガーとして、集団的自衛権を発動することは、新領域作戦の特性上も妥当であろう。しかし、それらの攻撃の帰属（アトリビューション）の確定は難しく、それを立証し、攻撃の正当性を主張するには、いまだ十分な環境が準備されているとは言えない。それは、今後、同盟内、または有志国の間で、十分な協議を行い、想定事態を整理し、万全な対応を準備することによって、初めて現実のものとなるはずである。

本来、公共財として尊重されるべき宇宙空間が、作戦／戦闘領域に変化していることは、国際的にも憂慮すべき事態であり、一刻も早く、それらの空間から増大しつつある脅威を排除し、本来の安定した持続可能な空間へと回復させることが、国際社会の重大な責任となることは間違いない。そのためには、新領域の安全保障の複雑さと多様性に鑑みて、専門の分野を超えた様々な関係者の知恵と経験が不可欠であり、さらに、それらを総合的に取りまとめ得る、国際的な総合調整能力と幅広い見識が求められるはずである。

（1） Silverstein, Benjamin, and Ankit Panda. *Space Is a Great Commons. It's Time to Treat It as Such.* Carnegie Endowment for International Peace, 9 March 2021, https://carnegieendowment.org/2021/03/09/space-is-great-commons.-it-s-time-to-treat-it-as-such-pub-84018.

（2） United Nations. *General Assembly: Outer Space Increasingly 'Congested, Contested and Competitive,' First Committee Told, as Speakers Urge Legally Binding Document to Prevent Its Militarization.* 25 October 2013, https://www.un.org/press/en/2013/gadis3487.coc.htm.

（3） Bahney, Benjamin, anc Jonathan Pearl. *Why Creating a Space Force Changes Nothing: Space Has Been Militarized From the Start.* Foreign Affairs, 26 March 2019, https://www.foreignaffairs.com/articles/space/2019-03-26/why-creating-space-force-changes-nothing.

（4）福島康仁『宇宙と安全保障―軍事利用の潮流とガバナンスの模索―』千倉書房、二〇二〇年、一〇五頁。

（5）Colby, Elbridge. *FROM SANCTUARY TO BATTLEFIELD: A Framework for a U.S. Defense and Deterrence Strategy for Space*. Center for a New American Security, January 2016, https://s3.us-east-1.amazonaws.com/files.cnas.org/documents/CNAS-Space-Report_16107.pdf.

（6）The White House. *President Donald J. Trump is Unveiling an America First National Space Strategy*. 23 March 2018, https://trumpwhitehouse.archives.gov/briefings-statements/president-donald-j-trump-unveiling-america-first-national-space-strategy/.

（7）ＧＩＳ Ａｒｔａは、ドローン、アメリカおよびＮＡＴＯの情報フィード、従来の前方監視員から目標情報を取得し、その情報を砲兵用の正確な座標に変換する、ＯＳ「アンドロイド」用のアプリを指す（*GIS "ARTA": Automated Command and Control System*. https://gisarta.org/en/.）。

（8）Missiroli, Antonio. "Game of drones? How new technologies affect deterrence, defence and security." *NATO Review*, NATO, 5 May 2020, https://www.nato.int/docu/review/articles/2020/05/05/game-of-drones-how-new-technologies-affect-deterrence-defence-and-security/index.html.

（9）NATO. "Emerging and disruptive technologies." 22 June 2023, https://www.nato.int/cps/en/natohq/topics_184303.htm.

（10）Schmitt, Michael, and Kieran Tinkler. *War in Space: How International Humanitarian Law Might Apply*. Just Security, 9 March 2020, https://www.justsecurity.org/68906/war-in-space-how-international-humanitarian-law-might-apply/.

（11）McFall, Caitlin. "Russia threatens to target Western commercial satellites like Elon Musk's Starlink." *Fox News*, FOX News Channel, 27 October 2022, https://www.foxnews.com/world/russia-threatens-target-western-commercial-satellites-elon-musks-starlink.

（12）White House. *Press Gaggle by Press Secretary Karine Jean-Pierre En Route Syracuse, NY*. 27 October 2022, https://

www.whitehouse.gov/briefing-room/press-briefings/2022/10/27/press-gaggle-by-press-secretary-karine-jean-pierre-en-route-syracuse-ny/.

（13） Corera, Gordon. “Russia hacked Ukrainian satellite communications, officials believe.” *BBC News*, BBC, 25 March 2022, https://www.bbc.com/news/technology-60796079.

（14） Page, Carly. “US, UK and EU blame Russia for ‘unacceptable’ Viasat cyberattack.” *TechCrunch*, Yahoo, 10 May 2022, https://techcrunch.com/2022/05/10/russia-viasat-cyberattack/.

（15） 軍縮会議日本政府代表部「宇宙空間における軍事・安全保障面での制度的枠組み」二〇二三年四月一一日、https://www.disarm.emb-japan.go.jp/itpr_ja/chap12.html。

（16）「日米安保条約5条、北方領土・竹島は適用外　加藤官房長官が見解」『産経新聞』二〇二〇年一一月一二日、https://www.sankei.com/article/20201112-V2EZ2GNPVRPLDPDABBKDS75WRA/。

（17） NATO. *Pre-ministerial press conference by NATO Secretary General Jens Stoltenberg ahead of the meetings of NATO Defence Ministers*. 11 October 2022, https://www.nato.int/cps/en/natohq/opinions_208037.htm.

第二節　宇宙領域の安全保障の法的課題

研究会事務局

はじめに

本節では、「サイバー等新領域安全保障の法的課題研究会」での委員間の議論に基づき、研究会事務局で宇宙領域の安全保障に関わる法的課題を整理した。

一　宇宙領域の安全保障

1　宇宙安全保障環境の変化

宇宙領域では、ＧＮＳＳ（衛星測位システム）や衛星データのソリューション活用、衛星コンステレーション通信など、民生・防衛分野共に宇宙への依存が急速に拡大している。そのため、宇宙システテムの安定利用が妨げられれば、国家の安全保障のみならず、国民の生活にも重大な影響が生じるようになってきている。

特に、安全保障分野では、宇宙は不可欠となってきており、第一章の「領域横断のあたらしい戦争の形」で見てきたものも含め、①ＩＳＲ（情報収集・警戒監視・偵察）、②ミサイル防衛、③衛星通信、④環境モニタリング、⑤測位など、利用範囲は多岐にわたる。特に、今後、目標の探知・追尾能力の獲得を目的とした衛星コンステレーションの構築や、衛星を活用した極超音速滑空兵器（ＨＧＶ）の探知・追尾などの対処能力の整備など、宇宙の活用への期待は非常に大きい。

各国の宇宙領域への依存が広がる中で、宇宙の安全保障環境には大きな変化が生じている。冷戦期には、米ソ二極体制において核の相互抑止が成立する中で、相互抑止を成り立たせているお互いの宇宙アセットには直接攻撃をしない、という暗黙の了解が米ソ間で成立していた。しかし、今日、宇宙で活動する国が増加し、多極構造になりつつあり、そのような暗黙の了解は崩壊している。

また、宇宙利用を取り巻く環境も悪化しつつある。宇宙空間に打ち上げられた衛星は、これまで一万一〇〇〇基あまりとなり、このうち七五〇〇基が宇宙空間に存在し、うち四五〇〇基が運用中である。そのため、現在も宇宙空間の混雑が生じている。宇宙空間に打ち上げられる衛星は今後激増が予想され、軌道の高低により差異はあるものの、スターリンクをはじめとした商用衛星コンステレーションの増大などを含め、近い将来に六万三〇〇〇基になるといわれている。

さらに、衛星同士の衝突や、中露の度重なる対衛星兵器（ＡＳＡＴ）実験により、細かい宇宙ゴミ（デブリ)も大量に発生しており、その数も増大しつつある。一〇センチメートル以上のデブリでも、二万個が地球を取り巻く軌道上に漂っている。

宇宙システムに対する安全保障上の多様な脅威としては、①ASAT(対衛星)ミサイル、②キラー衛星、③電子戦、④GPSへの電波妨害、⑤サイバー攻撃などがある。

政策レベルでは、中露の宇宙能力の拡大に伴って、アメリカの宇宙認識と戦略に変化が見られる。アメリカの二〇一四年の「四年ごとの国防見直し(QDR)」[1]では、宇宙領域は戦闘領域であるという認識が示され、二〇二〇年の国防宇宙戦略(Defense Space Strategy)[2]では、宇宙はアメリカの国家安全保障、繁栄にとって死活的に重要であるという認識の下、①宇宙における包括的な軍的優位性の構築、②国際規範などで有利な戦略環境の醸成、③同盟国などとの協力、を政策的に進める方向が示された。同年一二月に発表された国家宇宙政策(National Space Policy)[3]では、宇宙探査の復活を宣言すると共に、宇宙抑止の原則を明確化した。アメリカまたは同盟国の宇宙システムに対する意図的な干渉または攻撃に対して、選択した時間、場所、方法、領域で熟慮した対応を取ることを明確化し、宇宙領域以外でのマルチドメインでの対応を示唆したのである。

宇宙領域を取り巻く環境の変化として、宇宙で活動する主体の多様化がある。これは、「Space2.0」とでも言うべき宇宙領域のパラダイムシフトである。小型衛星、商業宇宙利用の進展によって、宇宙空間に国家以外の主体が参入し、技術の飛躍的進化により、国家以外の主体が宇宙利用可能な時代になった。今後、安全保障の分野でも、積極的に商用サービスを利用する時代を迎えつつある。このことは、今回のロシア・ウクライナ戦争において、商用画像の提供が現地の戦局の展開に大きな影響を与え、衛星コンステレーション通信の利用が軍民の抗堪性（レジリエンス）向上に貢献した事実からも明らかであろう。

2　我が国の宇宙安全保障政策の歴史と今後の政策の方向性

我が国の宇宙安全保障に関する政策の起点は、一九六九年の宇宙の平和利用に関する国会決議にある。この決議では、安全保障上の視点が欠落し、事後の宇宙における安全保障関連の技術開発や人材育成に遅れが生じる結果を招いた。我が国では、その後約半世紀にわたって、科学技術と産業振興を基本とする宇宙政策と宇宙開発が行われた。

我が国において、宇宙安全保障政策の議論が本格的にスタートしたのは、二〇一五年の宇宙基本計画の見直しにおいてであった。[4]安全保障環境の変化を受けた二〇一三年の国家安全保障戦略の策定により、二〇一五年の宇宙基本計画では、[5]宇宙基本計画でも安全保障上の要請を反映し、宇宙安全保障が本格的にスタートした。二〇二〇年の新たな宇宙基本計画では、[6]宇宙政策をめぐる環境認識について、①宇宙空間における脅威の増大、②宇宙を戦闘領域と位置付ける動きの広がりにより、宇宙安全保障が喫緊の課題になっている、という認識が示された。

さらに、二〇二一年五月の自民党の宇宙政策に関わる第七次提言[7]では、我が国独自の小型衛星コンステレーション構築により、安全保障、防災における活用を推進し、防衛通信、ミサイル防衛、海洋状況把握（ＭＤＡ）などへの活用を行うこととしている。

新しい宇宙基本計画に基づく我が国の宇宙安全保障政策では、①宇宙状況把握（ＳＳＡ）における多国間協力、多国間の共同運用・対処の進展、②ＭＤＡや衛星通信での国際協力の進展、③二〇二六年を目処にした宇宙領域での本格的なＳＳＡ衛星のオペレーション開始、が見込まれる。

我が国でも今後、宇宙領域での宇宙アセットの防衛をいかに行うのか、信頼できる宇宙抑止力をどのように構築するのか、そのためのアメリカとの協力、協調をどう実現するのか、攻撃による重大な被害を受けた場合に、必要な機能と運用能力をどのように確保するのか、宇宙システムの機能保証が課題となる。

3　今後必要となる宇宙安全保障の戦略目的と課題

宇宙の安全保障では、地上と異なり、宇宙では領域管轄権が行使できないという国際法上の特性も考える必要がある。

また、宇宙システムの機能保証の考え方の確立も重要である。機能保証を強化するために何を行うのか、脆弱性評価をどうするのかなどの課題がある。

国内法的には、我が国が宇宙作戦能力を構築する過程で、宇宙作戦の定義、作戦遂行の国内法上の法的根拠となる権限の制定、いずれの機関などが総合的な宇宙作戦の責任を取るのか、また、実際の作戦規定などの策定が必要となる。

二　宇宙領域の安全保障における法的課題

1　宇宙安全保障における自衛権行使

論点◉自国の宇宙システムへの攻撃や無力化行為に対する、自衛権行使上の課題は何か。

キネティック（物理的）な攻撃・防御は、宇宙ゴミ（デブリ）を多く発生させることから、自衛権行使が可能な場合であっても各国は避けると考えられる。宇宙空間は、国際公共財として考えられており、現在の宇宙空間の軍事化の話は、同空間における脅威を排除して、安定性があり、持続可能性を有した空間として回復することを前提にして行われている。

しかしながら、当然いずれの国も国家への武力行使があれば、宇宙空間であっても自衛権を行使できる。アクティブ・ディフェンス（能動的防御）を採用しているフランスは、宇宙における自衛権行使を確認し、重要な衛星についてはレーザー兵器搭載も示唆している。こうした宇宙空間における自衛権に基づく対処においては、アトリビューション（攻撃の帰属）の特定ができるかどうかが鍵である。そのため、多国間でのアトリビューション能力構築が重要となる。

宇宙における自衛権行使にあたり、国際法上、宇宙空間に通常兵器を配置することは宇宙条約に反しない。また、ＡＳＡＴは国際法上違法とされていない。これらの点は注目しておくべきである。

2　宇宙空間における武力攻撃事態の認定

論点◉宇宙空間における武力攻撃への対応に関わる課題は何か。

宇宙空間の戦闘領域化に伴い、将来の有事においては、国家が保有する衛星に対するＡＳＡＴなどによる破壊、民間が保有する衛星に対するＡＳＡＴなどによる破壊、国有・民有の衛星に対する電波妨害やサイバー攻撃による機能妨害などの烈度の高い事態が予想される。

このような事態に際しては、国際法上の自衛権の行使や対抗措置を検討することになり、国内法的には、自衛隊法上の防衛出動を根拠とした活動を検討することとなるが、武力攻撃が発生した事態または武力攻撃の危険が切迫した事態の認定が必要となる。その場合、誰が何のために、いかなる手段で、どうやって、その攻撃を行ったのか、攻撃を受けた側は、そのアトリビューションを明らかにする必要がある。

宇宙空間における武力攻撃事態の認定をどのように行うのか、今後検討と整理が必要であり、具体的なシナリオを設定して、宇宙空間において武力の行使や武力攻撃と認定される要件を明確化する必要がある。

論点◉宇宙空間における武力攻撃事態認定に関わる注意点は何か。

国内法上の事態認定と、国際法上の「武力攻撃」「武力行使」などの閾値が異なることに留意が必要である。日本では政府の憲法解釈上自衛権行使の範囲が国連憲章第五一条でいう武力攻撃に限られるのかという問題がある。国際法では武力行使の中に武力攻撃が包摂され、国際法上は、自衛権行使には武力攻撃が必要となる。急迫不正の侵害に対して、自衛権行使ができるかどうかについては、個別事例を慎重に検討する必要がある。対外的には、国際法の概念に沿って日本が適切に行動していることを確保する必要がある。

論点◉衛星への妨害や使用済み衛星の破壊など、武力攻撃ではないが、重大な影響を生じ得る事態にどう対処するか。

宇宙においてはアセットへの武力攻撃になるような激しい形の攻撃はあり得るが、実際上は電波による通信衛星や測位衛星への妨害、レーザー光を用いた衛星の光学センサーへの妨害といったレベルのものが中心となると考えられる。これらの妨害に対しては、多国間協力で自国衛星に他国の機器を搭載する「ホステッド・ペイロード」によるレジリエンスの強化や、敵のキラー衛星に逆電波妨害を行うなど対抗策が対応のメインであり、このような場合宇宙単体での国内法上の事態認定は難しいと考えられる。

3　宇宙空間における集団的自衛権

論点◉宇宙空間において集団的自衛権の適用は可能か。

今後宇宙空間の安全保障が進展した場合、多国間協力や衛星の多国間共同運営が想定される。将来の有事においては、多国間で共同運営する衛星に対するＡＳＡＴなどによる破壊や多国間で共同運営する衛星に対す機能妨害の発生が予想される。そのような事態の際には、二〇二三年一月の日米安全保障協議委員会（２＋２）で確認された日米安保条約第五条の適用について、具体的なケースに基づく検討と整理が必要である。

宇宙の場合、日米同盟に限らず、多国間の共同対処は必要となる。日本の場合、当面、西太平洋のＳＳＡなどの情報収集面の役割分担が中心となろうが、拒否的な能力として、衛星に「めまいをおこさせる」（ダズリング〈Dazzling〉システム）のような妨害技術の調査研究や、逆に妨害状況を監視するシステムの導入も考えられる。

他国と協力して衛星コンステレーションを構築して、それに対し攻撃があった場合、日本としてどのような共同対処が可能なのか、今後諸外国での事例も参考に、検討をしていくことも必要であろう。なお、武力攻撃事態に多国間で共同対処をする場合、武力攻撃事態を多国間で認定する必要性があると考えられる。

4　宇宙安全保障におけるグレーゾーン事態への集団的対処

論点◉武力攻撃に至らないジャミングなどの機能妨害が実行された場合、集団的対処にはどのような課題があるか。

キネティックな攻撃は、デブリを多く発生させることから、各国は避けると思われ、宇宙空間では武力攻撃に至らない場合が圧倒的に多いと考えられる。日本の宇宙システムへの攻撃が、武力攻撃に至らないジャミングなどの機能妨害にとどまる場合、アメリカによる対処は難しく、集団的自衛権を背景とした抑止は宇宙では効きにくい。そのため、このような状況について、どのような対応が可能なのか、さらなる検討と整理が必要と考えられる。

5　衛星への接近妨害に対する国際法上の対抗措置

論点◉衛星に対する接近（つきまとい）などの妨害に関して、国際法上どのような対抗措置が可能か。公海上の軍艦に対する航路妨害と同じような論法が当てはまるか。

ストーカー衛星については、自国の軍事衛星につきまといをされたとき、進路などの何らかの変更で軍事作戦に影響が出たり、近寄ることで衛星の機能が相手方にばれてしまったりといった問題がある。しかし明確な対処法がなく現時点では対処が難しい。

宇宙空間においては、いかなる国も領域的主権を有さず、衛星などの物体とその中の乗員に対してのみ管轄権と管理の権限を有するといった点で、公海上における、旗国のみの管轄権が及ぶ艦船と状況はよく似ている。しかしながら、海上における衝突予防については、国際規則（COLREG条約、一九七二年）があるものの、宇宙空間においての規則はない。

船舶と航空機の場合は、お互いに相手を識別する必要があるので、接近権、近接権といった形で、接近することが権利として認められている。その根拠は、公海の航行の自由と、公海上空の飛行の自由に求められる。宇宙空間でも、相手の飛行妨害をしない限りは、接近すること自体に違法性はまったくない。

したがって、相手の衛星に対する接近は、平時の手段として国際法上問題なく実行可能ということになろう。

6　商用衛星への攻撃・妨害に対する国際法上の課題

論点◉商用衛星に対する攻撃に対して、自衛権行使は国際法上認められるか。

論点◉第三国の商用衛星に対する妨害に対して、対抗措置は国際法上認められるか。

一九七四年の侵略の定義に関する国連総会決議で、民間の商船隊や航空隊への攻撃は侵略行為として認定され得る。民間の商用衛星への攻撃も同様の枠組みで検討が可能であろう。その場合、単発や散発での商用衛星への攻撃は自衛権で対抗できない可能性がある。ただし、衛星破壊が単発でも地上への影響が大きい場合は別段の考慮をする必要がある。

つまり、衛星への攻撃については、衛星自体を保護法益とするか、地上のシステムとのリンクを保護法益とするかで観点が変わる。国連の侵略の定義における、商船隊や航空隊、民間航空機に対する攻撃については、商船や民間航空機そのものが保護法益と考えて、他のシステムとのリンクは考慮されていないと思われる。宇宙にある通信衛星の類は、地上と非常に密接に連結しているので、商船隊などのパターンとはやや異なり、衛星への単体への攻撃であっても大きな影響を及ぼし得るため、宇宙では単体でも武力攻撃になり得る可能性がある。

商用衛星への妨害では、妨害による影響は可逆的にとどまり、妨害が終わったら、通常の機能を発揮することができる、というケースも考えられる。ＧＰＳなどの妨害では地上のインフラにも影響が大きいので、妨害をどこまで武力攻撃と判断できるかが焦点になる。妨害の場合、通信能力がゼロまで落ちないと被害には該当し切れないと考える。中途半端な妨害は主権侵害とまでは言えず、現状では国際法では対応できないのではないか。

冷戦時代も妨害（ジャミング）に対して武力攻撃で反撃した前例はない。商用衛星への妨害も同様と考えられる。ジャミングは武力攻撃で反撃するものという認識はなく、アメリカ軍でも妨害に対しては、電波妨害で対抗するＥＣＭ（Electric Counter Measure）や、さらにその反撃に対処するＥＣＣＭ（Electric Counter Counter Measure）がある。商用衛星に対する妨害の場合、自衛権行使ではなく、国際法上の対抗措置として、ジャミングで対抗することになると考えられる。

宇宙安全保障にアクティブ・ディフェンスを採用しているフランスも、民間の衛星への攻撃で自衛権を行使するとは言い切っておらず、安全保障上重要な衛星に限定している。ただし、軍隊の指揮統制システムに商用衛星の通信ネットワークを利用するような場合は、安全保障上の問題となる。現状ではこうしたケースの取り扱いはグレーであり、まだ議論が成熟しておらず、今後議論を深める必要がある。

7　自衛隊の宇宙での活動の法的根拠

論点◉自衛隊の宇宙での防衛活動は、従来の法的枠組みの範囲内との説明が可能か。それとも、集団的自衛権も含めて、新しい解釈をすべきか。

宇宙空間の安全保障は、今までの法的議論の枠内に収まらない可能性がある。宇宙空間は多国間協力が前提であり、領域管轄権が行使できないという特徴がある。また、現在は宇宙空間の範囲は静止軌道までだが、宇宙開発先進国は月面開発の計画があり、資源について陸上のような早い者勝ちの領土主権のような状況になる恐れがある。月や火星への進出を考えると、宇宙での防衛の役割そのものが変わる可能性もある。このように宇宙は従来の枠組みを超えてきているので、慎重に取り組みや議論を進めていく必要がある。

宇宙空間の安全保障が、はたして現行の専守防衛の解釈で収まるかという問題も考える必要がある。安倍政権下の二〇一四年七月の閣議決定により、新たな憲法解釈により限定的な集団的自衛権の行使を容認することとしたが、集団的自衛権の全面的行使が認められたわけではない。日本の防衛法制は領土・領海・領空などの領域との関係で規定されるので、宇宙空間で領域問題をどうクリアするかが課題である。

日本は、自衛権を行使する場合の攻撃範囲も制約がある。一九八五年の政府の統一見解に基づけば、

「我が国を防衛するため必要最小限度の実力を行使すること」となり、その範囲で、他国の衛星を破壊することができる。日本特有の自衛権行使の制約があることには留意すべきである。

（1）US Department of Defense. *Quadrennial Defense Review 2014*. March 2014, https://www.acq.osd.mil/ncbdp/docs/2014_Quadrennial_Defense_Review.pdf.

（2）US Department of Defense. *Defense Space Strategy: Summary*. June 2020, https://media.defense.gov/2020/Jun/17/2002317391/-1/-1/1/2020_DEFENSE_SPACE_STRATEGY_SUMMARY.PDF.

（3）US Office of Space Commerce. *National Space Policy of the United States of America*. December 2020, https://trumpwhitehouse.archives.gov/wp-content/uploads/2020/12/National-Space-Policy.pdf.

（4）内閣官房「国家安全保障戦略について」二〇一三年一二月、https://www.cas.go.jp/jp/siryou/131217anzenhoshou/nss-j.pdf。

（5）宇宙開発戦略本部「宇宙基本計画」二〇一五年一月、https://www8.cao.go.jp/space/plan/plan2/plan2.pdf。

（6）内閣官房「宇宙基本計画の変更について」二〇二〇年六月、https://www8.cao.go.jp/space/plan/kaitei_fy02/fy02.pdf。

（7）自由民主党政務調査会「小型衛星コンステレーション時代への対応と民の力を引き出す挑戦的な政策の推進―第七次提言―」二〇二一年五月、https://www.shindo.gr.jp/cms/wp-content/uploads/2021/06/0601-2.pdf。

第三節　電磁波領域の安全保障利用と法的課題

研究会事務局

はじめに

本節では、「サイバー等新領域安全保障の法的課題研究会」での委員間の議論に基づき、研究会事務局で電磁波領域の安全保障に関わる法的課題を整理した。電磁波領域の安全保障に関する議論は、我が国ではほとんど進んでおらず、本研究会においても、課題の指摘のみにとどめる。

一　電磁波領域の安全保障

1　安全保障で利用される電磁波

電磁波領域の戦い、いわゆる電子戦は、「敵による電磁スペクトル（波）の使用を拒否しつつ、味方

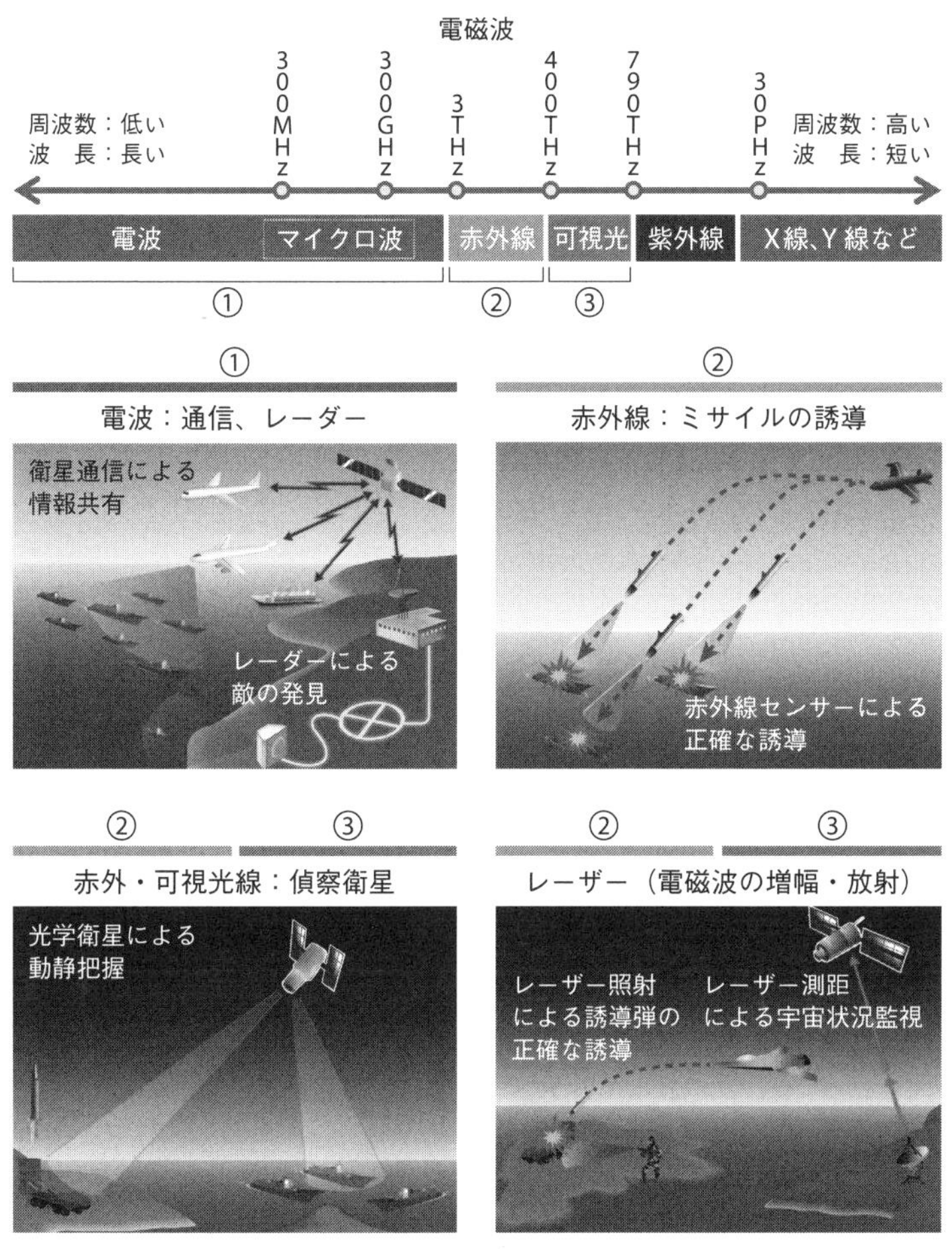

出所：防衛装備庁「研究開発ビジョン　電磁波領域の取組」2020年3月31日、https://www.mod.go.jp/atla/soubiseisaku/vision/rd_vision_kaisetsuR0203_01.pdf。

図１　安全保障で利用される電磁波帯域

の使用を確保する術」であると定義されている。[1] 現代の軍事活動は、何らかの形で電磁波を利用しており、敵の電磁波利用を妨害し、また敵の電磁波利用妨害から味方を守ることは、安全保障上必須となっている。

電磁波には、波長の長い方から、「電波」、赤外線、可視光線、紫外線などの「光」、X線、ガンマ線などの「放射線」がある。このうち通信に広く利用されているのは、電波である。電波は、波長が長いほど伝搬距離は長いが情報伝送量が小さいという特徴があり、波長が短いほど距離による減衰は大きいが情報伝送量が大きいという特徴がある。したがって、遠くまで飛ばす必要がある通信は、比較的波長が長い中波（ＭＦ）や短波（ＨＦ）を利用しており、中波を利用するものには、船舶通信、アマチュア無線、ＡＭラジオがあり、短波を利用するものには、航空機通信や短波放送がある。より波長の短い超短波（ＶＨＦ）は、ＦＭ放送や防災行政無線、消防無線、警察無線などに使われている。さらに短い極超短波（ＵＨＦ）は、携帯電話、ＴＶ放送、衛星通信、レーダー、無線ＬＡＮなどに使われている。

防衛分野における電磁波領域の使用としては図1のように、通信やレーダーに用いられる電波やマイクロ波（三ギガヘルツ～三テラヘルツ）、ミサイルの誘導に使われる赤外線（三テラヘルツ～四〇〇テラヘルツ）、衛星偵察に使われる赤外・可視光線（三テラヘルツ～七九〇テラヘルツ）、精密誘導弾の誘導やレーザー砲に使われる赤外・可視光レーザー（三テラヘルツ～七九〇テラヘルツ）がある。

2　電子戦の図式

電子戦の図式を理解するためには、電磁波を利用した通信回線の基本を知る必要がある。電子戦に関わる物理的な方程式はさておき、電子戦の図式そのものは、それほど難しくはない。あらゆるレーダー、軍用通信、妨害システムは、基本的に同じ仕組みで成り立っており、電波の発信源（送信機）と受信機の間の伝送経路によって、通信回線が構成される（図2）。

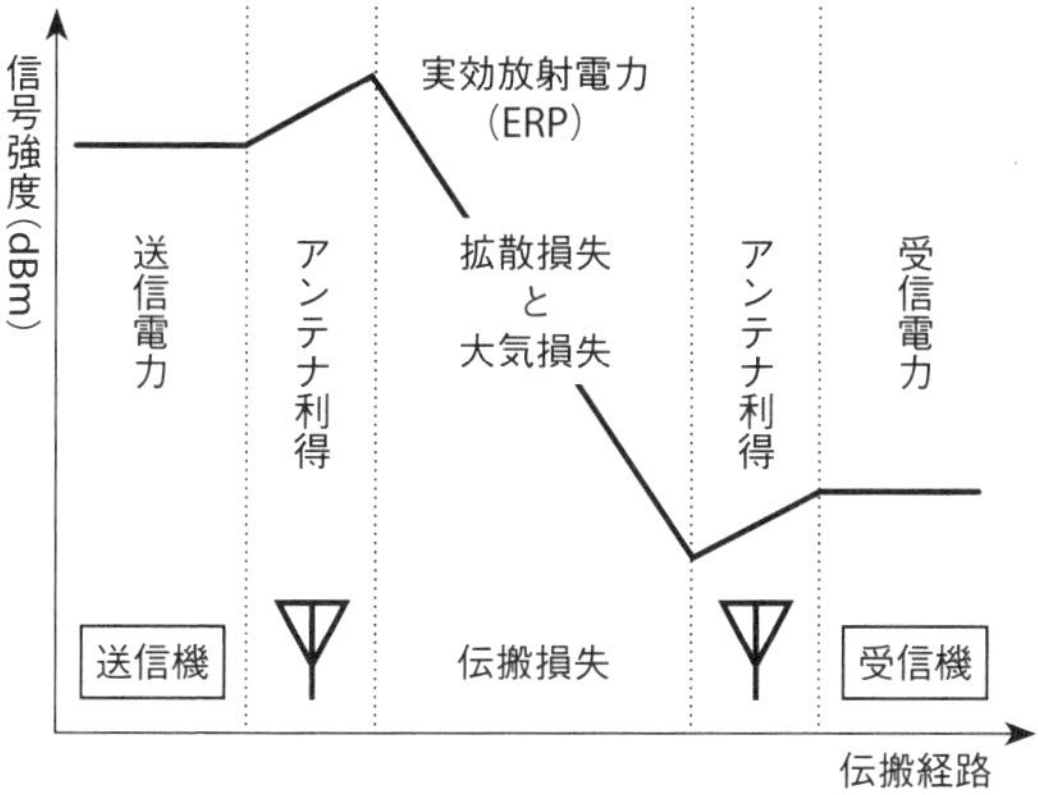

出所　デビッド・アダミー『電子戦の技術 基礎編』河東晴子他訳、東京電機大学出版局、13頁。

図2　電磁波を利用した通信回線の概念

信号の強度は、図2のように、伝送損失によって失われ、受信機において受信能力限度（受信感度）以下の信号強度になってしまうと、受信が不可能になる。

電子戦においては、相手の受信機の受信を妨害するために、相手が利用する周波数と同一の周波数の電波を相手の受信機のアンテナに送り、受信を妨害する。これを干渉信号と呼ぶ。これにより、電磁波を利用したある地点から他の地点への情報の伝送を妨げ、敵による電磁波の有効な利用を妨害する。

電子戦は、①電子攻撃（Electronic Attack）、②電子防護（Electronic Protection）、③電子戦支援（Electronic warfare Support）、で構成される。電子攻撃は、相手の通信機器やレーダーなどに対して、干渉電波を発射することによって妨害し、相手の通信や索敵などの能力を低減・無効化することである。電子防護は、装備のステルス化や通信の妨害耐性を向上させることにより、相手方の電磁波による攻撃や探知を低減・無効化することである。また、電子戦支援は、敵の信号に関する情報収集活動であり、どの種類の電波源がどこから発信されるのかを探知し、我が方の電子攻撃や敵からの電子防護に必要となる、相手方の電磁波利用情報を収集・分析することである。[2]

電子攻撃には不可逆的な破壊をもたらす、高出力放射、指向エネルギーの使用も含まれるが、電子攻撃の多くは、一時的に敵の装備を使用不能にする「妨害」が中心である。また、「妨害」の対象は、電子戦の図式で述べたように、敵の送信機ではなく受信機となる。

3　電子戦の手法と電子戦能力

電子戦は、妨害が中心であるが、その方法は次のように、多岐にわたる。[3]

①通信妨害：相手が通信回線を使用して情報を伝送する能力を干渉信号により妨げる。

②レーダー妨害：レーダーが目標捕捉を失敗、目標追尾を停止、あるいは誤った情報を出力するようにする。

③カバー妨害：相手が利用する信号（希望信号）の品質を低下させることにより、情報を適切に処理

できなくするか、または搬送した情報を復元できなくする。

④欺瞞妨害：レーダーにその受信信号が目標までの誤った距離または角度を表示するよう不適切な処理を行わせるようにする。

⑤デコイ：目標よりもさらに目標らしく見せ、誘導武器にその意図する目標ではなく、デコイを攻撃させる。

電磁波における能力は、電磁波を利用して戦闘を行う「電子戦」能力と電磁波の利用を管理する「電磁波管理」能力に分けられる。[4] このうち「電子戦」能力は、先ほど述べたように、①相手の能力を低減・無効化する電子攻撃／対処、②相手による妨害の影響を抑える電子防護、③電子攻撃や電子防護を行うために必要な電磁波を情報収集する電子戦支援から成る。

①電子攻撃／対処で使用される装備としては、電磁波を用いたセンサー、通信機器の妨害、欺瞞、誤作動、破壊を起こさせる兵器があり、具体的には遠距離からのスタンドオフ・ジャマー、戦闘機などに搭載するエスコート・ジャマー、近距離から妨害するスタンドイン・ジャマー、高出力レーザーやマイクロ波を用いた各種ミサイルがある。②電子防護に使われる技術としては、自己防護、電磁波防護、周波数ホッピング、電波迂回、秘匿通信などの、敵の探知を難しくする技術が使われる。③電子戦支援に使われる技術としては、電波の方向探知、発信源の特定、信号の分析などの技術が含まれる。④「電磁波管理」能力として使われる技術としては、干渉電波の検出や、電磁波の利用状況の可視化・把握・割り当ての技術が含まれる。[5]

電磁波領域の将来戦闘としては、図3で示したように、①電子攻撃／対処における高出力マイクロ波や高出力レーザーの利用、通信・レーダー・可視光線を妨害する各種電子妨害装置の利用が想定されている。また、②電子防護においては、自律型情報伝送による通信妨害の回避や高出力マイクロ波（HPM）や電磁パルス（EMP）を用いた攻撃から装備品の電子製品の回路を守るEMP防護技術の利用が想定されている。さらに、電磁波管理として、電磁波領域の状況の可視化や最適電磁波割り当てなどが用いられると想定されている。これらにより、電磁波領域による優越を確保し、実際の軍事行動を有利にすることが、将来戦闘では想定される。

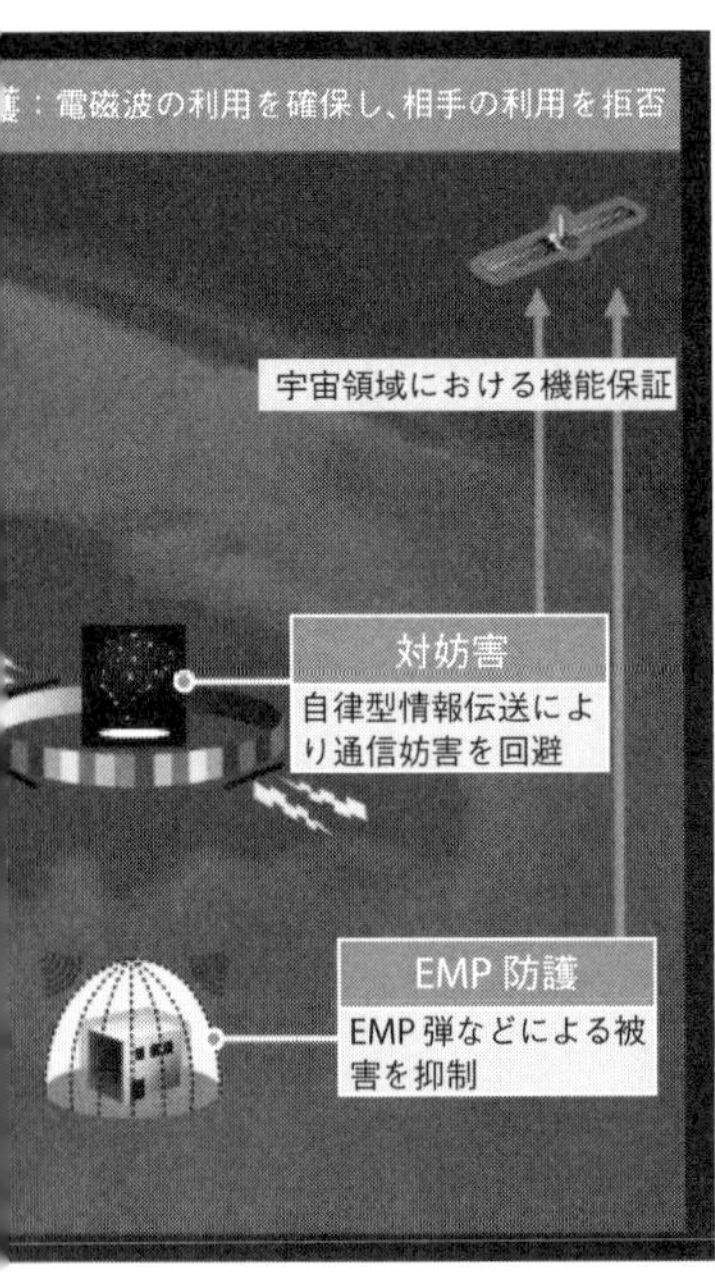

実際に近年、戦域や部隊・艦隊上空の空域をドローンから防護するための兵器（C-UAS：Counter-Unmanned Aircraft Systems）の開発でも電磁波技術が利用されている。ドローンは従来の兵器に比べて安価であり、これを高価な防空システムで迎撃することは費用対効果に合わない。そのため、繰り返し発射可能な電磁波や高エネルギーレーザーを用いて迎撃する兵器が開発されている、アメリカ陸軍・空軍では、車載型の高出力レーザー兵器システム（HEL

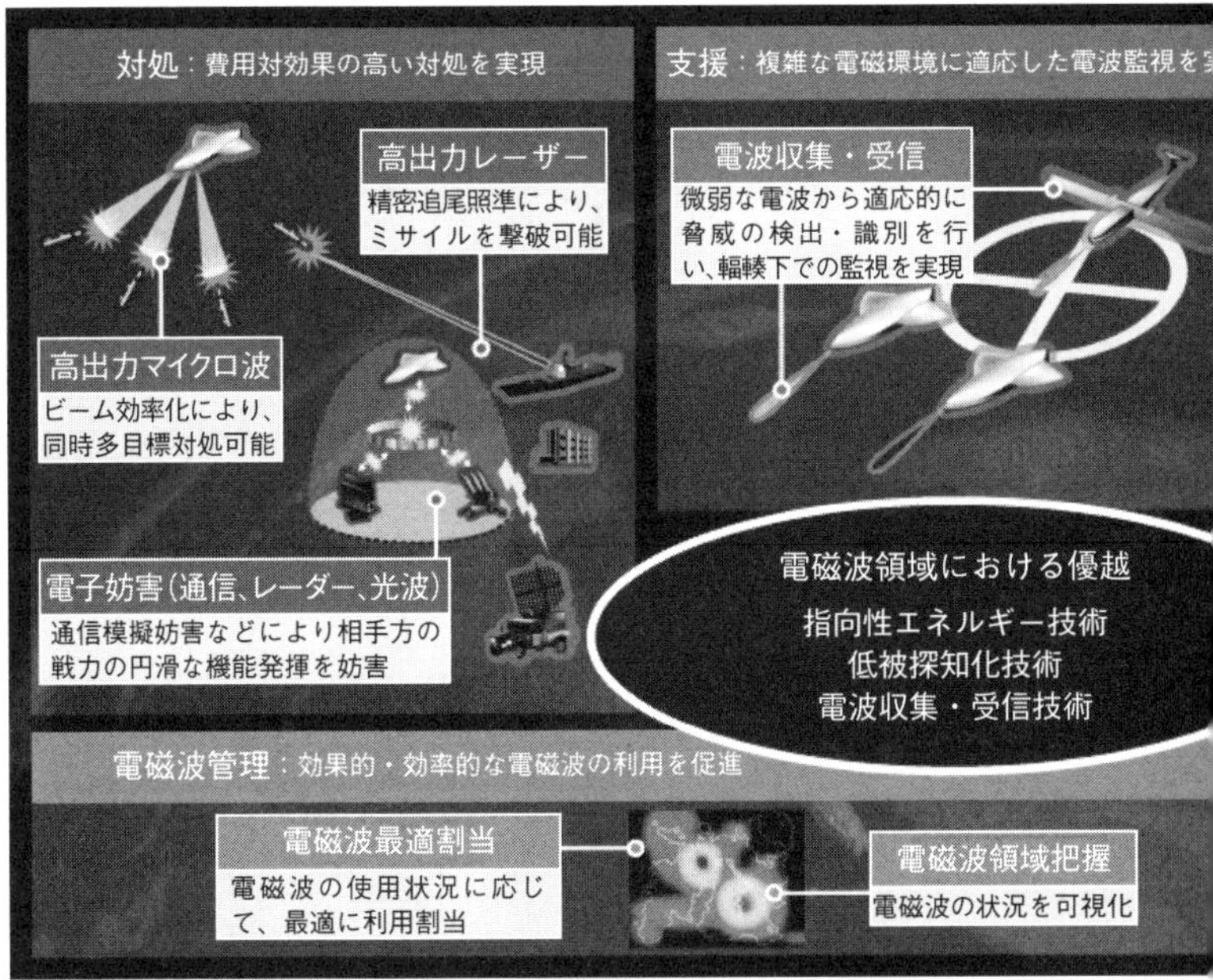

出所：防衛装備庁「研究開発ビジョン　電磁波領域の取組」2020 年 3 月 31 日、https://www.mod.go.jp/atla/soubiseisaku/vision/rd_vision_kaisetsuR0203_01.pdf。

図 3　電磁波領域における将来戦闘

WS）が二〇二一年に実戦配備されている。また、アメリカ海軍では艦載型レーザーシステムＬａＷＳ（30キロワット）が実戦配備され、より高出力のＨＥＬＩＯＳ（60キロワット）も二〇二二年八月に海軍に導入されている。

ロシア・ウクライナ戦争では、安価なドローンが大量に使用されている。ドローンは偵察だけでなく、爆弾を吊して攻撃にも使われており、陸上部隊には厄介な存在となっている。このドローンに対抗するため、携行型の電子戦装置が開発されており、ウクライナは、リトアニア製のＥＤＭ４Ｓスカイワイパー（SkyWiper）を供与され、ロシア軍のドローンの迎撃に利用している。この兵器は、ドローンの通信と測位衛星の信号を妨害し、ドローンを無力化する電子攻撃兵器である。

二　電磁波領域の安全保障における法的課題

1　電磁波領域の安全保障利用で想定される国内法上の課題

論点◉平時において、自衛隊による電磁波領域の運用上の国内法上の課題は何か。

有事における周波数の利用制限解除に関しては、自衛隊法第一〇四条には、防衛出動の際には、通信設備の利用などについて、防衛大臣が総務大臣に必要な措置をとるよう求めることができると規定されている。しかし、平時においては、総務省所管の電波法によって、自衛隊が使用するものも含めて、周波数の利用が管理されている。平時の周波数利用制限は厳しく、有事を想定した電子攻撃の訓練や、電子防護に必要な周波数ホッピングなどの訓練が、十分にできないという課題がある。

電磁波領域は、キネティック（物理的）な攻撃と異なり、物理的破壊を伴わないため、グレーゾーンの段階で相手側に利用されやすい、という特徴がある。また、相手側は、日本の民間周波数帯か否かを気にせず、電磁波による攻撃を行ってくる。そのため、EMPを用いた兵器の使用では、ノンキネティック（非物理的）な兵器とはいえ、民間にも大きな影響が出てくる。

周波数の利用制限は、有事にならないと電波法の適用除外にならず、有事が近づいてきたグレーゾーンにおいても、平時と同じ扱いとなる。電子戦、特に安全保障に必要な電波の利用に関しては、今後、平素における運用のみならず、武力攻撃事態生起時などにおける運用も念頭に置いて、電波法やその他防衛省内の規定なども含めて、さらなる検討と再整理が必要である。

論点◉平時における自衛隊による電磁波領域の情報収集の法的位置付けはどうなるか。

電子戦支援にあたる電磁波領域での平時の情報収集（相手の利用する周波数に関する情報収集など）は、防衛省設置法上の「所掌事務の遂行に必要な調査及び研究」を根拠として実施できると整理できるのではないか。

2　平時・グレーゾーンにおける電磁波領域での対抗措置

論点◉グレーゾーンにおける自衛隊による電磁波領域での対抗措置は可能か。

電子戦の場合、サイバーなどと異なり、誰が攻撃しているのかは電波源をたどると分かるので、攻撃の帰属（アトリビューション）の特定は容易であると考えられる。冷戦期から電磁的な妨害行為に対

しては、電磁的な対応がなされてきたが、グレーゾーン事態において電子戦で烈度の高い攻撃を受けた場合は、自衛隊法第九五条の武器等防護を根拠として、対抗措置をとる可能性が考えられる。その場合であっても平時の措置になるので、電波法やその他防衛省内の規定なども含めて、さらなる検討と再整理が必要である。

3　グレーゾーンから有事における相手の測位衛星利用に対する電磁波領域での措置

論点◉グレーゾーン～有事の際に、相手の測位衛星の利用を妨げるため、電磁的妨害を行う際の課題は何か。

測位衛星の利用に関しては、相手国が保有する衛星のみならず、第三国が運用する測位衛星を相手が利用することも考えられる。第三国に対しては、グレーゾーンの際には、測位サービスの停止を求めることなどが考えられる。武力攻撃時には、自衛権の行使の一環として、相手国による衛星利用を妨害することを検討することが必要である。

なお、第三国の運用する測位衛星は、武力紛争中に停止する義務はない。それは、伝統的中立法上の避止義務にも防止義務にも抵触しない。したがって、第三国の運用する測位衛星を停止させるためには、さらなる説明が必要となる。自衛権に基づいて第三国に容認義務を課せるかどうかには議論があり、運用停止を要求できるかどうかも問題となる。

4　電子戦兵器の対人利用における国際法上の論点

論点◉対人で行われる電磁波攻撃を国際法上どう考えるか。

技術の発展によって、電子戦兵器が人間に使われる恐れが高まっている。アメリカの外交官らが原因不明の健康被害を受けた「ハバナ症候群」の報道で注目を集めるようになったが、電子的攻撃が人間に向けられる可能性はゼロと言えない。実際に中印の国境紛争では、真偽のほどは定かではないが、中国軍がインド軍兵士に対し電磁波攻撃を行ったという報道も出ている。電磁波の対人利用を国際法上どう扱うかについては、今後国際場裡での議論が待たれる。

（1）Adamy, David. *Ew 101: A First Course in Electronic Warfare*. Artech House, 2001. 邦訳版（河東晴子他訳『電子戦の技術：基礎編』東京電機大学出版局、二〇一三年）四頁。
（2）防衛省『令和3年度防衛白書』第Ⅲ部第1章第3節「電磁波領域での対応」https://www.mod.go.jp/j/publication/wp/wp2021/html/n31030300.html
（3）Ibid. Adamy, 一九二～一九六頁。
（4）防衛装備庁「研究開発ビジョン 電磁波領域の取組」二〇二〇年三月三一日、https://www.mod.go.jp/atla/soubiseisaku/vision/rd_vision_kaisetsuR0203_01.pdf。
（5）Ibid. 防衛装備庁

第五章　無人兵器の安全保障様相と法的課題

第一節　無人兵器の発展と法的課題

研究会事務局

はじめに

本節では、「サイバー等新領域安全保障の法的課題研究会」において委員間で議論された内容を基に、研究会事務局で無人兵器の現状の概要と安全保障に関わる法的課題を整理した。

一　無人兵器の急速な発展と我が国における取り組みの強化

無人兵器、とりわけ偵察型／攻撃型の無人機（ＵＡＶ）[1]は、一九九〇年代以降、アメリカを中心として急速に発展、運用されるようになった。ただし、それらは主として、対テロ戦争などにおける、個別目標の偵察、監視と攻撃に用いられ、テロ組織などに対する効果的な戦力ではあったものの、活動全体の中では補助的な作戦運用であったともいえよう。

また、「平成31年度以降に係る防衛計画の大綱[2]」や「中期防衛力整備計画（平成31年度〜平成35年度）[3]」（二〇一八年一二月閣議決定）においては、領域横断作戦に必要な「宇宙・サイバー・電磁波の領域における能力の獲得・強化」が、防衛力強化の最優先事項とされた一方で、無人兵器については、すでに導入、あるいは導入が決定されていた一部の装備を除けば、「各種検討、研究開発の推進を通じた省人化、無人化へ積極的に取り組む」という方針が示されるにとどまっていた。

しかしその後、とりわけ無人航空機の小型化と高性能化（特に半自律／監視制御）技術の発展の中で、中東のサウジアラビアの石油施設（二〇一九年）や国際空港（二〇一九、二一、二二年）、オマーン沖を航行中のタンカー（二〇二一年）などに対する、攻撃型ドローンによるテロ攻撃が連続し、また、詳細は次節で触れるが、ナゴルノ・カラバフ紛争（二〇二〇年）、さらにはロシア・ウクライナ戦争（二〇二二年〜）では、ＵＡＶが正規戦において、主作戦の一部を担うゲームチェンジャーとしての役割を果たすことが、目に見える形で現実のものとなった。中国に関しても、ＡＩの活用を含めた無人兵器の開発・配備が進み、とりわけ、我が国周辺でのＵＡＶの活動が顕著となっている[4]。

このように急速な安全保障環境の変化を踏まえ、二〇二二年一二月に閣議決定された安保三文書[5]においては、「防衛力の抜本的強化に当たって重視する能力（国家防衛戦略）」、および「自衛隊の能力等に関する主要事業（防衛力整備計画）」として、「無人アセット防衛能力」への優先的な資源配分と能力の獲得・強化が明確にされた。

さらに言うならば、「重視する分野」における記載順序に関しては、「無人アセット防衛能力」が、前防衛計画の大綱、中期防衛力整備計画においては筆頭とされていた宇宙・サイバー・電磁波その他の「領域横断作戦能力」より上位に記述されたということも注目すべき点である。

安保三文書では、二〇二七年までを目標に、無人機（UAV）、無人水上艦艇（USV）、無人潜水艦（UUV）、無人陸上兵器（UGV）などを早期に導入し、幅広い任務における実践的な能力による非対称な優勢を獲得することとしている。また、この際、AI能力の導入により、部隊の構造や戦い方を抜本的に一変させるゲームチェンジャーとすることを目指すと共に、情報収集・警戒監視・偵察・ターゲティング（ISRT）のための無人アセットを整備することとした。

なお、それと同時に、これらの脅威に対する、高出力レーザーや高出力マイクロ波（HPM）などの指向性エネルギー技術による非物理的な対処能力の早期整備にも努めることとしている。

しかしながら、このように急激な無人兵器の導入、配備の必要性の中で、これまでの法体系がそもそも、「無人兵器」の実用化と運用の拡大を想定していなかった、あるいは、そのような兵器技術の発達によって、新たに生じる課題に対する法的な整理が追い付いていない部分があるのではないだろうか。

本研究会を通じて、今後、我が国での無人兵器の軍事活用の拡大に伴い提起されるであろう国内法上および国際法上の課題を次の通り整理した。

二　無人兵器利用の安全保障における法的課題

1　UAVの利活用で想定される国内法上の課題

論点◉平時において、自衛隊によるUAVの利活用にあたり、国内法上の課題は何か。

陸上自衛隊においては、一九九〇年代以降、小型UAVを偵察任務などのために導入してきた。そのほとんどは航空法上の「無人航空機」に該当するが、飛行空域や飛行の方法などについては自衛隊法により適用除外となっている。しかしその一方で、防衛省訓令などにより、現状では、自衛隊の行動時以外は、自衛隊の施設内の上空を除き、基本的に航空法の規定（制限）に基づき飛行することとされている。これは、厳密には「国内法上の課題」ではないが、実態として、平素からの自衛隊によるUAV運用の制約事項となっている。

さらに、その運用にあたっては、電波法に基づき総務省から認可を受けた周波数割り当てに従って電波を使用することとなるが、そもそも、我が国では、公共用（自衛隊を含む）と民間用の使用周波数帯が分けられていないことから、他の民間無線局や通信機器などとの干渉防止などへの配慮が必要であり、それが運用上の制約ともなる。

また、より大型のＵＡＶ、たとえば航空自衛隊が導入した、滞空型偵察ＵＡＶのＲＱ－４グローバルホークなどついては、航空法上、「航空機」の一環としての「無操縦者航空機」として取り扱われるが、飛行方式に関して他の有人航空機と同様の法的要件が求められることから、結果として、たとえば、飛行空域が地上からのレーダー覆域内に限られるなど、アメリカ軍などにおける運用と比べて、様々な制約が生じている。

自衛隊が運用するＵＡＶについては、自衛隊法に基づき航空法や電波法の一部が適用除外となってはいるものの、基本的に自衛隊によるＵＡＶの運用を、他の(有人)航空機や、民間の小型ドローンなどと同様に規定することは適当ではない部分もあり、今後、平素における運用のみならず、武力攻撃事態生起時などにおける運用も念頭に置いて、航空法や電波法、その他防衛省内の規定なども含めて、さらなる検討と再整理が必要である。

論点◉平時において、自衛隊によるＵＳＶの運用上の国内法上の課題は何か。

ＵＳＶの実用化は、ＵＡＶなどに比べれば、いまだその途上にあることから、航空法における無人航空機に比べて、海上衝突予防法などにおけるＵＳＶの法整備は立ち遅れている状況である。現状では一般の船舶と同様の法の適用が求められているが、無人であることによる、たとえば見張りなどに制約があるのは事実であろう。我が国の民間船舶でも無人運航の開発、実証実験が進んでいることを踏まえれば、USVならびにその周辺海域を航行する船舶の安全を確保するための、海上衝突予防法上の規定などについても整理する必要がある。

論点◉平時において、UAVに対する対領空侵犯措置の警告と撃墜の要領はどのようになるか。

UAVが我が国領空を侵犯した際の「対領空侵犯措置」については、基本的には、有人機に対する手順と同じ対応要領となる。しかしながら、当該UAVに対する通信による退去要求や警告射撃などに対して、相手（UAVの運用者）からの応答がない場合は、そもそも、措置手順自体が認識されたかどうかを確認（判断）することが困難であることから、UAVへの対応措置、および警告に従わない場合の手順（武器の使用を含む）を検討しておく必要がある。

2　無人兵器の利活用で想定される国際法上の課題

論点◉新兵器としてUAVを採用する場合の国際法的手続きはあるのか。

ジュネーヴ諸条約第一追加議定書第三六条では、新兵器の合法性審査が義務付けられている。アメリカは同議定書に加入していないが、アメリカ軍は新兵器の合法性審査を行っている。同議定書を批准している日本は、防衛省内に新兵器の合法性審査システムを制度化し、個別具体的に新兵器の法的審査を実施していることを明らかにすべきである。

日本では、新兵器の合法性審査は、実際、開発段階時に防衛装備庁が、配備時に整備計画局が担当している。弾道ミサイル防衛（BMD）の導入の時には、装備計画局、防衛政策局および統合幕僚監部運用局で法的審査が実施された。

論点◉無人兵器の活用で想定される国際法上の課題は何か。

UAVの活用方法で、偵察・輸送用のUAVは、殺傷・破壊を行わないので、基本的には、国際法上問題にならない。攻撃用の遠隔操作型（人が意思決定に介入する形式）UAVは、操縦士が交戦行為の意思決定を行うので、通常の他の兵器と同様に、それ自体は合法兵器である。他方、その使用方法は国際法上規制されている。

国際法上兵器の使用方法に関して、次の法原則がある。①区別原則：戦闘員と文民の区別、②比例原則：軍事的利益と付随損害による文民被害の比較衡量、③予防原則：軍事目標の確認、文民被害の最小限化の手段・方法の選択、可能な限りの事前警告である。

一般的に、文民への誤射・誤爆の場合、国家の国際責任が問われる。さらに一定の場合には、攻撃側の指揮官および実行者は刑事責任が問われる。しかし、指揮官が合理的な情報に基づき合法であると結論付けた場合、結果として比例原則を満たさない文民被害が発生しても指揮官は刑事責任を問われない（レンデュリック・ルール＝合理的指揮官基準）。遠隔操作型ＵＡＶの場合も、同ルールが適用される。

論点◉遠隔操作型ＵＡＶによる文民・民用物の付随損害は軍事的利益との関係でどの程度合理的に許容されるか。

遠隔操作型ＵＡＶによる文民・民用物の付随的損害は、攻撃前に攻撃側が予期される軍事的利益との比較において「過度」になると予期されるか否かによって、その法的許容性が判断される。あくまで、国際法上、攻撃側に予想される文民被害に対する過失責任があるか否かであって、結果として生じた文民被害の規模から判断する結果責任を問うものではない。

また、敵戦闘員の殺害数と文民被害者数の比較衡量だけでなく、殺害対象の軍事的価値をも考慮する必要がある。というのも、敵戦闘員が高官・幹部であれば、その排除が敵対行為の早期終了をもたらすことになり、多数の文民被害が発生しても、比例原則が満たされると主張されるかもしれないからである。

論点◉遠隔操作型ＵＡＶのオペレーターに内在する心理的問題が国際法にどのような影響を与えるか。

遠隔操作型ＵＡＶのオペレーターは戦場から遠く離れた地上局で勤務しながら、交戦行為をすることにより、心理的問題が発生する。一つは、スクリーン越しの交戦行為により現実的な戦闘感覚が薄れテレビゲーム感覚に陥り、武力行使の閾値が下がることである。
もう一つは、スクリーンを介してのミサイル発射後の戦場場面と勤務終了後の平和的日常場面との心理的ギャップによって、オペレーターは戸惑い、精神的異常を来すリスクがある。それが、ひいては、文民への誤射・誤爆に繋がるかもしれない。国際法に直接関連しない攻撃用遠隔操作型ＵＡＶの運用上の問題も検討しておくべきである。

論点◉非戦闘員によるＵＡＶの軍事利用や、非戦闘員に対する攻撃をどう扱うか。平時のテロリストに対する攻撃は認められるか。

文民は、国際人道法上、敵対行為に直接参加しない限り、保護を受ける。それゆえ、文民がＵＡＶの軍事利用を行えば、当然、敵国からの敵対行為を受けるリスクが生じる。また、ＵＡＶでテロリストを攻撃（標的殺害）することは、略式処刑とみなされ、国際法上違法という議論はあり得る。他方、対テロ戦争での自衛権行使により、テロリストの殺害行為が正当化されるという議論もある。一般的に、テロリストか文民かを区別することは、極めて難しい。

3　自律型致死兵器システム（LAWS）の活用で想定される国際法上の論点

論点◉LAWSの国際法規制の問題点は何か。

ソフトウェア、特にAI搭載のLAWSの法規制が、特定通常兵器使用禁止制限条約（CCW）締約国会議で議論されているが、LAWSそのものの定義が定まっておらず、具体的成果が、現在、見られない。

その原因の一つは、コンセンサス方式によるCCWの国際会議手続きである。そのために法的規制に消極的な軍事大国の同意がなければ、具体的な法文書は作成されない。他方、軍事大国が同意しない法文書はその実効性が疑われるという点で、コンセンサス方式にも意味はある。コンセンサス方式の枠の中でどのようにしてLAWS規制を実現できるか、検討すべきである。

論点◉航空戦力が無人航空機と有人航空機の混成になる中で、LAWSのルール化をどう実現すべきか。

理想はLAWSに関する国際条約の制定だが、軍事大国と発展途上国との対立が激しく、条約（ハード・ロー）はそう簡単にできないので、まずは、行動準則や政治宣言などのソフト・ローを積み上げる必要がある。それは、国家実行が先行して、法規則は後追いになるとの批判もあるが、コンセンサスを得るための現実的選択肢である。また、サイバーの『タリン・マニュアル』のような、LAWSマニュアルを国際的な有識者が議論し策定していく方法も考えられる。

いずれにしても、日本政府が述べているように、自国の安全保障の観点も考慮しつつ、国際的なルール作りに積極的かつ建設的に参加し、リーダーシップを発揮してほしい。

（1）本書では便宜上、中大型の飛行機タイプのものを無人機（UAV）、マルチコプタータイプに代表される小型のものを小型ドローン、これらを総称し無人航空機と呼ぶ。

（2）内閣官房「平成31年度以降に係る防衛計画の大綱について」二〇一八年一二月一八日、https://www.cas.go.jp/jp/siryou/pdf/h31boueikeikaku.pdf。

（3）内閣官房「中期防衛力整備計画（平成31年度〜平成35年度）について」二〇一八年一二月一八日、https://www.cas.go.jp/jp/siryou/pdf/h3135cyuukiboueiryoku.pdf。

（4）防衛省『令和5年度版防衛白書』二〇二三年、七三頁、https://www.mod.go.jp/j/press/wp/wp2023/pdf/R05zenpen.pdf。

（5）内閣官房「国家安全保障戦略について」二〇二二年一二月一六日、https://www.cas.go.jp/jp/siryou/221216anzenhoshou/nss-j.pdf。内閣官房「国家防衛戦略について」二〇二二年一二月一六日、https://www.cas.go.jp/jp/siryou/221216anzenhoshou/boueisenryaki.pdf。内閣官房「防衛力整備計画について」二〇二二年一二月一六日、https://www.kantei.go.jp/jp/content/000120948.pdf。

第二節　無人兵器の運用と法的課題

渡邊剛次郎

はじめに

近年のシステム制御工学の急激な進歩を背景に、自動車や鉄道の自動運転、小型ドローンによる物流サービス、また、産業（製造）用ロボットなどが次々と実用化されている。これらは、人的な負担軽減、作業の正確性と効率化、そして危険、過酷な環境での活動の代替を実現するものであるが、一方、軍事面においても同様、もしくはそれ以上のニーズに基づき、無人兵器の研究開発がそのスピードを増している。

しかしながら現状では、技術的な課題もさることながら、法的な課題、また、倫理上の問題も含めて、その実用化に際して、検討が必要な余地は多く残されているように見える。本節では、これまでの無人兵器の発展と共に、その安全保障上の様相について見ていきたい。

一　無人兵器の発展と実用化

1　冷戦後における無人兵器の急速な発展

第二次世界大戦において爆薬を搭載した有線誘導小型戦車(ドイツのゴリアテ)が戦場に登場すると共に、戦後の冷戦期においては、対空射撃訓練に使用するための無人標的機や、対潜水艦用魚雷を搭載した艦艇搭載用無人小型対潜ヘリコプターなどが開発されたが、これらは、無人兵器というコンセプトや、作戦全般におけるトータルデザインの一環というよりは、個々の戦術(あるいは訓練)ニーズへの対応という意味合いが強かった。

むしろ、無人兵器は、冷戦終結後の一九九〇年代以降、本格的な大規模戦闘の危機は遠ざかり、ローエンドやミドルレンジによる戦闘(必ずしも最新、高性能兵器ではない装備体系での戦い)が中心になった時代に、本格的な発展を見た。

このような安全保障環境の中で、3D、すなわちDull(単調)、Dangerous(危険)、Dirty(汚染)、あるいはDifficultもしくはDeep(人的作業では困難な任務の精緻化)を代替するための無人化という運用コンセプトが体系化した。

一九九〇年代には、長時間、長距離飛行によるISR(情報収集・警戒監視・偵察)のための「滞空型無人偵察機」として、アメリカでRQ-1プレデター(一九九四年初飛行)、RQ-4グローバルホーク

（一九九八年初飛行）などが開発された。

さらに二〇〇〇年代になり、アメリカ同時多発テロ（二〇〇一年）に端を発する対テロ戦争が契機となり、偵察型の無人機（UAV）であったRQ－1は、対地ミサイルなどを装備した攻撃型UAVのMQ－1となり、さらに、二〇〇七年には、機体、エンジンが大型化、強化されたMQ－9リーパーの運用が開始された。

また同時期に、トルコでも滞空型偵察／攻撃型UAVであるバイラクタルTB2（二〇一四年初飛行）が開発され、比較的安価なこともあり、現在までにヨーロッパ、中東をはじめ、アフリカ諸国まで二〇カ国以上に輸出、運用されている。

図１　バイラクタルTB2　滞空型偵察／攻撃型UAV　出所：GettyImages

2　攻撃的な無人兵器が戦場でのゲームチェンジャーに

このように、冷戦後の無人兵器、とりわけUAVは、対テロ戦争に代表されるような、比較的ローエンドの戦闘様相の中での、警戒監視・偵察、ならびに攻撃における3Dを担い、発展してきた。

その一方、近年ではステルス性をもった第五世代戦闘機、中距離弾道／巡航ミサイル、高性能戦車／長距離砲などによる「通常戦力によるハイエンドな戦闘（高性能、最新の装備体系での戦い）」が生起、あるいは、現実のものとして想定されるようになったが、そのような中で無人兵器が一転、非対称戦の戦力として投入され、ゲームチェンジャーにさえなる、新たな局面も生じるようになった。

(1)　ナゴルノ・カラバフ紛争(二〇二〇年)における無人兵器による非対称戦

二〇二〇年九月に生起した、アゼルバイジャンとアルメニアの間のナゴルノ・カラバフにおける軍事衝突は、局地戦ではあるものの、正規軍同士の戦闘において無人兵器としてのUAVが本格運用され、かつ、ゲームチェンジャーとなった初めての事例となった。

アルメニアは、ロシアから導入したS－300などの高性能防空ミサイルシステムを運用しており、これに対して制空権を獲得することは難しいことから、アゼルバイジャンは、複数種類のUAVを連携させることで敵防空網制圧／破壊(SEAD／DEAD)を実施した。

まず、操縦桿などを直進飛行するようにセットした旧式複葉輸送機An－2をアルメニア軍防空網に侵入させ(操縦士は侵入前に脱出)、これを捜索、追尾しようとする防空システムの位置を把握。併せて、レーダー波を感知して自爆突入(パッシブ・レーダー・ホーミング)するイスラエル製ドローンのハロップをアルメニア上空にあらかじめ侵入させておき、An－2を探知、追尾したレーダー波を検知したら、その発信源に突入させ、防空レーダー網を破壊する。防空網をある程度制圧できたところで、トルコから導入した偵察／攻撃型UAVのバイラクタルTB2を投入し、誘導爆弾によって残った地対空ミサイル(SAM)などを無力化し、その後、地域を制圧することに成功した。

ナゴルノ・カラバフ紛争における、UAV運用でのアゼルバイジャンの成功は、無人兵器による新たな戦闘様相を世界に示すことになった。

(2)　ロシア・ウクライナ戦争(二〇二二年二月〜)における無人兵器

①　地上戦における無人航空機(UAV/小型ドローン)の活躍

二〇二二年二月二四日、「特別軍事作戦」としてロシアは、ウクライナへ侵攻を開始した。そのような中で、ウクライナがそれまでにトルコから輸入していた偵察/攻撃型UAVのバイラクタルTB2、そしてアメリカから供与された小型自爆攻撃ドローンのスイッチブレード300(本体から送信されるビデオ画像に基づきコントローラーで終末誘導などを行う)による空からの攻撃が、ロシア地上部隊にとっても、大きな脅威となった。

また、ロシア側もUAVを投入しているが、ウクライナ側が撃墜、鹵獲した偵察用UAVを分析したところでは、機体やエンジン、航法機器などには、アメリカ、ドイツ、日本、中国その他の国々の民生品が使われていることが指摘されている。このような、民生品のデュアルユースは、UAVに限らず様々な分野に広がっており、従来の輸出規制の枠組みでは規制が難しくなっている。

また、ロシア・ウクライナ戦争において、これらのUAV/小型ドローンの活躍は、かなり大きく報じられる傾向がある。だが、侵攻開始から一年(二〇二三年二月)の段階での、たとえばロシア軍戦車の撃破数[1]のうちの多くをUAV/小型ドローンが破壊した、という記録とはなっていない。実際には、対戦車ミサイルや、対地攻撃機などによる戦果が少なくないものと考えられる。また、ロシア軍側も順次、地上軍の防空レーダー網などの再構築を実施しているため、緒戦と同じようなウクライナ側からの活発な活動は、難しくなっているようである。

しかしながら、前線において使用される安価かつ低リスクのＵＡＶ／小型ドローンが、戦術的に重要で高価な装備品を破壊するというブレイクスルーとなり得ること、また、戦場の行動形態や戦場心理への影響は、これまでにも増して大きくなっているものと思われる。

図２　小型自爆ドローン「スイッチブレード300」
出所：DVIDS　The appearance of U.S. Department of Defense（DoD）visual information does not imply or constitute DoD endorsement.

②　海上戦闘における無人兵器の出現

海上戦闘に目を移してみると、双方の戦力差から、ロシア黒海艦隊によるワンサイドゲームになるものとみられたが、実際にはそのようにはならなかった。これには、ロシア黒海艦隊旗艦の巡洋艦モスクワが二〇二二年四月にオデーサ南方沖で地上から発射された対艦ミサイルによって撃沈されたような通常兵器の活躍だけではなく、無人兵器も大きく貢献している。

まず、ロシア軍は、緒戦においてスネーク島（オデーサ港の南方約一五〇キロメートル）に上陸、占拠していたが、黒海洋上における制空権を確保、維持できなかったことから、ウクライナ軍のバイラクタルＴＢ２によって、同島停泊中や周辺海域を航行中の小型揚陸艇やパトロール艇を攻撃、撃沈されると共に、戦闘機でスネーク島を爆撃され、その状況はバイラクタルTB2を通じ画像が配信された。これは、ある意味での戦略的コミュニケーションともなり、同島およびその周辺海域における航空、海上優勢を維持しきれないと判断したロシア軍は、六月三〇日、スネーク島から撤退し、ウクライナがこれを奪回した。

さらに、ロシア・ウクライナ戦争において、史上初めて海上作戦で使用されたのが、攻撃型（自爆型）無人水上艇（USV）である。二〇二二年九月、クリミア半島のロシア海軍セバストポリ軍港周辺に、不明USVが漂着し、初めてその存在が明らかになった。翌一〇月には、USV七隻およびUAV九機がセバストポリ軍港内においてロシア軍に対し対艦攻撃を実施した。

ウクライナ軍が公表した攻撃時の動画と、九月に漂着したUSVの特徴は類似しており、爆薬、慣性航法装置、衛星測位システムを搭載し、衛星通信を介したビデオ伝送に基づき遠隔管制されていたものと分析されている。

なお、ウクライナ政府は、当該USV建造のためのクラウドファンディングを国民に求めており、それによれば、一隻当たりの価格は、三五〇〇万円程度となる。UAVなどに比べると高額であるが、一発で億単位となる対艦ミサイルと比べれば、安価な装備とも言える。

同時に運用されたUAVを含め、どこから出撃したものであるかは明確ではないが、その後も、小規模ながら、同様のUSVがロシア海軍の軍港などを攻撃したことが公表されている。

このようなUSV攻撃によって、顕著な戦果は認められていないが、攻撃型USVの登場とその効果は、単に軍港に対する攻撃への警戒のみならず、洋上作戦全般に影響を与えている。緒戦においては、ロシア軍によるオデーサ周辺への上陸作戦の可能性も取りざたされていた。しかし、洋上において、長距離探知や対処が困難なＵＳＶが、いつどこに現れるか分からないという状況において、陸上からの対艦ミサイル攻撃の脅威、制空権が確保できていないという情勢も相まって、ロシア海軍は、これだけの海軍兵力の戦力差を持ちながら、黒海北部での制海権を獲得できていないように見える。

なお、このような、陸上からの対艦ミサイル攻撃と無人兵器による非対称戦は、我が国の南西諸島防衛などの参考となる部分も多々あると共に、台湾海峡の情勢にも当てはまる部分があるように思われる。

二　我が国および我が国周辺における状況

無人兵器の発展と実用化の様相を整理してきたが、ここからは、我が国の取り組みや今後の無人兵器の趨勢と課題などについて論じていきたい。

1　自衛隊におけるＵＡＶ／小型ドローンの運用と課題

二〇二二年一二月に閣議決定された安保三文書においては、各種無人アセットの開発・導入を加速し、本格運用を拡大するとされている。(2)

これまでにも陸上自衛隊では、一九九〇年代から、回転翼、固定翼、マルチローターなど、様々な形態のUAV／小型ドローンを導入し、主として偵察、弾着観測、攻撃成果確認などの戦術用、および災害時の情報収集用として運用してきた。その後、二〇一五年の航空法の一部改正により、「無人航空機」が定義され、陸上自衛隊が使用するUAV／小型ドローンのほとんどは、無人航空機に該当することとなった。ただし、航空法に定める飛行空域や飛行の方法などについては、自衛隊法の一部改正によって適用除外となっている。[3]しかしその一方で、防衛省訓令において、自衛隊のUAV／小型ドローンは、自衛隊の行動（防衛出動その他の出動、派遣）時を除き、自衛隊の施設内（演習場）など以外では、基本的に航空法および航空法施行規則と同様の基準（日中、目視範囲内のみでの飛行、人や家屋の密集地域上空の飛行禁止、爆発性の物件の輸送や物件の投下の禁止など）で飛行するよう制限している。[4]この基準によらずに飛行を実施しようとする場合は、その都度、許可権者に申請（一〇開庁日以上前までを基準）して承認を得ることで可能とはなるが（爆発性の物件の輸送および物件の投下を除く）[5]、平素から実施していないことを、有事など必要の際に円滑に実施することは困難であろう。とりわけ、無人航空機の技術進歩や、改正航空法の施行により、二〇二二年一二月から、機体認証、操縦者資格、運航管理など一定条件の下で、無人航空機による「有人地帯での『目視外飛行』」が民間レベルでも認められたことも考えれば、防衛省・自衛隊による運用基準も平素からの拡大を検討していくべきではないだろうか。

また、電波法に基づく使用周波数割り当てについては、自衛隊に優先的な周波数使用が認められているわけではなく、同一周波数帯の他の民間用周波数への影響を避けながら運用すると共に、同時複数のUAV／小型ドローンを運用する場合には、相互の干渉にも留意する必要がある。武力攻撃事態等においては、他の無線局との周波数調整など、必要な法的措置がとられることとされているが、事態に至ってからの調整が有効に機能するかは疑問である。

各種無人アセットの本格的運用の拡大を国家防衛戦略などの柱の一つにするのであれば、このような、運用上の制約となる事項については、ひとつひとつ見直していく必要がある。

なお、昨今、世界で注目されている攻撃型／自爆型のUAV／小型ドローンについては、まだ導入には至っていないが、二〇二三年度の防衛省予算において、「多用途／攻撃用UAVの運用実証」ならびに「小型攻撃用UAVの運用実証」が盛り込まれており、作戦運用を目指した試験用機材の取得や実証試験が進められるものと思われる(6)。

2　我が国における「グローバルホーク」の導入と課題

グローバルホークは、前述の通り、冷戦終結後の一九九〇年代、アメリカで、統合軍司令部に偵察情報を提供するために開発された長期滞空型の大型無人偵察機である。

翼幅約四〇メートル、全長約一四・五メートルと、翼の長いグライダーのような機体であり、ターボファンエンジンを搭載し、最高高度約一万八〇〇〇メートルを最大三四時間飛行することができる。我が国が取得したブロック30は、光学・赤外線（EO／IR）画像情報、合成開口レーダー（SAR）

図3　滞空型無人偵察機 RQ-4Bグローバルホーク
出所：US Air Force

に加え、信号情報収集（SIGINT）センサーを搭載している。アメリカ軍のグローバルホークは、二〇一〇年からグアム・アンダーセン基地に常駐し、運用上のニーズによっては、我が国の三沢基地に飛来していたが、我が国においても二〇一四年にグローバルホーク三機の調達が決定された。二〇二二年三月、航空自衛隊向けグローバルホークの初号機が三沢基地に到着、配備され、一二月に運用（飛行）を開始している。

一方、我が国における運航は、当然のことながら、我が国の航空法、自衛隊法ならびに関係諸法規に基づいて実施することとなる。航空自衛隊が運用するグローバルホークに関しては、自衛隊法に基づく航空法の一部適用除外はあるものの、基本的に航空機の中の無操縦者航空機という分類で、航空法の法的要件に従って運航される。

グローバルホークは、機能的には、全ての航程を事前プログラムに基づき自律飛行する能力があるが、我が国における運航では、離陸後は、安全が確保された空域まで上昇し、計器飛行方式に相当する飛行管制によって飛行を実施する。すなわち、航空交通管制機関からの管制承認に基づき、グローバルホークから送信される飛行諸元データと地上からのレーダーモニターにより、地上から飛行管制することを原則としている。この場合、地上からのレーダーが届く「レーダー覆域」の外での自律飛行は認められていない。

一方で、電波水平線（地球は球面であることから、高度に応じて電波が到達できる距離には限界がある）の制約から、グローバルホークが高高度を飛行したとしても、我が国から離れるにしたがい、地上のレーダーからの電波覆域外となってしまう。

現状の運航については差し迫った問題が生じているわけではなく、また、グローバルホークの情報収集目的を何に置くか（安全保障上の意思決定に資するための戦略情報なのか、部隊運用に反映するための作戦情報なのかなど）によっても認識は異なってくるが、二〇二二年一二月の「防衛力整備計画」においては、「無人アセット防衛能力」に関して、「情報収集・警戒監視・偵察」（ＩＳＲ）に「ターゲティング（Targeting）」が加えられ「ＩＳＲＴ」とされている。たとえば反撃能力行使の前提となる目標情報の収集とターゲティングなどにおいても、飛行は我が国からのレーダー覆域内に限るのであれば、各種作戦状況によっては、運用上の制約事項となる可能性もあるのではないだろうか。

また、一般的に衛星通信の所要が増している中、グローバルホークなどのＵＡＶをはじめ自衛隊が使用する衛星通信周波数についても、前述のＵＡＶ／小型ドローン運用などと同様、自衛隊に優先的な周波数割り当てが認められているわけではないことから、民間使用周波数への干渉や障害を避けながらの運行となり、それが運用上必要な通信の制約となっているのも現状である。

3　海上保安庁などにおける「シーガーディアン」の運用と課題

二〇二二年一〇月、海上自衛隊八戸航空基地（青森県）において海上保安庁が運用を開始したMQ－9Bシーガーディアンは、前述のアメリカ軍滞空型攻撃UAVのリーパーの派生機であり、全長約一二メートル、翼幅約二四メートルとグローバルホークの約半分のサイズである。ターボプロップエンジンにより飛行し、最高高度は約一万二〇〇〇メートル以上、二四時間以上の飛行が可能とされる。

攻撃武器は搭載しないが、海上捜索レーダー、EO／IR画像センサーを搭載する他、船舶自動識別装置（AIS）[7]の受信器などを搭載し、衛星通信ならびに電波見通し線上の通信により地上から飛行管制し、海洋状況把握（MDA）を実施する。

シーガーディアンは、画像センサーの他、空対空レーダー、空中衝突防止装置（TCAS）[8]に加え、他の航空機との衝突を回避するための機能を備えており、目標監視、識別のために飛行高度を下げた場合でも有視界飛行方式に相当する飛行を行うことができる。

ただし、グローバルホークの導入、運用とは異なり、特有の課題も抱えているようである。

まず、航空自衛隊が保有するグローバルホークは、自衛隊法に定める航空法等の適用除外により、国内で飛行するために必要な、航空法に定める耐空証明（強度・構造・性能などの航空機の安全性、騒音、環境への影響について、個別の機体がこれらの各基準を満たしているかどうかを判定する）の取得が適用されない。しかしながら、海上保安庁が運用するシーガーディアンは、自衛隊法に基づく航空法適用除外には該当しないので、耐空証明を取得する必要がある。他方、外国機などに対して新たに国内で耐空証明を受ける場合の手順は定められているものの、シーガーディアンのようなUAVは、航空法における「無操縦者航空機」の「設計、製造過程と現状についての耐空証明検査」に関する前例がなく、そのノウハウも確立されていないことから、その手続きは円滑には進んでいないようである。

このため、現状では、航空法上「国交大臣の許可を得た試験飛行」という範疇で暫定運用を開始しているが、試験飛行という位置付けから陸上部上空を避けて飛行することとされており、結果として飛行経路には大幅な制約が生じている。現状では、このような試験飛行での暫定運用がいつまでとなるのかは明らかではないが、効率的な任務を可能とするため、最低限、人口密集地上空は避けた上でのコリドー（安全性を確保した陸地上空の飛行ルート）の設定などが必要ではないだろうか。

また、グローバルホークは、基本的に航空自衛隊が保有、運用するのに対して、シーガーディアンは、海上保安庁の保有機ではなく、COCO（Company Owned／Company Operated：企業所有の機体を、運航についても企業が実施するリース運航契約）に基づく運用であるので、航空法上、民間による航空機使用事業としての国交大臣許可などの諸手続きが求められる。

図４　海上保安庁 MQ–9B シーガーディアン
出所：海上保安庁

さらに、電波法上も、「試験飛行」における調査研究のための「実験試験局」[9]という位置付けであり、他の各種「実用局」に対して、とりわけ民間事業者として使用周波数調整を図ることは、容易ではないのが実情のようである。

なお、海上自衛隊は、二〇二三年五月から八戸航空基地で、海上保安庁と同様、COCO契約の機体によってシーガーディアンの試験運用を開始した。今後、海上自衛隊がシーガーディアンの正式導入を決定した場合、グローバルホークと同様、海上自衛隊が保有し、運航までを実施することになるのか、海上保安庁と同様のCOCO契約での運用、あるいはGOCO（Government Owned／Company Operated：保有は国〈自衛隊〉で運航は民間）となるのかは明らかではない。

ちなみに、二〇二三年四月にアメリカ海兵隊に新たに納入されたリーパーは、COCO契約で運航されると報じられている。また、インド海軍も、COCOによるリース運航契約によってリーパーを運用している。このように、国家機関が運用する滞空型UAVについて、COCO契約という運用形態が一つの選択肢として一般化するのであれば、単なる民間事業者による運航という扱いのみならず、新たな枠組みと考え方の整理が必要である。その中では、特に有事において、たとえば滞空型UAVなどの運用に、より直接関与する文民の地位などの問題をさらに検討する必要があろう。これは、サイバー領域における能動的サイバー防御（ACD）においても、文民の関与によっては、同様の課題が生じてくるものと思われる。

また、そもそも、自衛隊などが運用する滞空型UAVという新たなジャンルに対して、その他の航空機と同じ法的要件を求めること自体が適当ではない部分もあるのではないだろうか。たとえば無操縦者航空機審議会など、省庁間を超えた検討の枠組みを国家安全保障会議（NSC）などが主導し、平時、あるいは有事において必要となる航空法適用除外などの規定や、電波法その他において考慮するべき部分について議論を進める必要があるものと考える。

4　中国の滞空型偵察UAVの海洋進出と、攻撃型ドローンなどの開発

近年、中国においても、大型の滞空型偵察／攻撃型UAVから自爆型ドローンに至るまで、様々なUAV／小型ドローンが開発されている。

特に二〇二二年七月以降、各種滞空型UAVが沖縄～宮古島間などを通過して太平洋側に進出しており、偵察型のみならず、リーパーに相当する攻撃能力を持つとされているものの存在も確認されている。さらに、二〇二三年に入って、太平洋側への進出が視認された大型滞空型UAVについては、グローバルホークと同レベルの運用性能を有している可能性もある。また、これらの一部は、中国軍での使用のみならず、すでに多くの国々に輸出されている。

さらに、小型徘徊型自爆ドローンについても開発が進んでおり、アメリカのスイッチブレードに相当する徘徊型自爆ドローンの試験動画なども公開されている。

なお、民生用カメラドローンなどについては、中国企業のＤＪＩ社が世界市場の七割以上のシェアを占めており、各紛争当事国やテロ組織などにも拡散している。また、アメリカは、そのような中

国製偵察ドローンの拡散について、サイバーセキュリティにおける安全保障上の懸念もあるとして警戒している。

三　今後の趨勢

1　半自律・監視型制御／自律型制御（ＡＩ化）

今後の無人兵器の制御方法を大きく分類すれば、①カメラ映像などの伝送に基づく操縦者による遠隔操作型（Remote）、②あらかじめ入力された航法／行動データなど（途中での更新を含む）に基づく半自律・監視型（Semi-Autonomous）、③各種センサーとＡＩなどに基づく自律型（Autonomy）、ならびにこれらの組み合わせになるであろう。

半自律・監視型／自律型の実用化によって、操縦者による直接かつ常続的な操作入力の負担が軽減され、３Ｄの中ではDull（単調）への代替が確保される他、様々な任務を自動処理することにより、機器の性能によっては、人の操作に依存するよりも正確、迅速な攻撃が可能となるなど、Difficult もしくはDeep（人的作業では困難な任務の精緻化）への対応も可能となる。

一方で、遠隔操作による人の判断を介さず、たとえば自律（ＡＩ）化された無人兵器が最終的に機械の判断で攻撃を実施する場合、その安全性と信頼性、そして倫理上の問題も生じてくるであろう。

我が国の「国家安全保障戦略」においても、軍備管理などに関して、「自律型致死兵器システム（LAWS）を含め、多国間での取組、ルール作り等に積極的に取り組む」とされている。

また、一般的にAI機能は、機械学習の積み重ねによってその精度を高めていくとされるが、無人兵器における機械学習については、平素のビッグデータ収集や運用試験における実績の積み重ねのみでは不十分であろう。不確定要素の多い、将来戦を含めた対処モデルの妥当性評価は、いわゆるバトル・プルーフ（戦闘による証明）でしか得られない面もあるのではないだろうか。とはいえ、不完全な自律（AI）攻撃型無人兵器を安易に様々な紛争などに投入し、そこを実験場（機械学習蓄積の場）とすることがあってはならない。

最終的に自律（AI）型無人兵器は、「ヒト」との対話（相互作用）を前提としつつ、試験・評価、実効性の検証を経て、（暴走や、人が意図しない意思決定などがない）「人のコントロールの下にある」と言えるだけの安全性と信頼性が確保されなければならない。

2　スウォーム化

スウォーム（Swarm）とは、集団・群れを意味する言葉であり、自律（AI）機能を持った多数のドローンがネットワークでリンクされ、相互に情報共有しながら目標達成のための共同行動をするものである。あたかも、移動している鳥や魚の群れが危険を察知し、リーダーもしくは周囲の動きに反応して一斉に向きを変えるといった動きに似たような連携行動をとる。防御する側は、同時多数／多方位対処（かつ、目標は小型）を強いられることから、より対処が困難となる。

二〇一六年一〇月、アメリカ国防総省戦略能力局は、三機のF／A－18戦闘攻撃機から一〇三機のパーディックス（Perdix）自律（AI）システムドローンを射出しての、スウォーム飛行実験を実施し、集団的意思決定、状況に適応した編隊飛行といった高度な群れの挙動をデモンストレーションした。

一方、中国では、国有企業の中国電子科学研究院が、二〇一七年六月に一一九機の自律（AI）ドローンによるスウォーム飛行実験に成功したことを発表している。

また、スウォーム技術は、USVにも活用されており、中国では、二〇一八年五月、AI技術を利用したUSVシステム「サメの群れ」を開発、五六隻による試験を実施したと報じている。

3　UAV以外の無人兵器の開発と実用化

近年においては、UAV／小型ドローンが無人兵器の代表として脚光を浴びることが多いが、他のビークルの無人化についても開発、実用化に向けた動きが進んでいる。

（1）　無人水上艦艇（USV）

ロシア・ウクライナ戦争における攻撃（自爆）型USVの出現や、USVのスウォーム技術開発の動きは、前述の通りであるが、武器体系全般の中で、USVの位置付けは大きくなろうとしている。

ちなみに、二〇一七年アメリカ会計年度における国防総省の無人システム予算においては、空軍や陸軍などを抑えて、海軍の予算規模が最も多くなっている(特に研究開発、試験評価予算)。

また、定期的にアメリカ連邦議会に報告されている、アメリカ海軍の今後三〇年間の兵力組成構想(最新の二〇二二年七月版)では、USVならびにオプショナルな無人／有人艦の占める割合を、全保有隻数の約三割とする計画としている。[10]

この計画中に記されているUSVは、大型無人水上艦艇(LUSV：全長約六〇～九〇メートル)および中型無人水上艦艇(MUSV：全長約一五～六〇メートル程度)であるが、攻撃武器を含めた様々な装備をモジュール交換方式で搭載することによって様々な任務に対応すると共に、特に、中国の接近阻止・領域拒否(A2／AD)に対処するための、海軍の分散型海上作戦(DMO)[11]において、その組み合わせにより、海洋状況把握能力と攻撃力を、低リスクで発揮することのできるゲームチェンジャーとして期待されている。

開発、試験が実施されてきたLUSV、MUSVは、海軍に引き渡され、二〇二二年五月、アメリカ海軍初の無人水上艦部隊がサンディエゴ基地(カルフォルニア州)に新編された。

その後、二隻のLUSVと二隻のMUSVは、二〇二二年六～八月にハワイ近海で実施された多国籍演習である環太平洋合同演習(リムパック)にも参加し、洋上の艦艇、もしくは陸上の指揮通信基地からの遠隔管制により運用された。

しかし一方で、UAVに関しては様々な法整備が図られてきているのに対して、USVについては、海上における衝突の予防のための国際規則に関する条約(COLREG条約、一九七二年)、また、それ

図５　MUSVプロトタイプ　出所：DVIDS

図６　LUSVプロトタイプ　出所：DVIDS

に基づく海上衝突予防法においても、その定義や、運航上の諸規定などはなされていない。現状では、乗組員の有無にかかわらず、同法の適用対象（船舶）となるという解釈が大勢であり、基本的に一般の（有人）「動力船（機関を用いて推進する船舶）」の各種航法手順などに準拠した運航が求められている。

しかしながら、たとえばＵＳＶが外観からは、有人船舶との区別がつきにくい（特に、海上衝突予防法に定める、その船舶の特性を表す法定灯火、形象物（標識）は、ＵＳＶについては規定されていない）ということや、また、その航法に関して特別な規定もないことが、海上交通の安全を図るという主旨において適当なのかという課題は生じてくるであろう。また、艦艇の運航上の安全に関しては、最終的な責任は、指揮系統にかかわらず当該艦長が担うこととされている。遠隔操作や半自律・監視型の運用の場合にはそれに準じた解釈となるであろうが、それでは、自律（ＡＩ）型無人兵器の場合、たとえば、他の艦船との最終的な衝突回避や、事故発生時の運航責任は、どこに帰着するのであろうか。この点は、海上衝突予防法でも整理ができていない部分である。

（2）無人潜水艦（ＵＵＶ）

無人兵器の趨勢として注目されている、もう一つのビークルが、超大型無人潜水艦（ＸＬＵＵＶ）である。アメリカ連邦議会報告における「アメリカ海軍の今後三〇年間の兵力組成構想」における近年の計画の推移を見ると、ＸＬＵＵＶは、最大五〇隻程度を保有する構想となる可能性があり、その場合、アメリカ海軍全保有隻数の約一割を占める大勢力となる。

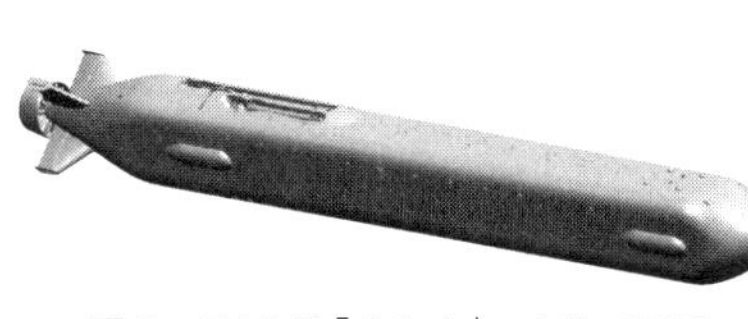

図７　XLUUV「オルカ」　出所：DVIDS

ＸＬＵＵＶは、全長二六メートルほどの船体となり、対潜機雷[12]の敷設に使用することが検討されている他、水中における警戒監視アセットとして、有人潜水艦との連携も期待されている。

我が国の「国家防衛戦略」においても、防衛力の抜本的強化にあたって重視する能力の「無人アセット防衛能力」において、「特に、水中優勢を獲得・維持するための無人潜水艇（ＵＵＶ）の早期装備化を進める」とされている。

このようなＵＵＶが海域に存在する場合（その全体数と位置は容易には把握できない）、相手の水上艦艇や潜水艦も相当の警戒行動を強いられることとなる。そうした意味で、長期滞水型のＸＬＵＵＶは、海におけるキープレーヤーとなり得る可能性がある。このようなことから、アメリカ海軍以外にも、各国で同様のＸＬＵＵＶ

のプロトタイプが開発、建造されている。

ただし、このような長期滞水型のＵＵＶの場合、リアルタイムでの遠隔管制などは困難であり、相当の時間を自律運航とする必要があるが、特に、攻撃的な機能・任務を持たせる場合には、不確実な水中音響に依存したＬＡＷＳの運用という課題を抱えることにもなる。

また、このようなＸＬＵＵＶが各国で開発、実用化され、水中領域でその数が増えてきた場合、水中における衝突予防措置が必要となってくる。

水上航行については（ＵＳＶを含め）、基本的にＣＯＬＲＥＧ条約およびそれに基づく海上衝突予防法が準用される。一方で、水中領域においては、同様の水中衝突予防法的な国際的取り極めはない。

これまでは、一定海域に存在する潜水ビークルの数は多くはないことから、いわゆる「水域管理（Water Space Management）」は、ある程度担保されてきたと考えられる。だが、今後、その数が増え、たとえばＸＬＵＵＶと潜水艦が水中で衝突し、最悪、（有人）潜水艦に犠牲者が出た場合などには、安全保障上の危機にも発展しかねない。有事における交戦規定は別として、少なくとも平素においては、潜水艦とＸＬＵＵＶ、あるいはＸＬＵＵＶ同士が、予期せず近距離で混交した場合の共通対処手順や衝突回避プログラムを検討しておく必要があるのではないだろうか。

（3）　無人陸上兵器（ＵＧＶ）

ＵＡＶなどと比べると、無人兵器の中では大きな注目を浴びてこなかったＵＧＶであるが、地上戦においてもハイエンドな戦闘様相が想定されるようになった近年、改めて有人戦闘車両を代替、補完する存在として体系的な開発が進められるようになっている。

アメリカ陸軍においても「ＲＣＶ（Robotic Combat Vehicle）」シリーズとして、いくつかのタイプの無人戦闘車両が開発されている。これらは、付近の戦闘車両から遠隔操作する他、一部を自律、また、偵察ＵＡＶやその他のセンサーとのネットワーク連接により、最前線における威力偵察などで火力を発揮する。

また、その他の国でも同様のＵＧＶが開発されており、特に、二〇〇八年の南オセチア紛争の地上戦闘で多大な被害を出したロシア軍は、その後、無人戦闘車の開発を本格化し、二〇一八年にはシリア内戦にも実戦投入したという。

ただし現状では、それらを戦場で遠隔管制する際、近距離で起きる急激な陸上戦闘の状況変化に管制が追従しきれない場面が生起しているようである。したがって、ＵＧＶが有効に機能するには、さらなる自律性が求められ、それは、アメリカ、ロシア共に、同様のロードマップとして提起されている。

しかしながら、地上戦闘の中でＵＧＶの自律（ＡＩ）化が強化されていく場合、なおさらにＬＡＷＳの問題が惹起されるであろう。攻撃型／自爆型のＵＡＶ／小型ドローンなどによる攻撃においても、結果として文民に対する被害が生じることもあり得るが、その場合でも、基本的には軍事目標攻撃において結果責任までは問われることは少ないであろう。一方、自律（ＡＩ）型のＵＧＶが地上戦闘を行う中で、文民に攻撃（射撃）が及んだ場合、結果責任という解釈となるのであろうか。特にＵＧＶについては、攻撃（射撃）が個別、直接的に実施されることが想定されるだけに、自律（ＡＩ）の能力と限界、文民被害の予測に照らして、そのあり方を検討する必要があろう。

おわりに

近年の安全保障環境の中で、無人兵器のニーズはますます高まるとともに、技術面の著しい進歩もあって、その発展と実用化は、極めて速いスピードで進んでいる。しかしその一方で、既存の各種法体系が、本来、無人兵器を想定しておらず、あるいは、その適用に前例がないために極めて抑制的な解釈となり、本来の運用に制約が生じている面も散見される。

また、無人兵器が今後、ＵＡＶのみならず、ＵＳＶ、ＵＵＶ、そしてＵＧＶと、あらゆる領域にその運用が広がっていく中で、これまでに想定していなかった様々な課題も顕在化してくる他、近い将来、自律（ＡＩ）型の攻撃兵器の登場に際してＬＡＷＳに関する倫理上の問題にも直面することとなるであろう。だが、現時点では、その発展のスピードに運用者側の認識や検討が追い付いていないのが現実である。

しかしながら、これらの装備体系は、今後の戦闘様相を変えるゲームチェンジャーになり得るだけに、その流れが変わることはないであろうし、そのような中で、慎重な運用判断と的確な法整備を含めた検討を周回遅れとなることなく、進めていくことが必要になっていくものと思われる。

（1）　撃破、損傷、放棄、鹵獲。発表元によって約一七〇〇両（オランダの軍事情報サイト「Oryx」）から三二〇〇両以上（ウクライナ軍参謀本部）と大きく差がある。
（2）　「国家防衛戦略」一八頁、「防衛整備計画」四頁（二〇二二年一二月閣議決定）
（3）　自衛隊法第百七条（航空法等の適用除外）第一項
（4）　「無人航空機の飛行に関する訓令」（防衛省訓令第五四号、二〇一五年一二月一〇日〈改正二〇二二年一二月一三日〉）
（5）　「陸上自衛隊の保有する無人航空機の運用基準について（通達）」（陸幕情第二〇号、二〇二三年二月一日）
（6）　多用途／攻撃用UAVの運用実証：情報収集機能に加えて、火力及び電磁波による攻撃機能を効果的に保持した多用途UAV、侵攻部隊等の情報を収集し、即時に火力発揮可能な攻撃用UAVを取得し、運用実証を行う。
　小型攻撃用UAVの運用実証：島嶼等における着上陸侵攻対処及び重要施設等の防護に際して、侵攻部隊を探知・識別して人員、車両、舟艇等に対処できる小型攻撃用UAVを取得し、運用実証を行う。

（防衛省『我が国の防衛と予算 令和五年度予算の概要』二〇二二年一二月、一八頁、https://www.mod.go.jp/j/budget/yosan_gaiyo/2023/yosan_20230328.pdf）
（7）　船舶自動識別装置（AIS）：一定の船舶に装備が義務付けられており、船名、船種、船位、針路、速度、仕向地、積載物などを自動的に送信する。
（8）　空中衝突防止装置（TCAS）：航空機の周囲を監視し、空中衝突の恐れがある他の航空機の存在を操縦士に警告する。

（9）「科学若しくは技術の発達のための実験、電波の利用の効率性に関する試験又は電波の利用の需要に関する調査を行うために開設する無線局であつて、実用に供しないもの（電波法施行規則第四条第二十二項）」であり、周波数割当計画の周波数割当表に定める周波数にかかわらず周波数を割当てられる。

（10）オプショナルな無人／有人艦（Optionally Manned Ship）：たとえば、平時においては任務に応じて乗員が乗り組んで行動し、有事における危険を伴う行動の場合は無人で運航するなど、「選択式」に運用できる艦艇。

（11）空母打撃群（CSG：Carrier Strike Group）などによるパワープロジェクション（戦力投射）に先立ち、長距離攻撃兵器（艦対艦／艦対空ミサイル）を装備した小規模の小型艦艇、USV部隊が、戦域で分散して行動しつつも、ネットワークで連接され、一体化した索敵・攻撃能力として海上優勢を獲得する作戦。

（12）対潜魚雷を格納した状態で海底に敷設され、敵潜水艦が近接したことを自己のセンサーが探知すると、対潜魚雷を発射する機雷。

第三節　無人兵器の国際法規制

岩本誠吾

はじめに

平時での無人航空機による他国の領空侵犯対処および武力紛争時での交戦権の行使が認められる軍用航空機（軍用機）または軍艦の国際法上の定義問題から、考察を始める。

1　無人航空機の領空侵犯対処

ある国の航空機が平時に他国の合意なくその領空を侵犯すれば、それは他国の主権侵害（国際違法行為）となる。被侵犯国は、機種（軍用航空機か民間航空機か）、目的（偵察・攻撃か亡命か）、原因（天候か航法ミスか）に関係なく、国際手続きに従って当該侵犯機に対処することができる。具体的には、無線連絡や国際信号による侵犯機への退去要求、強制着陸誘導、警告射撃、そして撃墜へと、侵害された法益に対応した措置がとられる。それは、搭乗員の有無（有人航空機か無人航空機か）にも関係しない。

平時での無人航空機を含む領空侵犯機への武器使用（撃墜）は、国際手続きを踏襲している限り、国際法上、合法行為とみなされる。

二〇二三年二月四日に、アメリカは、領空侵犯の中国製無人航空機（偵察気球）を国際手続きに従い撃墜したが、国際法上、それは違法行為とはみなされていない。従来、日本は、領空侵犯機への武器使用が自衛隊機操縦士の正当防衛・緊急避難の場合にしか許容されない（自衛隊法第八四条の領空侵犯に対する措置）と解釈していたが、無人航空機への武器使用に関する法的立場は必ずしも明確ではなかった。今回の気球撃墜事案に関連して、同年二月一七日に、領空侵犯の無人航空機に対して、地上の国民の生命・財産の保護および航空路を飛行する航空機の安全確保のために武器使用が許されることが明確にされた(1)。

2　軍用航空機の定義

一九二三年採択の空戦規則案は、軍用機の要件として、①その国籍や軍用資格を示す外部標識の表示（第三条・第七条）、②軍隊構成員の指揮下、③軍人に限定された乗員（第一四条）を規定した。しかし、近年の無人航空機（大型の飛行機タイプの無人機〈UAV〉、マルチコプタータイプのものを筆頭とする小型ドローン）による敵対行為の実戦事例により、軍用機の定義は変容してきた。二〇〇九年にハーバード大学人道政策紛争研究プログラムが作成した『航空戦・ミサイル戦に適用される国際法マニュアル』(2)は、軍用機の要件として、上記①②は同じであるが、③乗員による制御（controlled）、搭乗

（manned）または事前にプログラムされている（preprogrammed）ことを挙げ（第一規則〈定義〉x項）、遠隔操作型無人航空機も軍用機に含まれると示唆している。二〇二〇年の『オスロ・マニュアル』[3]も、遠隔操縦航空機（RPA）が、その国の軍用標識を付け、軍隊構成員が指揮し、正規軍隊の規律に服する者によって制御（controlled）されていれば、攻撃や要撃の諸活動（交戦権）を行使できると注釈している（規則三六）。このように、現状に合わせて、軍用機の定義において乗員要件が緩和されているように思われる。

他方で、小型ドローンが広範に使用され始めたことから、国家は、それらにも引き続き軍用標識要件を満たす法的義務があるのか、疑問が生じる。国家実行上、回収され再利用可能な大型・長時間・長距離用UAV（トルコ製バイラクタルTB2など）は、通常の戦闘航空機と同様に、軍用標識が付けられている[4]。一方、使い捨て用の小型・短時間・短距離用ドローン（突入型自爆ドローン）は、精密誘導弾と同様に、軍用標識が付けられていない。現段階でそれらの国家実行が慣習国際法となっているかを吟味する必要があるが、国際法上の軍用標識要件は無人航空機の規模、運用領域、航行時間、航続距離などに依拠して判断されているように思われる。

3　軍艦の定義

一九八二年の国連海洋法条約によれば、軍艦とは、①当該船舶の国籍を示す外部標識の掲示、②士官の指揮の下にあること、③正規の軍隊の規律に服する乗組員の配置（manned）の要件を満たすものをいう（第二九条）。現在、有人の軍艦と連携して運用される無人水上艦艇（ＵＳＶ）や無人潜水艦（ＵＵＶ）が軍艦に該当するかについて学説は定まっていない。その中でアメリカ海軍の『指揮官用海軍作戦法規便覧』[(5)]は、物理的に士官や乗組員が乗艦しているという要件はなく（２・２・１）、軍艦は、有人であれ無人であれ（manned or unmanned）、海洋で交戦権を行使するために使用できると規定している（２・２・１・１）。ＵＳＶによる戦闘事例も少なく[(6)]、他にアメリカ海軍のような規程事例は見られないが、軍艦の定義における士官などの乗艦要件も、ＵＡＶと同様に、緩和され、ＵＳＶも遠隔操作型であれば軍艦に分類されることが容易に推測できる。他方、ＵＳＶの軍艦旗・国旗の掲揚義務は、無人航空機と同様に、規模や性能によって判断されると思われる。今後、軍用旗・国旗の掲揚義務に関する国家実行が注目される。

以上、無人兵器は、国際法上の定義に従って、軍用機や軍艦に該当する場合が考えられる。以下では、軍用機・軍艦の定義における軍隊構成員・士官の指揮下（under the command）にあるという人的制御（human control）要件が、特に自律型無人兵器の場合、どのような形で満たされるのかを含めて、無人兵器の国際法規制を検討する。

一　兵器規制の国際法

1　国際人道法と軍縮法

無人兵器の国際法規制を考える前提として、兵器規制の国際法を知る必要がある。それは、国際人道法と軍縮法の二つの領域内にある。国際人道法での兵器規制は、「武力紛争時」に「兵器の使用」を禁止・制限する。他方、軍縮法での兵器規制は、「平時に」兵器を「量的に廃棄・削減・制限」し、「質的に兵器の開発・生産・実験・保有・貯蔵・移譲・受領・配備など」を禁止する。特定通常兵器使用禁止制限条約（CCW）は、特定の通常兵器の使用を禁止・制限するが、その開発・保有・貯蔵などを禁止するものではないので、軍縮法ではなく国際人道法の領域に分類される。他方、対人地雷禁止条約は、対人地雷の使用だけでなく、その開発・生産・取得・貯蔵・保有・移譲などを禁止することから、国際人道法ではなく軍縮法の領域に分類される。

兵器規制の国際人道法と軍縮法は、適用時期および規制対象が異なり、別の法領域に区分されるが、それらはまったく無関係というわけではない。CCW前文第九項が示すように、特定の通常兵器の使用禁止・制限の成果は、当該兵器の生産・貯蔵・拡散に関する軍縮討議の促進が期待される。そこには、兵器規制は、国際人道法領域で議論された後に軍縮法領域で補強されるという関係性が見られる。(7)

2　国際人道法上の兵器規制

兵器の使用は軍事的勝利のために必要不可欠である（軍事的必要性）が、不必要な殺傷や破壊は非人道的であり回避すべきである(人道的考慮)。国際人道法は、軍事的必要性と人道的考慮の双方の要請を満たす均衡の上に成立する。兵器の法規制の場合も、軍事的必要性を無視して人道的考慮のみに基づく一方的な議論は、国際人道法の合意形成に至らない。

そのような国際人道法上の兵器規制は、兵器自体が合法か否かという兵器法(weapons law)の側面と、兵器自体は合法であるとしてもその使用方法が合法か否かという標的化法(targeting law)の側面に区分される。兵器法には、①戦闘員保護のための不必要な苦痛を与える兵器禁止原則(一九七七年のジュネーヴ諸条約第一追加議定書第三五条第二項)、②文民保護のための無差別的性質を有する兵器禁止原則(同第五一条第四項)および③地球環境の保全のための環境破壊兵器禁止原則(同第三五条第三項)がある。①の不必要な苦痛とは、攻撃による戦闘員の殺傷程度が軍事的利益を得るために必要な程度を超えるか否かである。②の無差別的性質とは、旧日本軍の風船爆弾のように、人的・物的軍事目標とそれ以外のものを区別する性能を有しない状態をいう。③の環境破壊兵器には、自然環境に対して広範、長期的かつ深刻な損害を与えるという限定条件が付いている。①と②の法原則は、ほとんどの国家を拘束する慣習国際法となっている。

また、標的化法としては、④区別原則(同第四八条)、⑤比例原則(同第五一条第五項b)および⑥予防原則(同第五七条第二項・第三項)がある。④は、人的軍事目標の場合、戦闘員と文民(同第四八条)、戦闘員でも戦闘可能な戦闘員と戦闘外の捕虜・傷病兵・投降兵(同第四一条第二項)、文民でも敵対行為に直接参加する文民と一般の文民(同第五一条第三項)を区別し、前者への攻撃しか許容されず、後者への攻撃は違法となる。⑤は、人的軍事目標の場合、攻撃前に予期される具体的かつ直接的な軍事的利益（敵戦闘員の殺傷）と巻き添えの文民被害を比較して、後者が過度になると予測される場合に、その攻撃は違法となる。ただし、当原則は、戦闘後に敵側の戦闘員と文民の死傷者数を比較する結果責任ではなく、事前予測による攻撃判断時の過失責任を問うものである。(8) ⑥は、攻撃時に軍事目標の実行可能な確認措置、文民の付随的損害を最小限にするための実行可能な兵器弾薬の選択措置、および同様の軍事的利益を得る複数の軍事目標から文民被害を最小限にする軍事目標の選択措置を攻撃側に義務付けている。④、⑤および⑥の法原則は、慣習法となっている。

兵器法や標的化法の考え方とは別に兵器規制の関連規則として、⑦マルテンス条項（同第一条第二項）と⑧新兵器の法的審査条項（同第三六条）がある。⑦により、条約上の具体的な国際人道法規則が存在しない場合でも、国家は、確立された慣習、人道原則および公共良心に由来する国際法の諸原則に拘束される。ただし、本条項は、人道の諸原則や公共の良心から直接的に法的義務を引き出す機能が認められず、条約や慣習法の原則・規則を解釈する際の指針としての役割が認められるにすぎない。⑧は、新兵器を研究、開発、取得または採用する際に、その使用が国際法規則によって禁止されているか否かを決定する法的義務を国家に課している。もっとも、各国による新兵器の法的審査は、各国が独自の実験手続きと評価基準に基づき実施される行為であり、その審査結果は公表義務もなく、国際法上の拘束力を持たない。本条項は、あくまで、新兵器の使用前にその合法性を慎重に判断するように国家に求めているにすぎない。日本は、第一追加議定書当事国として、国内的に新兵器の法的審

表１　自律兵器システムの分類

（注）灰色部分の兵器は現在のところ存在しない

			AIの軍事利用（目的・用途）		
			非戦闘用（輸送・偵察）	戦闘用	
				対物破壊用	対人殺傷用
自律度	自律型	汎用型AI	合法推定	合法か・違法か？	違法か？
		特化型AI	合法	合法（ハーピー）	違法か・合法か？
	半自律型・監視型		合法	合法（ファランクス）	合法か？
	遠隔操作型		合法	合法	合法（プレデター）

出所：筆者作成

査を制度化し実施していることを積極的にアピールすべきであろう。

以上の兵器規制の国際法に従って、無人兵器およびその使用方法が法的に評価される。

二　無人兵器の区分と国際法の適用

無人兵器は非戦闘（輸送・偵察）用と戦闘（対物破壊・対人殺傷）用がある。さらに、運用領域により、無人陸上兵器（ＵＧＶ）、無人水上艦艇（ＵＳＶ）、無人潜水艦（ＵＵＶ）および無人航空機に区分される。国際法上議論の対象は、各領域で運用される戦闘用無人兵器である。

無人兵器に搭載されるレーダー、センサー、コンピューター、通信装置およびＡＩが急速な進化を遂げている。そのため、敵対行為での一連の動作（標的の探索、標的化、攻撃）の中で戦闘員である人間の役割（認識、評価、判断）が縮小する一方、無人兵器の自律性が拡張している。その自律性の観点から、無人兵器は、①

人間が標的の選択や攻撃を実行する遠隔操作型兵器、②いったん起動すれば、人間の指令から独立して自律的に攻撃できるが、作戦の途中で攻撃を停止できる人間の監視下にある半自律・監視型兵器、および③起動後に人間の関与なく兵器自ら標的の探索・標的化・攻撃を実行する自律型兵器に分類される（表1「自律兵器システムの分類」参照）。

1　遠隔操作型兵器

①の遠隔操作型兵器は、発射するミサイル・弾薬が他の有人兵器で用いられるものと同じ通常弾薬である限り、不必要な苦痛を与える兵器や環境破壊兵器に該当しない。また、操縦者がモニターを見つつ標的を選定し攻撃することから、無差別的兵器にも当たらない。遠隔操作型兵器それ自体が、兵器法上、違法であるとの見解は見られない。

当該兵器の使用による国際法上の問題は、標的化法との関連においてである。アメリカは、対テロ戦争で武装ＵＡＶによる標的殺害（targeted killing）を、当初、身元の判明したテロ組織幹部を標的とする個人攻撃（personality strikes）基準で実施した。その後、生活様式の分析からテロ活動に関連する特性のある集団を標的とする特性攻撃（signature strikes）基準へと変更した。「明確なテロリスト」から「みなしテロリスト」への標的基準の変更・拡大は、区別原則の適用緩和につながり、同原則違反の危険性が指摘される。

また、武装ＵＡＶに特有の攻撃として、第一攻撃の負傷生存者への追い打ち攻撃（follow-up strikes）

がある。その攻撃は、戦闘外に置かれた負傷生存者への故意の攻撃（同第四一条違反）となり、加えて、負傷者救助に駆け付けた文民殺害も引き起こすことから、二重の意味での国際人道法違反となった。比例原則に関して、遠隔操作型兵器使用の場合でも、付随的な文民被害が何をもって「過度」であるか否かの判断は、他の兵器使用の場合と同様に、極めて難解である。(9)

予防原則は、区別原則や比例原則を遵守する上で必要な法原則である。中でも、武器弾薬の選定事例として、アメリカは、武装ＵＡＶによる標的殺害時に文民の付随的損害を減少させるために、搭載ミサイルを大型対戦車用のヘルファイア（全長約一六三センチメートル・重量約四九キログラム）から小型軟目標用のスコーピオン（全長約五五センチメートル・重量約一六キログラム）に変更した。また、二〇二〇年一月三日に起きたイラン革命防衛隊コッズ部隊ガセム・ソレイマニ司令官の標的殺害時には、付随的損害防止のために、爆薬のない六枚回転刃装着のヘルファイアＲ９Ｘミサイルが使用された。

遠隔操作型兵器は、標的化法との関連以外に、操縦者の心理的問題が内在する。一つには、操縦者は、戦場から離れた安全な地域に居ながらモニター越しに敵対行為を行うことで、テレビゲーム的な感覚に陥りやすく、攻撃開始の閾値を下げる心理的な危険性をはらんでいる。もう一つは、操縦者は、モニター越しの悲惨な戦場場面と勤務終了後の平和な日常場面を瞬時に往来する際の急激な心理的ギャップにより、心的外傷後ストレス障害（ＰＴＳＤ）を発症する確率が高い。遠隔操作型兵器の運用において、操縦者の非法的・心理的問題にも十分留意しなければならない。

2　半自律・監視型兵器

②の半自律・監視型兵器は、航空機、ミサイル、ロケット砲などの経空脅威から領域・艦船・車両の防護用としての自動兵器防御システム（パトリオット、イージス、ファランクス、トロフィーなど）が該当する。防護・反撃用でかつ対物破壊用の当該兵器システムは、指揮官による起動命令によって自動的かつ瞬時に標的を探知・選択・攻撃する。ただし、当該システムを監視する指揮官は、起動後にいつでも攻撃を停止できるし、また、最終的な攻撃判断部分については、指揮官が指示するように変更することもできる。これらの半自律・監視型兵器はすでに実戦配備・使用されており、遠隔操作型兵器と同様に、その兵器自体の合法性は疑われていない。

3　自律型兵器

③の自律型兵器は、人間が設計したプログラムに従って標的を選択し攻撃できる特化型ＡＩを搭載する兵器と、ＡＩ自らのプログラムに従って標的を選択し攻撃する汎用型ＡＩを搭載する兵器に細分される。前者の兵器として、滞空徘徊型突入自爆ドローン[(10)]（イスラエル製ハーピーなど）が指摘できる。それは、人間による起動後、人間の関与なく目標上空で長時間徘徊しながらレーダー発信源を捕捉・追尾し、そして、自らそれに突入・自爆する。すでに実戦使用されているそれは、レーダー発信源という明確な軍事目標に限定された対物破壊用自律型兵器であり、兵器法上、それ自体の違法性が

指摘されたことはない。他方、特化型ＡＩ搭載の対人殺傷用自律型兵器や汎用型ＡＩ搭載の対物用・対人用自律型兵器の存在は確認されていない。[11]

三　無人兵器の法規制の試み

1　規制交渉過程の対象

科学技術の急激な進化により、人間と同程度の判断能力を有する汎用型ＡＩが二〇四〇年代に出現するという。ＡＩは、民生用に限定されず、当然、軍事用にも活用されることから、近い将来、完全な自律型無人兵器が出現するのではないかと懸念される。そのために、二〇一三年のＣＣＷ締約国会議は、次年度の議題として「自律型致死兵器システム（ＬＡＷＳ）分野での新興技術関連の諸問題」を採択し、近未来兵器のＬＡＷＳの法規制を議論し始めた。[12]

本議題から以下のことが推論できる。まず、「新興」は、現存兵器（遠隔操作型、半自律型および特化型ＡＩ搭載の対物破壊用自律型兵器）の合法性を間接的に暗示している。次に、「致死」から、議論の対象は戦闘用の中の対人殺傷用自律型兵器に限定される。前述したように、非戦闘（輸送・偵察）用無人兵器は、敵対行為に直接的に関与しないので、完全自律型であっても、国際法上、合法である。また、戦闘用の対物破壊用自律型兵器は、ＣＣＷでは議論の対象外とされる。対物破壊用自律型兵器については、別の機会に標的化法の区別原則（物的軍事目標と民用物の区別）を遵守できるか否かを議論する必要がある。加えて、「技術」は、ＬＡＷＳ分野に関連するものであり、自律性向上に関連するＡＩ技術全般ではない。スウォーム（無人機群）行動や有人兵器と無人兵器との連携行動（チーミング）を含め、現在進行中の自律飛行・自律航行・自律潜航・自律走行に関するＡＩ技術の研究開発は、敵対行為に直接的に関連しないので、ここでの議論から除外される。あくまで、議論の対象は、起動後に人間の関与なく兵器自ら標的の探索・標的化・攻撃を実行するＡＩ科学技術に絞られる。

2　規制交渉過程の手詰まり

ＬＡＷＳ規制問題は、二〇一四年にＣＣＷ枠内の正式な議題として、二〇一七年以降は政府専門家会合（ＧＧＥ）を通して集中的に審議されてきた。しかし、ＣＣＷ締約国会議は、現在までの一〇年間の討議にもかかわらず、ＬＡＷＳに関する一一の指針原則(13)以外、コンセンサスに基づく具体的な成果物をいまだ挙げるに至っていない。それには、いくつかの要因が考えられる。

第一に、未来戦のゲームチェンジャーとなり得るＡＩ搭載自律型兵器の研究開発に対する立場の違いがある。軍事大国は、ＡＩの軍事利用という観点から当該兵器の研究開発を強く推進しており、研究開発との両立を図りながら、ＬＡＷＳへの段階的規制を望む消極的・漸進的姿勢をとる。他方、軍事弱小国は、制御不能なＡＩ兵器の出現前に軍事大国の手足を縛るために強硬なＬＡＷＳ法規制を望む積極的・急進的姿勢をとる。

第二に、完全自律型兵器に対する国際法的評価の対立がある。ＬＡＷＳのような自律型兵器は、戦況が刻々と変化する戦場において、兵器自らの判断で標的化法の区別原則や比例原則を遵守できるのか。言い換えれば、ＡＩ兵器は、人間と同程度の標的識別能力や、予期される軍事的利益と付随的文民被害との比較評価能力を保持できるのか。その兵器が、生来、標的化法の法原則を遵守できなければ、兵器法上の無差別的兵器に該当し、それ自体、違法兵器であると解釈される。他方、ＬＡＷＳは、戦場の状況によっては、標的化法を遵守できるという見解もある。

第三に、ＬＡＷＳの法的評価に関連して、武力行使時の人間の意思の介在が国際法上必要か否かという今まで意識されなかった論点が初めて浮上してきた。遠隔操作型兵器や半自律・監視型兵器がＬＡＷＳ規制議論から除外されるのは、それらは人間の意思が敵対行為に介在し、標的化法の諸原則を満たしているからと推測できる(14)。有意な人間による制御（meaningful human control）なのか、適切な程度の人間の判断（appropriate levels of human judgement）なのか、人間の意思の介在表現は別として、ＬＡＷＳにおける武力行使の意思決定過程での人間の関与が必要であることは、ＣＣＷ締約国内で一般的なコンセンサスがある。しかし、その要件は、兵器の研究開発段階から戦場での起動までの各段階での人間の関与で十分満たされているのか。それとも、起動後の作動中にも標的の選択・攻撃過程に介入（変更や停止）できることまで含むのか。自律型兵器における何らかの人間の関与とは、具体的に何を示すのか。いまだ意見の対立は解消されていない。

第四に、人間と機械との関係性において、「人は機械に人の生死の決定権を委ねてはならない」と

表2　LAWS規制に対する各国の立場

<table>
<tr><td colspan="5">追加規制不要　▶▶　弱い非法規制　▶▶　強い法規制</td></tr>
<tr><td colspan="3">法文書規制消極グループ</td><td colspan="2">法文書規制積極グループ</td></tr>
<tr><td>追加的法規制不要派</td><td colspan="2">非法文書派</td><td>人道法条約派</td><td>軍縮法条約派</td></tr>
<tr><td rowspan="2">ロシア(※)、イスラエル(※)、トルコ、スペイン、スウェーデン、オランダ</td><td>政治宣言派</td><td>行動準則・優良実践例派</td><td rowspan="2">中国(※)</td><td rowspan="2">オーストリア、アフリカ諸国、非同盟運動諸国</td></tr>
<tr><td>フランス、ドイツ</td><td>アメリカ(※)、イギリス(※)、韓国(※)、オーストラリア、カナダ、日本</td></tr>
</table>

※の6カ国はAI兵器研究開発国。中国は使用のみの禁止要請。仏・独は政治宣言を要請。米・英・韓・豪・加・日は非法的文書（行動準則・優良実践事例集）を提案 。人道法条約派は兵器使用の禁止・制限を、軍縮法条約派は兵器の開発・製造・保有・配備・使用の禁止・制限を要請

出所：筆者作成

いう倫理的命題が、CCW枠での議論の当初から頻繁に主張されてきた。本命題は、人間が機械の上位にあるという人間中心主義またはマルテンス条項の人道性や人間の尊厳性に由来する。本命題を法文書化すれば、正当な人的軍事目標である戦闘員への敵対行為は従来の標的化法の区別原則上合法であるが、新たな兵器法上、対人殺傷用LAWSが本来的に違法兵器となる。これは、兵器法上の新たな法原則として、人的関与のない兵器禁止原則を追加しようとしているのか。それとも、従来の兵器法上の不必要な苦痛を与える兵器禁止原則における違法性判断基準である戦闘員の物理的・肉体的苦痛に、人間の尊厳が傷付けられるという精神的苦痛を追加しようとしているのか。いずれにせよ、新条約が成立した場合、新たな法原則が条約当事国に限定して適用され、慣習法ではないとしても、LAWSの使用禁止は、兵器法に大きな衝撃を与えることになるが、いまだ諸国家間にコンセンサスは成立していない。

以上の対立要因を踏まえて、表2「LAWS規制に対する

各国の立場」が示すように、各国は、法文書（条約）化に消極的な少数派（軍事大国・西側諸国）と、法文書化に積極的な多数派（非同盟・ラテンアメリカ・アフリカ諸国）に大別される。前者は、現行国際法のままでも十分ＬＡＷＳ規制が可能であるという追加的法規制不要派と、ＬＡＷＳの共通認識が欠如しその定義すら合意されない現状では、法文書（ハード・ロー）ではなく、まず、政治宣言、行動準則、グッド・プラクティスやベスト・プラクティスの編纂などを目指す非法文書（ソフト・ロー）派に細分される。[15]他方、後者は、ＬＡＷＳの使用を禁止・制限する国際人道法条約派と、その使用だけでなく、研究開発・製造・保有・配備も禁止する軍縮法条約派に分類される。

四　無人兵器規制の新動向

前述のように、ＣＣＷ枠内で収斂しないＬＡＷＳ規制審議の中でも、新たな傾向が見られる。

１　ＬＡＷＳからＡＷＳへ

ＣＣＷの議題の表記はＬＡＷＳのまま維持されているが、二〇二一年頃から各国代表がＬＡＷＳのＬ（Lethal：致死）を外してＡＷＳ（自律兵器システム）という用語を使用する一般的な傾向が見られる。これは、対人殺傷用だけでなく、対物破壊用も含む自律型兵器を意識しての議論であろう。筆者は、三１「規制交渉過程の対象」で戦闘用の中の対物破壊用自律型兵器を別の機会に議論する必要があると指摘したが、その必要はなくなった。たとえば、民用物（民間船舶）と物的軍事目標（軍艦・潜水艦）がそれほど混在しない海域での後者へのＡＷＳ使用は、軍民が混在する地上領域でのＬＡＷＳ投入よりも蓋然性が高いと考えられる。ＬＡＷＳ規制からＡＷＳ規制への用語変更は議論を拡散する恐れがあるものの、兵器の使用可能性を考えれば、包括的議論の方向性が許容されてきたように思われる。

2　二層アプローチの登場

性質上、国際人道法に従って使用できないＡＷＳの禁止とその他の種類のＡＷＳの規制という二層アプローチが、法文書か非法文書かの形式は別として、規律構成の共通認識として形成されつつある。ＣＣＷ枠内での議論は、兵器使用の禁止・制限に関する国際人道法に限られるために、兵器の開発、生産、取得、使用などの禁止を含む軍縮法を望む諸国は、従来、ＣＣＷ枠外で軍縮条約を作らざるを得なかった。たとえば、当該諸国は、対人地雷の場合、ＣＣＷ枠内での改正第二（地雷・ブービートラップ）議定書の成立後に、ＣＣＷ枠外で対人地雷禁止条約を制定した。クラスター弾の場合、ＣＣＷ枠内での国際人道法条約の作成前に痺れを切らしてＣＣＷ枠を出てクラスター弾条約を制定した。

二層アプローチを主張するアメリカその他西ヨーロッパ諸国は、前述の復仇概念を封じて、本質的に国際人道法に従って使用できないＡＷＳが、使用だけでなく、開発も禁止されることを受容している。非同盟・ラテンアメリカ・アフリカ諸国も、二層アプローチを援用して、人的関与のないＡＷＳの全面禁止と人的関与のあるＡＷＳの使用規制を目指す。いわば、ＡＷＳの使用禁止（国際人道法）の中にその開発禁止(軍縮法)を包含することで、軍縮法の要請は満たされる。ＡＷＳの合法的使用の規制議論は、国際人道法領域であることから、以前と同様に、ＣＣＷ枠内でそのまま継続できる。このように、二層アプローチは、ＣＣＷ枠外に出て軍縮条約を作成することなく、国際人道法と軍縮法の議論をＣＣＷ枠内で収める重宝なツールである。

問題は、西側諸国の主張する国際人道法を遵守できないＡＷＳの禁止がトートロジー(同語反復)に陥らないためにも、それを欠けばＡＷＳが本質的に無差別的兵器となり、使用も開発も禁止されるという人的関与の具体化が重要課題となる。また、人を標的とするＡＷＳの禁止を主張する見解も散見されるが、これは、もし合意されれば、前述のように、ＡＷＳによる敵戦闘員の殺傷は禁止されるという国際人道法の一大転換点となる。

二層アプローチによるＡＷＳの規制を実現するには、兵器自体の合法性を前提に、いかに国際人道法に従って使用できるようにするかが重要である。また、ＡＷＳ特有のリスク(データ改ざんのハッキング、スプーフィング、ＡＩのバイアス、誤作動など)の軽減措置(兵器の法的審査条項を含む)をどのように義務付けるかも課題である。ＡＷＳの合法的使用に向けた具体的な要件設定に議論が移行しつつある。今後、国際人道法遵守のための措置やリスク軽減措置として、具体的にＡＷＳの標的タイプ、運用期間、運用領域および攻撃回数などの制限要件が検討されよう。(16)

おわりに——今後の展望

ＬＡＷＳ・ＡＷＳの兵器規制は、上記のように、ＣＣＷ枠内で議論されてきた。他方、表３「二〇一九年以降のＡＩ規制年表」が示すように、ＣＣＷ枠外でも、同時に、人間がＡＩとどう共生するかについて活発な議論が行われている。ＡＩ規制全般に関して、二〇一九年以降、米中露を含めて、ヨーロッパ連合（ＥＵ）、経済協力開発機構（ＯＥＣＤ）、Ｇ7、Ｇ20などは、ＡＩが補完的な役割に徹し、人間の監視下で取り扱われるべきであるという人間中心主義を提唱する。国連教育科学文化機関（ＵＮＥＳＣＯ）も二〇二一年にＡＩ倫理勧告[17]を採択し、「生死の決定はＡＩシステムに移譲すべきではない」（第三六項）と明記する。ＥＵは、二〇二一年に公表し二〇二四年には全面施行する予定のＡＩ規制法案において、リスク・ベース・アプローチによりＡＩのリスクを四段階に分け、それぞれの対応の仕方を規定する。[18]

軍用のＡＩ規制に関しても、アメリカ国防総省は二〇二〇年に五つのＡＩ倫理原則[19]を採択し、北大西洋条約機構（ＮＡＴＯ）も二〇二一年に類似の「防衛におけるＡＩの責任ある使用原則」を含むＡＩ戦略に合意している。大枠としての人間中心主義の倫理規範は、国際社会全般においてすでに合意されているように思われる。現段階の一般的なＡＩ規制状況は、依然、倫理原則の範疇（ソフト・ロー）にあると思われるが、ＥＵのように、その倫理規範をから法規範（ハード・ロー）への制定過程も見られるようになってきた。これらＡＩ規制の一般動向は、ＡＩ搭載の自律型兵器規制の議論

	軍用を含む AI 規制（アメリカ・中国・ロシア・NATO など）
2019 年	5 月 25 日　北京智源 AI 研究院「北京 AI 原則」 6 月 17 日　中国「次世代 AI ガバナンス原則」 10 月 10 日　ロシア「AI 開発国家戦略」 10 月 31 日　アメリカ国防イノベーション委員会「AI 勧告」
2020 年	2 月 24 日　アメリカ国防総省「AI 倫理原則」採択
2021 年	9 月 25 日　中国「次世代 AI 倫理規範」公表 10 月 22 日　NATO「AI 戦略」合意 10 月 26 日　ロシア「AI 倫理準則」策定
2022 年	10 月　4 日　アメリカ「AI 権利章典」公表（AI 開発 5 原則）
2023 年	2 月 16 日　軍事領域での責任ある AI サミット 2 月 24 日　自律兵器ラテンアメリカ・カリブ諸国会議 3 月 29 日　イギリス「AI 規制白書」公表（5 原則）

でも参照すべき有益な先行事例である。

さらに、ＣＣＷ枠内でのＬＡＷＳ・ＡＷＳの規制議論を展望する上で、その会議手続きがコンセンサス方式を採用していることを再確認する必要がある。コンセンサス方式は、軍事大国を含む全参加国の同意がなければ、法規制を実現することはできない。その意味で、規制内容は、望ましい程度ではなく実行可能な程度に落ち着かざるを得ない負の側面がある。他方、軍事大国も受容するので、ある程度、軍事大国の行動を法的に縛ることができる正の側面がある。現在の議論状況は、法規制の内容を詰める作業段階にまで至らず、その前のソフト・ローかハード・ローかという規制枠組みをめぐる段階にとどまっている。

表3　2019年以降のAI規制年表

	AI規制全般（国際会議・国際機関など）
2019年	3月29日　日本「人間中心のAI社会原則」 4月　8日　EU「信頼できるAI倫理指針」 5月22日　OECD「AIに関する理事会勧告」 6月　8日　G20 AI原則 6月29日　G20大阪首脳宣言 8月26日　G7ビアリッツ・サミット
2020年	6月15日　AIに関するグローバルパートナーシップ（GPAI）設立 7月22日　G20 AI原則推進国内政策事例集 10月20日　ヨーロッパ議会「AI倫理枠組み決議」 11月22日　G20リヤド首脳宣言
2021年	4月21日　EU「AI規制案」公表 6月13日　G7コーンウォール・サミット 11月23日　UNESCO「AI倫理勧告」採択
2022年	
2023年	4月30日　G7デジタル・技術相会合閣僚宣言（AI利用5原則合意） 5月21日　G7広島サミット

出所：筆者作成

その原因は、ソフト・ローに対する見方の違いにある。倫理規範などの非拘束的・自発的措置を推奨する諸国家は、それが将来の法規制につながる漸進的可能性を指摘する。しかし、法文書派は、ソフト・ローの法的意義を認めつつも、そこで妥協すれば、国際法制定のモメンタム（勢い）が低下し、ハード・ローにまで行き着かなくなることを危惧している。LAWS・AWSの追加的な法規制に反対する国家が存在する現状からすれば、法文書への発展の可能性のあるソフト・ローをまとめることがコンセンサスを得やすい最も現実的選択肢であると思われる。ソフト・ローであっても、諸国家に政治的・倫理的な縛りをかける意義は十分にある。また、CCW枠内でのLAW

S・AWS規制の最大の目的は、いかに法文書を作るか(その場合、軍事大国は、その法文書に参加せず、法的に規制されないことになる)ではなく、いかに軍事大国の行動を抑制するかである。規制の枠組みに拘泥することで軍事大国の行動抑制の機会を遅らせまたは失わせることは、本末転倒であろう。

今後、日本は、外務省も主張しているように、自国の安全保障を考慮しつつ、前述の兵器規制の国際法および国際立法過程の状況を踏まえて、AIの軍事利用および無人兵器、特にAI搭載自律型無人兵器の国際的なルール作り(倫理規制や法規制)に積極的にリーダーシップを発揮していくことが強く望まれる。

(1)　二〇二三年二月二七日の浜田防衛大臣記者会見。

(2)　Program on Humanitarian Policy and Conflict Research at Harvard University. *Manual on International Law Applicable to Air and Missile Warfare*. 15 May 2009.

(3)　Dinstein, Yoram, and Arne Willy Dahl. *Oslo Manual on Select Topics of the Law of Armed Conflict: Rule and Commentary*. Springer, 2020. 本マニュアルは、前述の『航空戦・ミサイル戦に適用される国際法マニュアル』を更新するために作成された、国際法研究者によるマニュアルである。これらのマニュアルは条約でなく、あくまで国際法研究者の見解にすぎず、法的拘束力はないが、国際法解釈において重要な参考資料となっている。

(4)　航空自衛隊保有の偵察用大型UAVグローバルホークは通常の円形の白地に赤の日の丸ではなく、ロービジ版(low visibility, 低視認性塗装)の円形の白地に灰色の日の丸が表示されている。

(5)　U.S. Navy. *The Commander's Handbook on the Law of Naval Operations (NWP 1-14 M)*. March 2022.

(6)　ロシア・ウクライナ戦争では少なくとも二〇二二年一〇月二九日および二〇二三年五月二四日、二〇二三年七月一七日に自爆ＵＳＶ攻撃が発生している。

（7）たとえば、一九二五年のジュネーヴ・ガス議定書は、戦時に化学兵器の使用を禁止したが、化学兵器の開発・製造は禁止しておらず、国際法上の復仇による化学兵器の使用を留保する国（アメリカ）もあった。復仇は、国際違法行為の中止や救済を求めるための被害国による一方的措置であり、それが違法行為であっても違法行為への対抗措置であるために、その違法性が阻却される。

（8）文民への誤射・誤爆に関する上官責任に関して、指揮官が入手し、あるいは、入手すべき情報に基づいて攻撃が合法であると合理的に結論付けた場合、結果として均衡しない文民被害は発生したとしても、指揮官は刑事責任を負わない（「合理的指揮官」基準、通称「レンデュリック・ルール」）。

（9）テロリスト殺害数と文民被害者数の比較衡量だけでなく、殺害対象が高価値の標的（高官・幹部）か否かも考慮する必要がある。標的が高官であり、その排除が敵対行為の早期終了をもたらすならば、多数の文民被害が発生しても、比例原則が満たされるかもしれないからである。区別原則と比例原則について、岩本誠吾「国際法における無人兵器の評価とその規制動向」『国際安全保障』四二巻二号、二〇一四年九月、一八～一九頁。

（10）突入自爆ドローンには、アメリカ製スイッチブレード３００のような兵士がモニターで標的を確認しながら自爆攻撃させるカメラ映像遠隔操作型と、前記のハーピーのようなＡＩが標的を捜索して自爆攻撃させるパッシブレーダーホーミング式自律型の二種類がある。

（11）二〇二一年三月八日の国連安保理リビア専門家パネル報告書（S/2021/229）が、ＬＡＷＳの使用を暗示しているが、明確かつ詳細に記述しておらず、その存在は正式に確認されたとは言えない。

（12）CCW Meeting of the High Contracting Parties. *Final Report*（*CCW/MSP/2013/10*）. 16 December 2013, par. 32.

（13）CCW Meeting of the High Contracting Parties. *Final Report*（*CCW/MSP/2013/10*）. 13 December 2019, par. 32 and Annex Ⅲ.

（14）将来構想にある有人航空機と無人航空機の連携運用の中で、有人航空機操縦士が無人航空機搭載兵器を発射させることは、地上からの遠隔操作と同様に、人間の意思が介在していると言える。

（15）ハード・ローは法的拘束力のある条約などの法規範を指し、他方、ソフト・ローは法的拘束力を持つに至っていない法形成途上の非法規範である。後者に法的意義がまったくないというわけではない。

（16）政府専門家報告書（CCW/GGE.1/2023/2, 24 May 2023, Advance Version, par. 22）。運用期間の制限事例として、CCW第二改正議定書での遠隔散布対人地雷は、三〇日以内の自己破壊装置および一二〇日以内の自己不活性化装置の装着が義務付けられている（技術的事項に関する附属書）。運用領域の制限事例として、CCW第三議定書での空中投下の焼夷兵器は、人口周密地域での使用が禁じられている（第二条第二項）。

（17）UNESCO. *Recommendation on the Ethics of Artificial Intelligence*. SHS/BIO/PI/2021/1. 23 November 2021.

（18）European Commission. *Proposal for a Regulation of the European Parliament and the Council laying Down Harmonised Rules on Artificial Intelligence*（*Artificial Intelligence Act*）*and Amending certain Union Legislative Acts*（*COM/2021/206 final*）. 21 April 2021. ＡＩは、許容できないリスクのあるＡＩ（禁止）、ハイリスクのあるＡＩ（規制）、限定リスクのあるＡＩ（透明性義務）、最小限リスクのあるＡＩ（規制なし）の四つに類型化される。ＥＵのＡＩ規制案のような容認不可のＡＩ利用禁止と条件付きのＡＩ利用規制は、ＬＡＷＳ・ＡＷＳの二層アプローチと共通した規定構成となっている。

（19）U.S. Department of Defense. *DOD Adopts Ethical Principles for Artificial Intelligence*. 24 February 2020. その倫理原則とは、責任性、衡平性、追跡可能性、信頼性、統制可能性である。

おわりに――新領域の安全保障体制のあり方と法的課題（提言）

研究会事務局

一　新領域の安全保障体制のあり方

今まで見てきたように、情報通信技術（ＩＣＴ）の急速な進化によって、仮想空間と現実空間の接続性と融合性が高まり、政府と民間の垣根がなくなり、それが軍事面でも大きな影響を及ぼしている。従来の安全保障では国家だけが当事者であったが、新領域では民間まで当事者となる広がりを持っている。そのため、新領域の安全保障では、官民協働で安全保障を考える必要がある。

サイバー、宇宙、電磁波、無人兵器といった新領域の技術が領域横断的に使われるようになり、新旧領域統合のまったく新しい戦い方が行われるようになりつつある。第一章で述べられているように、ハイブリッド戦争といわれる現代戦では、キネティック（物理的）な手段とノンキネティック（非物理的）な手段が並行して使用され、平時と戦争の境目も曖昧になっている。また、武力攻撃開始のはるか前の平時の段階から、情報戦、サイバー戦が始まり、危機の進行に伴って、行使される手段の烈度が上がっていく傾向がある。

ロシア・ウクライナ戦争の戦場で見られるように、将来戦の戦闘様相では、サイバー、宇宙、電磁波などの新領域を基盤とした装備の運用が戦場での優劣を決する。我が国では、二〇二三年度から、新しい安全保障戦略に基づく防衛力整備が実施されているが、諸外国に比べ遅れている新領域のプラットフォームの重点的な防衛能力整備が急がれる。

デジタル空間への依存の高まりと共に、かつてないほど物事の進行のサイクルが早くなっており、数時間単位で状況が変化するようになっている。そのため、デジタル時代の安全保障では、平時、グレーゾーンの段階から、それぞれの領域の状況をリアルタイムで把握することが不可欠であり、サイバー空間状況監視（CSA）、宇宙状況監視（SSA）、電磁スペクトラム評価・分析などを常続的に実現し得る能力獲得が必要である。状況把握を基に国家として一元的かつ領域横断的な対処態勢を早期に確立しておくことが喫緊の課題である。

また、サイバー、宇宙、電磁波などの新領域においては、従来の兵器による攻撃と異なり、攻撃者が誰でその意図が何なのかが判りにくいとされる。国際法に基づく措置を実施する上では、攻撃の帰属を特定して、国家に帰属する攻撃であることを確認することが不可欠であり、新領域における攻撃の帰属（アトリビューション）の特定能力獲得も重要な要素である。しかし、特定の国家領域から攻撃が行われていてもそれが国家に帰属していない場合があるので、その場合にどういった対応措置がとれるのかについてはさらなる問題となる。

二　新領域の法的課題

新領域における国内法の課題については、詳しくは第三章から第五章で検討を行った。自衛隊がサイバー空間において、国際法上のデ・ミニミスの理屈を超えるような能動的サイバー防御（ＡＣＤ）活動を行うためには、国際法の合法性の確認と共に、それと整合した国内法の整備が急務である。不正アクセス禁止法、通信事業法、刑法などの法整備を急ぐべきである。活動の根拠となる自衛隊法については、既存条文の適用可能性も含め、検討を急ぐべきである。

また、ＡＣＤにおける情報収集に伴う通信傍受については、非常に重い課題であるが、外国のサイバー攻撃から我が国の国民の生命財産を守る目的という公共の福祉のために、どのような条件下であれば許容され得るのか、公議輿論を尽くして、法的整理をすることが望まれる。

第二次世界大戦の敗戦国という立場で、我が国と同じような立場にあるドイツでは、サイバー空間での連邦軍（ドイツ軍）の出動任務としての活動には、憲法上の根拠が必要とされる。サイバー攻撃対象が連邦軍のシステムに限られる場合には、施設の自己防護目的での防衛任務として国内外を問わず活動することができる。日本においても、現在行われている新領域の法整備においては、既存の法制度の中でサイバーなどの活動をどう落とし込むことができるかを慎重に検討すべきである。

電磁波領域では、安全保障上の周波数の利用に関する電波法の制限が多い。国内法上の課題として、平素から武力攻撃事態生起時に至るまでの運用も念頭に置いて、電波法やその他防衛省内の規定なども含めて、法的整理が必要である。

無人機（UAV）の利用に関しては、航空法や電波法などによる運用の制約があり、平素から武力攻撃事態生起時に至るまでの運用を念頭に、法的整理や防衛省内規定についての検討も必要である。また、無人水上艦艇（USV）・無人潜水艦（UUV）の運用に関しては、海上衝突予防法などにおける法整備は立ち遅れている状況にある。

新領域における国際法の適用に関しては、第二章で検討したように、サイバー空間や電磁波領域においては、従来の陸海空領域と同様に、既存の国際人道法の中に位置付けることが可能であり、宇宙領域は国際人道法的に新しい法的ドメインになる可能性もある。

新領域における国際法上の課題については、詳しくは第三〜五章で検討を行った。

サイバー領域では、武力攻撃を受けて自衛権を発動する場合以外に、国際法上許容されるサイバー活動には、①主権侵害未満や不干渉原則違反未満の越境サイバー活動を合法と位置付けて行う場合、②デ・ミニミスの範疇におさまるサイバー活動の場合、③領域国政府の同意に基づく域外法執行の場合、④国際義務違反に対する対抗措置の場合、⑤緊急避難に基づく場合が考えられ得る。なお、許容される場合であっても、比例原則の問題など多くの条件が付随することには注意が必要である。

宇宙領域においては、キネティックな攻撃は、宇宙ゴミ（デブリ）を多く発生させることから忌避され、そのため衛星への妨害行為が中心になると思われる。妨害は武力攻撃とまでは言えず、国際法上の自衛権や対抗措置などの要件は満たさないこともあると考えられる。ただし、商用衛星への妨害が地上のシステムに重大な影響を与えるような場合には、国際法上の自衛権の行使や対抗措置を検討し得る場合もあると考えられる。そのため、宇宙空間において武力の行使や武力攻撃と認定される要件を今から明確化し、同盟国と調整を完了しておく必要がある。

無人兵器利用に関しては、殺傷・破壊を行わない偵察・輸送用のUAVは、国際法上問題にならないと考えられるが、攻撃用のUAVなどの使用にあたっては国際法上の①区別原則、②比例原則、③予防原則などに則った使用が求められる。今議論となっている自律型致死兵器システム(LAWS)に関しては、国際場裡での議論が進行中であり、自国の安全保障の観点も考慮しつつ、国際的なルール作りに積極的かつ建設的に参加していく必要がある。

本書では、安全保障政策の焦点となっている新領域の安全保障について、ロシア・ウクライナ戦争における実際の戦い方の新しい様相を概観し、自衛隊における今後の実際の運用や国家全体の安全保障体制のあり方を踏まえ、新領域における国内法上・国際法上の課題について検討を行ってきた。新領域を基盤とした装備の運用にあたっては、既存の国内法との調整や運用の根拠となる法的基盤の整備が急務であり、丁寧に議論をした上で、必要な法改正を躊躇なく行うべきである。また、新領域における国際法の適用については、実際の具体例を想定した検討を適時適切に行っていくことが望まれる。

同時に、自国の新領域の研究開発については、資源配分を十分に考慮して、新しい富国強兵の心意気で、官民協働で進めるべきである。今後の検討にあたっては、安全保障専門家だけでなく、国内法の専門家、国際法の専門家、法律の実務者など学際的な専門家の参加を得て、オープンな場で議論を深めていく必要がある。本書は、そのような議論の先駆けとなるべく、ご参加頂いた先生方に未踏の領域の議論を果敢に行って頂いた。本書が我が国における安全保障議論に一石を投じることができれば幸いである。

参考文献リスト

第三章第四節

田村重信『新・防衛法制』内外出版、二〇一八年。

松浦一夫『立憲主義と安全保障法制―同盟戦略に対応するドイツ連邦憲法裁判所の判例法形成―』三和書籍、二〇一六年。

第三章第五節

Schmitt, Michael N., ed. *Tallinn Manual 2.0 on the International Law Applicable to Cyber Operations.* Cambridge University Press, 2017.

"The Oxford Statement on the International Law Protections Against Cyber Operations Targeting the Health Care Sector." *The Oxford Process,* Oxford Institute for Law, Ethics and Armed Conflict, 2020, https://www.elac.ox.ac.uk/the-oxford-process/the-statements-overview/he-oxford-statement-on-cyber-operations-targeting-the-health-care-sector/; *The Second Oxford Statement on International Law Protections of the Healthcare Sector During Covid-19: Safeguarding Vaccine Research.* Oxford Institute for Law, Ethics and Armed Conflict, 7 August 2020, https://www.elac.ox.ac.uk/the-second-oxford-statement-on-international-law-protections-of-the-healthcare-sector-during-covid-19-safeguarding-vaccine-research/.

Milanovic, Marko, and Michael N. Schmitt. "Cyber Attacks and Cyber (Mis) information Operations During a Pandemic." *Journal of National Security Law & Policy,* vol. 11, 2020, p. 258, https://jnslp.com/wp-content/uploads/

2020/12/Cyber-Attacks-and-Cyber-Misinformation-Operations-During-a-Pandemic_2.pdf.

Schmitt, Michael N. "Three International Law Rules for Responding Effectively to Hostile Cyber Operations." *Just Security*, 13 July 2021, https://www.justsecurity.org/77402/three-international-law-rules-for-responding-effectively-to-hostile-cyber-operations/.

中谷和弘、河野桂子、黒﨑将広『サイバー攻撃の国際法―タリン・マニュアル２・０の解説【増補版】―』信山社、二〇二三年。

第五章第一節

南健悟「無人船舶の航行と海上衝突予防法」『海事交通研究』六六号、二〇一七年一二月、http://www.ymf.or.jp/wp-content/uploads/66-10.pdf。

第五章第二節

濵畑信成「ナゴルノカラバフに見る無人兵器」『修親』令和三年五月号、二〇二一年五月。

相曽裕樹、磯部泰成、犬塚博誠、大久保裕、梶原好生、加藤光一、中川雄豪、益子哲行、吉武宣之、渡邊芳人「攻撃型小型無人機・ドローン兵器及びスウォーム攻撃の動向」『防衛産業委員会特報』三〇三号、二〇二三年一月。

防衛省『令和3年度版防衛白書』二〇二三年。

部谷直亮「日本人が知らない、日本製品が「無断で軍事転用されている」大問題」『現代ビジネス』二〇二一年七月三〇日、https://gendai.media/articles/-/85589。

Payne, Stetson. "Ukraine Strikes Back: Su-27s Bomb Occupied Snake Island in Daring Raid." *The War Zone*, Recurrent Ventures, 7 May 2022, https://www.thedrive.com/the-war-zone/ukraine-strikes-back-su-27s-bomb-occupied-snake-island-in-daring-raid.

部谷直亮「ウクライナ軍が人類史上初の水上ドローンで対艦攻撃」『Wedge Online』二〇二二年一一月二日、

https://wedge.ismedia.jp/articles/-/28402/。

LaGrone, Sam. "Ukraine Launches Crowd Funding Drive for $250K Naval Drones." *USNI News*, U.S. Naval Institute, 11 November 2022, https://news.usni.org/2022/11/11/ukraine-launches-crowd-funding-drive-for-250k-naval-drones.

Satam, Parth. "Ukraine's 'Killer' Sea Drones With Low Visibility, High Maneuverability Pose Permanent Threat To Russian Navy." *The Eur Asian Times*, 25 April 2023, https://eurasiantimes.com/ukraines-killer-sea-drones-with-low-visibility-high/.

「国家防衛戦略」、「防衛整備計画」二〇二二年一二月。

防衛省「我が国の防衛と予算 令和5年度予算の概要」二〇二二年一二月、https://www.mod.go.jp/j/budget/yosan_gaiyo/2023/yosan_20230328.pdf。

GA-ASI Delivers First New-Build MQ-9A to USMC. General Atomics, 16 May 2023, https://www.ga.com/ga-asi-delivers-first-new-build-mq-9a-to-usmc.

Rajput, Neeraj. "MQ-9 Drone: Indian Military 'Banks' On Modi's US Visit To Seal The UAV Deal; Only 18 Reapers On The Cards – Sources." *The Eur Asian Times*, 18 May 2023, https://eurasiantimes.com/mq-9-drone-indian-military-banks-on-modis-us-visit-to-seal/.

岩田健司「軍隊に随伴する文民の敵対行為について—第1追加議定書第51条第3項における「敵対行為への直接の参加」を中心に—」『国際安全保障』三五巻二号、二〇〇七年九月、https://www.jstage.jst.go.jp/article/kokusaianzenhosho/35/2/35_119/_pdf。

UNMANNED SYSTEMS INTEGRATED ROADMAP 2017-2042. U.S. Department of Defense, 2018.

Department of Defense Announces Successful Micro-Drone Demonstration. U.S. Department of Defense, 9 January 2017, https://www.defense.gov/News/Releases/Release/Article/1044811/department-of-defense-announces-successful-micro-drone-demonstration/.

Liang Jun, Bianji. “Unmanned ‘shark swarm’ to be used in sea battles, military patrols.” *People’s Daily Online*, People’s Daily, 6 June 2018, http://en.people.cn/n3/2018/0606/c90000-9467892.html.

“Navy Force Structure and Shipbuilding Plans: Background and Issues for Congress.” *CSR Report*, Congressional Research Service, 19 April 2023, https://crsreports.congress.gov/product/pdf/RL/RL32665/384.

“Navy Large Unmanned Surface and Undersea Vehicles: Background and Issues for Congress.” *CRS Report*, Congressional Research Service, 17 April 2023, https://crsreports.congress.gov/product/pdf/R/R45757/64.

Freedberg, Sydney J. Jr. “Meet The Army’s Future Family Of Robot Tanks: RCV.” *Breaking Defense*, Breaking Media, 9 November 2020, https://breakingdefense.com/2020/11/meet-the-armys-future-family-of-robot-tanks-rcv/.

“Uran-9” Global Security.org. https://www.globalsecurity.org/military/world/russia/uran-9.htm.

第五章三節

岩本誠吾「自律型致死兵器システム（ＬＡＷＳ）規制の国際法政策論―倫理規範から法規範へ、国際人道法から軍縮法へ―」『防衛法研究』四六号、二〇二二年九月。

岩本誠吾「自律型致死兵器システム（ＬＡＷＳ）規制―多層的・多角的アプローチからの規制の試み―」『軍縮研究』一一巻一号、二〇二二年五月。

岩本誠吾「国際法から見た無人戦闘機（ＵＣＡＶ）の合法性に関する覚書」『産大法学』四五巻三・四号、二〇一二年一月。

本書の参考文献リストや各稿の脚注は、ＱＲコードからウェブ上にて確認できます。
https://www.spf.org/security/publications/newdomainssecurity.html

※本ウェブサイトは公益財団法人笹川平和財団が運営するものです。
予告なく運営を休止・終了する可能性があります。
※本書の改訂・絶版を理由として本ウェブサイトの運営を予告なく休止・終了する可能性があります。

法令集

【国内法】

日本国憲法　抜粋

〔集会、結社及び表現の自由と通信秘密の保護〕

第二十一条　集会、結社及び言論、出版その他一切の表現の自由は、これを保障する。

2　検閲は、これをしてはならない。通信の秘密は、これを侵してはならない。

防衛省設置法　抜粋

（所掌事務）

第四条　防衛省は、次に掲げる事務をつかさどる。

十八　所掌事務の遂行に必要な調査及び研究を行うこと。

自衛隊法　抜粋

（領空侵犯に対する措置）

第八十四条　防衛大臣は、外国の航空機が国際法規又は航空法（昭和二十七年法律第二百三十一号）その他の法令の規定に違反してわが国の領域の上空に侵入したときは、自衛隊の部隊に対し、これを着陸させ、又はわが国の領域の上空から退去させるため必要な措置を講じさせることができる。

（自衛隊の武器等の防護のための武器の使用）

第九十五条　自衛官は、自衛隊の武器、弾薬、火薬、船舶、航空機、車両、有線電気通信設備、無線設備又は液体燃料（以下「武器等」という。）を職務上警護するに当たり、人又は武器等を防護するため必要であると認める相当の理由がある場合には、その事態に応じ合理的に必要と判断される限度で武器を使用することができる。ただし、刑法第三十六条又は第三十七条に該当する場合のほか、人に危害を与えてはならない。

（自衛隊の施設の警護のための武器の使用）

第九十五条の三　自衛官は、本邦内にある自衛隊の施設であって、自衛隊の武器等を保管し、収容し若しくは整備するための施設設備、営舎又は港湾若しくは飛行場に係る施設設備が所在するものを職務上警護するに当たり、当該職務を遂行するため又は自己若しくは他人を防護するため必要であると認める相当の理由がある場合には、当該施設内において、その事態に応じ合理的に必要と判断される限度で武器を使用することができる。ただし、刑法第三十六条又は第三十七条に該当する場合のほか、人に危害を与えてはならない。

（防衛出動時における物資の収用等）

第百三条　第七十六条第一項（第一号に係る部分に限る。以下この条において同じ。）の規定により自衛隊が出動を命ぜられ、当該自衛隊の行動に係る地域において自衛隊の任務遂行上必要があると認められる場合には、都道府県知事は、防衛大臣又は政令で定める者の要請に基づき、病院、診療所その他政令で定める施設（以下この条において「施設」という。）を管理し、土地、家屋若しくは物資（以下この条において「土地等」という。）を使用し、物資の生産、集荷、販売、配給、保管若しくは輸送を業とする者に対してその取り扱う物資の保管を命じ、又はこれらの物資を収用することができる。ただし、事態に照らし緊急を要すると認めるときは、防衛大臣又は政令で定める者は、都道府県知事に通知した上で、自らこれらの権限を行うことができる。

（電気通信設備の利用等）
第百四条　防衛大臣は、第七十六条第一項（第一号に係る部分に限る。）の規定により出動を命ぜられた自衛隊の任務遂行上必要があると認める場合には、緊急を要する通信を確保するため、総務大臣に対し、電気通信事業法（昭和五十九年法律第八十六号）第二条第五号に規定する電気通信事業者がその事業の用に供する電気通信設備を優先的に利用し、又は有線電気通信法（昭和二十八年法律第九十六号）第三条第四項第四号に掲げる者が設置する電気通信設備を使用することに関し必要な措置をとることを求めることができる。
2　総務大臣は、前項の要求があつたときは、その要求に沿うように適当な措置をとるものとする。

海上衝突予防法　抜粋

（見張り）
第五条　船舶は、周囲の状況及び他の船舶との衝突のおそれについて十分に判断することができるように、視覚、聴覚及びその時の状況に適した他のすべての手段により、常時適切な見張りをしなければならない。

電波法　抜粋

（無線局の開設）
第四条　無線局を開設しようとする者は、総務大臣の免許を受けなければならない。（略）

（免許の申請）
第六条　無線局の免許を受けようとする者は、申請書に、次に掲げる事項を記載した書類を添えて、総務大臣に提出しなければならない。（略）

（申請の審査）
第七条　総務大臣は、前条第一項の申請書を受理したときは、遅滞なくその申請が次の各号のいずれにも適合しているかどうかを審査しなければならない。（略）
二　周波数の割当てが可能であること。（略）

（秘密の保護）
第五十九条　何人も法律に別段の定めがある場合を除くほか、特定の相手方に対して行われる無線通信（電気通信事業法第四条第一項又は第百六十四条第三項の通信であるものを除く。第百九条並びに第百九条の二第二項及び第三項において同じ。）を傍受してその存在若しくは内容を漏らし、又はこれを窃用してはならない。

（国内法の全文やその他については以下参照：e-Gov法令検索〈https://elaws.e-gov.go.jp/〉）

【国際法】

国家責任条文草案　抜粋

第一部　国の国際違法行為　　第五章　違法性阻却事由　　第二一条　自衛

国の行為の違法性は、その行為が国際連合憲章に合致してなされる自衛の合法的措置を構成する場合には、阻却される。

第三部　国の国際責任の実現　第二章　対抗措置　第五一条　均衡性

対抗措置は、国際違法行為の重大性及び問題となる権利を考慮しつつ、被った被害と均衡するものでなければならない。

国際電気通信連合憲章　抜粋　（出所　外務省ウェブサイト）

第三十四条　電気通信の停止

一八〇　1　構成国は、国内法令に従って、国の安全を害すると認められる私報又はその法令、公の秩序若しくは善良の風俗に反すると認められる私報の伝送を停止する権利を留保する。この場合には、私報の全部又は一部の停止を直ちに発信局に通知する。ただし、その通知が国の安全を害すると認められる場合は、この限りでない。

一八一　2　構成国は、また、国内法令に従って、他の私用の電気通信であって国の安全を害すると認められるもの又はその法令、公の秩序若しくは善良の風俗に反すると認められるものを切断する権利を留保する。

第三十五条　業務の停止

一八二　構成国は、国際電気通信業務を全般的に、又は一定の関係若しくは通信の一定の種類（発信、着信又は中継）に限って、停止する権利を留保する。この場合には、停止する旨を事務総局長を経由して直ちに他の構成国に通知する。

第四十八条　国防機関の設備

二〇二　1　構成国は、軍用無線設備について、完全な自由を保有する。

二〇三　2　もっとも、第二〇二号の設備は、遭難の場合において行う救助に関する規定、有害な混信を防ぐためにとる措置に関する規定並びに使用する発射の型式及び周波数に関する業務規則の規定を、当該設備が行う業務の性質に従って、できる限り遵守しなければならない。

二〇四　3　第二〇二号の設備は、また、公衆通信業務その他業務規則によって規律される業務に参加するときは、原則として、これらの業務に適用される規定に従わなければならない。

宇宙条約　抜粋

第三条　探査利用の国際法準拠

条約の当事国は、国際連合憲章を含む国際法に従つて、国際の平和及び安全の維持並びに国際間の協力及び理解の促進のために、月その他の天体を含む宇宙空間の探査及び利用における活動を行わなけばならない。

第四条　大量破壊兵器の打上げ禁止

条約の当事国は、核兵器及び他の種類の大量破壊兵器を運ぶ物体を地球を回る軌道に乗せないこと、これらの兵器を天体に設置しないこと並びに他のいかなる方法によつてもこれらの兵器を宇宙空間に配置しないことを約束する。

月その他の天体は、もつぱら平和的目的のために、条約のすべての当事国によつて利用されるものとする。天体上においては、軍事基地、軍事施設及び防備施設の設置、あらゆる型の兵器の実験並びに軍事演習の実施は、禁止する。科学的研究その他の平和的目的のために軍の要員を使用することは、禁止しない。月その他の天体の平和的探査のために必要なすべての装備又は施設を使用することも、また、禁止しない。

北大西洋条約　抜粋

第五条　武力攻撃に対する共同防衛
締約国は、欧州又は北米における一又は二以上の締約国に対する武力攻撃を全締約国に対する攻撃とみなすことに同意する。したがって、締約国は、そのような武力攻撃が発生した場合には、各締約国が国際連合憲章第五一条の規定によって認められている個別的又は集団的自衛権を行使して、北大西洋地域の安全を回復し維持するために必要と認める行動（武力の使用を含む。）を個別的に及び他の締約国と共同して直ちにとることにより、その攻撃を受けた締約国を援助することに同意する。
前記の武力攻撃及びその結果としてとった全ての措置は、直ちに安全保障理事会に報告しなければならない。その措置は、安全保障理事会が国際の平和と安全を回復し、かつ、維持するために必要な措置をとったときは、終了しなければならない。

日米安全保障条約　抜粋
第五条　共同防衛
各締約国は、日本国の施政の下にある領域における、いずれか一方に対する武力攻撃が、自国の平和及び安全を危うくするものであることを認め、自国の憲法上の規定及び手続に従つて共通の危険に対処するように行動することを宣言する。
前記の武力攻撃及びその結果として執つたすべての措置は、国際連合憲章第五十一条の規定に従つて直ちに国際連合安全保障理事会に報告しなければならない。その措置は、安全保障理事会が国際の平和及び安全を回復し及び維持するために必要な措置を執つたときは、終止しなければならない。

日米安全保障協議委員会（2＋2）共同発表（二〇二三年一月　仮訳）　抜粋　（出所　外務省ウェブサイト）
閣僚は、宇宙への、宇宙からの又は宇宙における攻撃が、同盟の安全に対する明確な挑戦であると考え、一定の場合には、当該攻撃が、日米安全保障条約第5条の発動につながることがあり得ることを確認した。閣僚はまた、いかなる場合に当該攻撃が第5条の発動につながることがあり得るかは、他の脅威の場合と同様に、日米間の緊密な協議を通じて個別具体的に判断されることを確認した。

部分的核実験禁止条約　抜粋

第一条　核爆発の禁止

1　この条約の各締約国は、その管轄又は管理の下にあるいかなる場所においても、次の環境における核兵器の実験的爆発及び他の核爆発を禁止すること、防止すること及び実施しないことを約束する。

a　大気圏内、宇宙空間を含む大気圏外並びに領水及び公海を含む水中

環境改変技術敵対的使用禁止条約　抜粋

第一条　敵対的使用の禁止

1　締約国は、破壊、損害又は傷害を引き起こす手段として広範な、長期的な又は深刻な効果をもたらすような環境改変技術の軍事的使用その他の敵対的使用を他の締約国に対して行わないことを約束する。

第二条　定義

前条にいう「環境改変技術」とは、自然の作用を意図的に操作することにより地球（生物相、岩石圏、水圏及び気圏を含む。）又は宇宙空間の構造、組成又は運動に変更を加える技術をいう。

ジュネーヴ諸条約第一追加議定書　抜粋

第三十六条　新たな兵器

締約国は、新たな兵器又は戦闘の手段若しくは方法の研究、開発、取得又は採用に当たり、その使用がこの議定書又は当該締約国に適用される他の国際法の諸規則により一定の場合又はすべての場合に禁止されているか否かを決定する義務を負う。

『タリン・マニュアル2・0』抜粋

（原著 Schmitt, Michael N., ed. *Tallinn Manual 2.0 on the International Law Applicable to Cyber Operations* . Cambridge University Press, 2017.）（邦訳の出所 中谷和弘、河野桂子、黒﨑将広『サイバー攻撃の国際法―タリン・マニュアル2．0の解説【増補版】―』信山社、二〇二三年）

規則11（域外執行管轄権）
国家は、次の場合に個人、物及びサイバー行動に関する域外執行管轄権を行使できる。（a）国際法上の権能として特に配分される場合、又は（b）外国政府から、その領域における管轄権の行使への有効な同意が得られる場合。

規則13（法執行における国際協力）
一般論としては国家はサイバー犯罪の捜査及び訴追における協力を義務づけられないが、当該協力は適用可能な条約又は他の国際法上の義務によって要求されうる。

規則14（国際違法サイバー行為）
国家は、自国に帰属し、国際法上の義務違反を構成するサイバー関連行為に対して国際責任を負う。

規則15(国家機関によるサイバー行動の帰属)
国家機関又は国内法によって統治機能の一部を行使する権限を付与された個人若しくは団体によってなされたサイバー行動は、当該国に帰属する。

規則17(非国家主体によるサイバー行動の帰属)
非国家主体によってなされたサイバー行動は、次の場合に国家に帰属する。(a)その指示に従い又はその指揮若しくは命令下でなされた場合、又は(b)国家が当該活動を自己の活動として認め、かつ採用した場合。

規則19(サイバー行動の違法性を阻却する事由)
サイバー行動を含む行為の違法性は次の場合には阻却される。(a)同意、(b)自衛、(c)対抗措置、(d)緊急避難、(e)不可抗力、又は(f)遭難。

規則20(対抗措置[一般原則])
国家は、他国が自国に対して負う国際法上の義務違反への反応として、対抗措置(性質上サイバーであるか否かを問わない)をとる権限を有する。

規則21(対抗措置の目的)
対抗措置(性質上サイバーであるか否かを問わない)は、有責国が被害国に対して負う法的義務を有責国に遵守させるためにのみとることができる。

規則22（対抗措置に関する制限）
対抗措置（性質上サイバーであるか否かを問わない）は、基本的人権に影響し、禁止された戦時復仇に該当し、又は強行規範に反する行動を含むことはできない。対抗措置をとる国家は、外交上又は領事上の不可侵に関する義務を履行しなければならない。

規則23（対抗措置の均衡性）
対抗措置（性質上サイバーであるか否かを問わない）は、対応する被害との均衡のとれたものでなければならない。

規則24（対抗措置をとる権限を有する国家）
被害国のみが対抗措置（性質上サイバーであるか否かを問わない）をとることができる。

規則25（対抗措置の第三者に対する影響）
第三国又は第三者に対して負う法的義務に違反する対抗措置（性質上サイバーであるか否かを問わない）は禁止される。

規則26（緊急避難）
国家は、根本的な利益に対する重大で差し迫った危険を示す行為（性質上サイバーであるか否かを問わない）への反応として、そうすることが当該利益を守る唯一の手段である場合には、緊急避難を理由として行動することができる。

規則32（平時のサイバー諜報）
国家による平時のサイバー諜報はそれ自体は国際法に違反しないが、それを遂行する方法は国際法違反となりうる。

規則62（サイバー通信の停止）
（a）国家は、部分的に又は完全に、自国領域内における国際サイバー通信業務を停止することができる。当該停止の即時通知が他国に対してなされなければならない。（b）国家は、国内法令、公の秩序若しくは善良の風俗に反すると認められ、又は国家の安全にとって危険である私用のサイバー通信の伝達を停止することができる。

規則74（集団的自衛）
自衛権は集団的に行使することができる。武力攻撃となるサイバー行動に対する集団的自衛は、被害国の要請に基づきかつ当該要請の範囲内においてのみ行使することができる。

規則91（文民）
文民は、敵対行為となるサイバー行動に直接参加することを禁止されないが、当該行為に参加している間、攻撃からの保護を喪失する。

（明記がなければ出所は以下の通り：植木俊哉、中谷和弘編『国際条約集２０２３年版』有斐閣、二〇二三年）

【その他】

国の存立を全うし、国民を守るための切れ目のない安全保障法制の整備について（平成二六年七月一日　国家安全保障会議決定　閣議決定）　抜粋

3　憲法第9条の下で許容される自衛の措置

(3)（前略）我が国に対する武力攻撃が発生した場合のみならず、我が国と密接な関係にある他国に対する武力攻撃が発生し、これにより我が国の存立が脅かされ、国民の生命、自由及び幸福追求の権利が根底から覆される明白な危険がある場合において、これを排除し、我が国の存立を全うし、国民を守るために他に適当な手段がないときに、必要最小限度の実力を行使することは、従来の政府見解の基本的な論理に基づく自衛のための措置として、憲法上許容されると考えるべきであると判断するに至った。

(4)（前略）憲法上許容される上記の「武力の行使」は、国際法上は、集団的自衛権が根拠となる場合がある。この「武力の行使」には、他国に対する武力攻撃が発生した場合を契機とするものが含まれるが、憲法上は、あくまでも我が国の存立を全うし、国民を守るため、すなわち、我が国を防衛するためのやむを得ない自衛の措置として初めて許容されるものである。

中東地域における日本関係船舶の安全確保に関する政府の取組について（令和元年一二月二七日　国家安全保障会議決定　閣議決定）　抜粋

中東地域の平和と安定は、我が国を含む国際社会の平和と繁栄にとって極めて重要である。また、世界における主要なエネルギーの供給源である中東地域において、日本関係船舶（日本籍船及び日本人が乗船する外国籍船のほか、我が国の船舶運航事業者が運航する外国籍船又は我が国の積荷を輸送している外国籍船であって我が国国民の安定的な経済活動にとって重要な船舶をいう。以下同じ。）の航行の安全を確保することは非常に重要である。（中略）

（中略）

（4）不測の事態の発生など状況が変化する場合への対応

不測の事態が発生するなど状況が変化する場合には、関係省庁は連携して状況の把握に努め、相互に緊密かつ迅速に情報共有するとともに、政府全体としての対応を強化する。その上で、当該状況への対応として、自衛隊による更なる措置が必要と認められる場合には、自衛隊法第82条の規定に基づき、海上警備行動を発令して対応する。当該発令に際しては、迅速な意思決定に努めることとする。

海上警備行動に際してとり得る措置は、旗国主義の原則をはじめとする国際法を踏まえ、保護対象船舶が日本籍船か外国籍船かの別、侵害の態様といった個別具体的な状況に応じて対応することとなる。

第一八九国会安倍総理答弁（答弁書第一九九号　平成二十七年七月一七日）　抜粋

「武器の使用」とは、火器、火薬類、刀剣類その他直接人を殺傷し、又は武力闘争の手段として物を破壊することを目的とする機械、器具、装置をその物の本来の用法に従って用いることをいうと解される。

外務省　サイバー行動に適用される国際法に関する日本政府の基本的な立場（二〇二一年五月二八日）　抜粋

（c）対抗措置・緊急避難

国際違法行為に対し対抗措置をとることは、一定の条件の下で、国際法上認められている。

一般論としては、他国による国際違法行為により侵害を受けた国は、違法行為国に対し、①国際違法行為を中止する義務や②回復の義務等の履行を促すために対抗措置をとることは、一定の条件の下で、国際法上認められている。

一般国際法上、対抗措置が先行する国際違法行為と同様の手段に限定されなければならないとの制約はなく、このことは、サイバー空間における国際違法行為に対する対抗措置についても同様だと考えられる。

OEWG：Open-Ended Working Group　オープンエンド作業部会
PLEO：Proliferated Low Earth Orbit　多数展開低軌道
PPP：Public-Private Partnership　官民連携
QDR：Quadrennial Defense Review　四年ごとの国防見直し
RPA：Remotely Piloted Aircraft　遠隔操縦航空機
SA：Situational Awareness　状況監視
SAM：Surface-to-Air Missile　地対空ミサイル
SAR：Synthetic Aperture Radar　合成開口レーダー
SCC：Sector Coordinating Council　セクター調整委員会
SEAD/DEAD：Suppression and Destruction of Enemy Air Defenses　敵防空網制圧／破壊
SIGINT：Signal Intelligence　信号情報収集
SSA：Space Situational Awareness　宇宙状況監視
SVR：Sluzhba vneshney razvedki Rossiyskoy Federatsii　ロシア対外情報庁
TCAS：Traffic alert and Collision Avoidance System　空中衝突防止装置
TRIA：Terrorism Risk Insurance Act　テロリズムリスク保険法
UAV：Unmanned Aerial Vehicle　無人機
UGV：Unmanned Ground Vehicle　無人陸上兵器
USCYBERCOM : United States Cyber Command　アメリカサイバー軍
USV：Unmanned Surface Vehicle　無人水上艦艇
UUV：Unmanned Undersea Vehicle　無人潜水艦
XLUUV：Extra Large Unmanned Undersea Vehicle　超大型無人潜水艦
2+2：Japan-U.S. Security Consultative Committee　日米安全保障協議委員会

GNSS：Global Navigation Satellite System　衛星測位システム
GPAI：Global Partnership on Artificial Intelligence　AI に関するグローバルパートナーシップ
GRU：Glavnoye Razvedyvatelnoye Upravlenie　(ロシア軍)参謀本部情報総局
HELWS：High-Energy Laser Weapon System　高出力レーザー兵器システム
HFOs：Hunt Forward Operations　ハント・フォワード作戦
HGV：Hypersonic Glide Vehicle　極超音速滑空兵器
HPM：High-Power Microwave　高出力マイクロ波
IAMD：Integrated Air and Missile Defence　統合防空ミサイル防衛
ICC：International Criminal Court　国際刑事裁判所
ICT：Information and Communication Technology　情報通信技術
ISR：Intelligence, Surveillance and Reconnaissance　情報収集・警戒監視・偵察
ISRT：Intelligence, Surveillance, Reconnaissance, and Targeting　情報収集・警戒監視・偵察・ターゲティング
JADC2：Joint All-Domain Command and Control　統合全ドメイン指揮統制システム
LAWS：Lethal Autonomous Weapons Systems　自律型致死兵器システム
LUSV：Large Unmanned Surface Vessel　大型無人水上艦艇
MBR：Master Boot Record　マスター・ブート・レコード
MDA：Maritime Domain Awareness　海洋状況把握
MSTIC：Microsoft Threat Intelligence Center　マイクロソフト脅威インテリジェンス・センター
MUSV：Medium Unmanned Surface Vessel　中型無人水上艦艇
NAC：North Atlantic Council　北大西洋理事会
NATO：North Atlantic Treaty Organization　北大西洋条約機構
NBC：Nuclear, Biological and Chemical　核・生物・化学
NCSC：National Cyber Security Centre　国家サイバーセキュリティセンター
NISC：National center of Incident readiness and Strategy for Cybersecurity　内閣サイバーセキュリティセンター
NSA：National Security Agency　アメリカ国家安全保障局
NSC：National Security Council　国家安全保障会議
OECD：Organisation for Economic Co-operation and Development　経済協力開発機構

用 語 表

ACD：Active Cyber Defense　能動的サイバー防御
AIS：Automatic Identification System　船舶自動識別装置
ANSSI：Agence nationale de la sécurité des systèmes d'information　フランス国家情報システムセキュリティ庁
APT：Advanced Persistent Threat　高度標的型攻撃
ASAT：Anti-Satellite weapons　対衛星兵器
AWS：Autonomous Weapons Systems　自律兵器システム
A2/AD：Anti-Access/Area Denial　接近阻止・領域拒否
BMD：Ballistic Missile Defense　弾道ミサイル防衛
CCW：Convention on Certain Conventional Weapons　特定通常兵器使用禁止制限条約
CDC：Cyber Defense Council　サイバーディフェンス連携協議会
CIA：Central Intelligence Agency　中央情報局
CIPAC：Critical Infrastructure Partnership Advisory Council　重要インフラパートナーシップ助言協議会
CISA：Cybersecurity and Infrastructure Security Agency　サイバーセキュリティ・インフラセキュリティ庁
CNE：Computer Network Exploitation　コンピューター・ネットワーク探索活動
CSA：Cyber Situational Awareness　サイバー空間状況監視
EDTs：Emerging and Disruptive Technologies　新興・破壊的技術
EMP：Electromagnetic Pulse　電磁パルス
EO/IR：Electro-Optical/Infrared　光学・赤外線
DHS：Department of Homeland Security　アメリカ国土安全保障省
DMO：Distributed Maritime Operations　分散型海上作戦
FBI：Federal Bureau of Investigation　連邦捜査局
FISA：Foreign Intelligence Surveillance Act　外国情報監視法
FSB：Federal'naya sluzhba bezopasnosti Rossiyskoy Federatsii　ロシア連邦保安庁
GGE：Group of Governmental Experts　政府専門家会合
GMLRS：Guided Multiple Launch Rocket System　誘導多連装ロケットシステム

橋本 豪（はしもと・ごう）
東京大学法学部卒業。ペンシルベニア大学ロースクール卒業（LL.M.）。コロンビア大学ロースクール卒業（J.D.）。コロンビア大学国際公共政策大学院卒業（M.I.A）。大阪大学大学院法学政治学研究科博士後期課程（国際法）在学。日本輸出入銀行、ビンガム・マカッチェン法律事務所・同外国法事務弁護士事務所、西村あさひ法律事務所、渥美坂井法律事務所・外国法共同事業などを経て、大江橋法律事務所パートナー弁護士。防衛省陸上自衛隊予備2等陸佐。アメリカ・ニューヨーク州弁護士（1997年登録）。外国法事務弁護士（2003年登録）。

松浦一夫（まつうら・かずお）
早稲田大学政治経済学部政治学科卒業。同大学大学院政治学研究科博士前期（修士）課程修了（政治学修士）。同大学院博士後期課程単位取得満期退学。防衛大学校講師、同校助教授を経て、防衛大学校人文社会科学群公共政策学科教授。

真山 全（まやま・あきら）
京都大学法学部卒業。同大学法学研究科公法専攻修士課程修了（法学修士）。同大学院法学研究科公法専攻博士課程単位取得満期退学。防衛大学校国際関係学科教授、大阪大学大学院国際公共政策研究科教授などを経て、大阪学院大学国際学部教授・大阪大学名誉教授。

渡邊剛次郎（わたなべ・ごうじろう）
1985年防衛大学校卒業後、海上自衛隊入隊。アメリカ海軍大学指揮課程修業。ヘンリー・L・スチムソンセンター客員研究員。航空集団司令部幕僚長、海上幕僚監部防衛部長、教育航空集団司令官、横須賀地方総監などを歴任し、2019年退官（海将）。

大澤 淳（おおさわ・じゅん）
慶應義塾大学法学部卒業。同大学大学院法学研究科修士課程修了（法学修士）。外務省総合外交政策局外交政策調査員、ブルッキングス研究所客員研究員、内閣官房国家安全保障局参事官補佐、同局シニアフェローなどを経て、中曽根康弘世界平和研究所主任研究員・笹川平和財団特別研究員・鹿島平和研究所理事。

執筆者一覧

佐藤 謙（さとう・けん）
東京大学法学部卒業後、大蔵省入省。防衛庁教育訓練局長、経理局長、防衛局長、防衛事務次官などを歴任。退官後、防衛庁顧問、世界平和研究所理事長などを経て、中曽根康弘世界平和研究所顧問。小泉、安倍（第1次）、福田、麻生、安倍（第2次）各内閣の安保関係懇談会委員を歴任。

岩本誠吾（いわもと・せいご）
広島大学大学院法学研究科（修士課程）修了、神戸大学大学院法学研究科（博士課程）単位取得満期退学。防衛庁防衛研究所教官、鈴鹿国際大学教授、京都産業大学法学部教授、同大学法学部長、大学院長、副学長を経て、京都産業大学世界問題研究所長・名誉教授・客員教授。

河野桂子（こうの・けいこ）
上智大学博士後期課程修了（法学博士）。同大学助手、アメリカ海軍大学客員研究員、NATOサイバー防衛協力センター（CCDCOE）国際法研究員、防衛省防衛研究所主任研究官を経て、コペンハーゲン大学軍事研究センター研究員。

住田和明（すみだ・かずあき）
1984年防衛大学校卒業後、陸上自衛隊入隊。第1高射特科団長、中部方面総監部幕僚副長、陸上幕僚監部防衛部長、第2師団長、統合幕僚副長、東部方面総監、陸上総隊司令官などを歴任し、2019年退官（陸将）。

長島 純（ながしま・じゅん）
1985年防衛大学校卒業後、航空自衛隊入隊。ベルギー防衛駐在官（兼NATO連絡官）、統合幕僚監部首席後方補給官（J4）、情報本部情報官（J2）、内閣審議官（危機管理担当）、国家安全保障局（NSS）審議官、航空自衛隊幹部学校長などを歴任し、2019年退官（空将）。現在、在ブルキナファソ日本国特命全権大使、中曽根康弘世界平和研究所研究顧問。

笹川平和財団新領域研究会
（ささかわへいわざいだんしんりょういきけんきゅうかい）

正式には「笹川平和財団サイバー等新領域安全保障の法的課題研究会」。笹川平和財団「我が国のサイバー安全保障の確保」事業の一環として、サイバー・宇宙・電磁波といった新領域の平時・有事における自衛隊の活動の実施に際して生じ得る国内法上・国際法上の諸課題について検討を行うため、国際法・国内法の有識者および陸海空自衛隊の将官経験者を委員として、2021 年 9 月に発足した研究会。研究会座長に佐藤謙元防衛事務次官、座長代理に西川徹矢元内閣官房副長官補を迎え、2023 年 9 月まで 21 回にわたる研究会を実施し、議論を行った。

新領域安全保障
サイバー・宇宙・無人兵器をめぐる法的課題

2024 年 1 月 10 日　初版第 1 刷発行
2024 年 3 月 25 日　初版第 2 刷発行

編　者――――笹川平和財団新領域研究会

発行者――――江尻 良
発行所――――株式会社ウェッジ
〒 101-0052 東京都千代田区神田小川町 1 丁目 3 番地 1
NBF 小川町ビルディング 3 階
電話 03-5280-0528　FAX03-5217-2661
https://www.wedge.co.jp/　振替 00160-2-410636

装幀・組版――松村美由起
印刷・製本――株式会社シナノ

ISBN978-4-86310-275-0　C0031